Da Arte
da
Guerra

EDITORA FILIADA

Nicolau Maquiavel

DA ARTE DA GUERRA

Tradução - Introdução - Notas
Edson Bini
Faculdade de Filosofia, Letras e Ciências Humanas da USP

EDIPRO

DA ARTE DA GUERRA

NICOLAU MAQUIAVEL

1ª Edição 2002

Supervisão Editorial: *Jair Lot Vieira*
Coordenação Editorial: *Vinicius Lot Vieira*
Editor: *Alexandre Rudyard Benevides*
Tradução, Introdução e Notas: *Edson Bini*
Capa: *Maria do Carmo Fortuna*
Revisão: *Edson Bini*
Digitação: *Disquete fornecido pelo Tradutor*

Nº de Catálogo: 1327

**Dados de Catalogação na Fonte (CIP) Internacional
(Câmara Brasileira do Livro, SP, Brasil)**

Machiavelli, Niccolò, 1469-1527
    Da arte da guerra / Nicolau Maquiavel / tradução e notas Edson Bini / Bauru, SP: EDIPRO, 2002. (Série Clássicos Edipro)

    Título original: Dell'arte della guerra (16.8.1521).
    ISBN 85-7283-333-1

    1. Ciência militar 2. Guerra   3. Machiavelli, Niccolò, 1469-1527 4. Política - Teoria I. Título.

01-5829   CDU-355.02

Índices para catálogo sistemático:
1. Guerra : Ciência militar : 355.02

EDIPRO – Edições Profissionais Ltda.
Rua Conde de São Joaquim, 332 – Liberdade
CEP 01320-010 – São Paulo – SP
Fone (011) 3107-4788 – FAX (011) 3107-0061
E-mail: *edipro@uol.com.br*
Atendemos pelo Reembolso Postal

SUMÁRIO

Apresentação	7
Nota do Tradutor	11
Cronologia	13
Introdução	25
DA ARTE DA GUERRA	49
Prefácio	51
Livro I	55
Livro II	87
Livro III	123
Livro IV	149
Livro V	167
Livro VI	185
Livro VII	215
Figuras e Esquemas	243
Bibliografia	253

APRESENTAÇÃO

O diálogo *Da Arte da Guerra*, sob o prisma do conteúdo, muito difere de *O Príncipe*, que já por si só constitui uma exposição programática do pensamento maquiaveliano. Mas além da diferença quantitativa, lógica e facilmente compreensível, dada a pluralidade de tópicos da célebre obra do florentino frente ao assunto singular do presente texto, há outras diferenças que merecem menção.

A primeira é a forma literária. Em *O Príncipe*, Maquiavel escolheu o discurso direto propiciado pelo ensaio permeado de relatos históricos em respaldo ao enunciamento de suas idéias. É o Maquiavel afastado a contragosto dos afazeres tormentosos da vida política, mas numa situação que lhe permitia produzir reflexões num clima favorável de relativa tranqüilidade; embora objeto de um ostracismo involuntário e ansioso para ser readmitido oficialmente ao serviço público da pátria (*ver Cronologia neste volume*), Maquiavel dispõe então de tempo e liberdade para revelar-se como pensador e escritor.

Em *Da Arte da Guerra*, muito pelo contrário, ainda que já destituído dos cargos públicos, ele parece se ocultar por trás de um famoso *condottiere* e amigos que dialogam (a propósito, inimigos políticos e opositores do governo de Florença sob os Medicis). O pensamento maquiaveliano se dilui entre os personagens históricos que preenchem a forma dialogal. Embora Fabrício Colonna, protagonista do discurso participativo (uma *espécie* de Sócrates nos diálogos de Platão) seja o porta-voz de suas concepções sobre a guerra, o arguto e cauteloso florentino optou por destilar suas idéias discretamente dos bastidores. Ele se coloca como o mero narrador de uma conversação real registrada numa tarde de verão na luxuosa residência de um amigo muito querido (Cosimo Rucellai), que viria a morrer prematuramente. Não se sabe com precisão quando Maquiavel escreveu essas duas obras, embora tenhamos certeza que a redação de *O Príncipe* ocorreu em 1513 e a de *Da Arte da Guerra* entre 1519 e 1521, sendo esta portanto bem posterior.

Outra diferença é o tom. Embora às voltas com um dos mais cruciais temas concernentes ao homem, o florentino é menos irreverente e menos ousado no presente diálogo, apesar das violentas críticas ao moderno sistema bélico italiano e a pregação enfática do retorno aos métodos antigos (especialmente romano).

Mas o tom de libelo não está de todo ausente em *Da Arte da Guerra* e se os dois escritos distam tanto estrutural e substancialmente, não há, por certo, discordância no que diz respeito à concepção da guerra num e noutro.

Como sói ser, o tema central homogêneo deste último texto faculta a Maquiavel aprofundar um tópico de suma importância na teoria política, que envolve desde a defesa do Estado e sua preservação até os seus possíveis projetos de expansão.

Contudo, característica maquiaveliana - e aqui cessamos de falar de diferenças dos textos em pauta para aludir à convergência dos mesmos sob a força da personalidade de seu autor - o florentino não se preocupa com o desenvolvimento esmiuçado de uma teoria política que tenha o fenômeno bélico como componente privilegiado, mas sim em exibir uma concepção da guerra do ponto de vista de arte e de sua exeqüibilidade e funcionalidade. Assim, o teor do diálogo, constituído formalmente pelo saber marcial fundado na experiência de Colonna, é quase aquele de um "manual técnico" que instrui sobre a maneira de como se preparar para a guerra, travar batalhas, colher mais vitórias do que derrotas e finalmente levar a expedição guerreira total ao êxito.

Maquiavel critica duramente os padrões bélicos modernos europeus (poupando apenas os suíços, ainda que de forma parcial), especialmente os seguidos pelas cidades-Estados italianas. Taxa de indolente e licencioso o comportamento geral dos soldados de seu tempo e advoga o retorno ao modelo antigo, fundamentalmente o romano, em todos os aspectos: treinamento, disciplina, hierarquia, armamento, forma de recrutamento e seleção, composição das milícias e exércitos, tática, estratégia etc. Ressalta o repúdio às tropas mercenárias, insistindo-se na formação de milícias ou exércitos nacionais, mas sem criar uma *profissão e classe militares* remuneradas que representem um ônus constante para o Estado.

Como em suas outras obras, Maquiavel não emite juízos de valor; seu humanismo realista não conta com o que *deveria ser*, mas com o que é; neste sentido Maquiavel está longe de ser um filósofo pois ele se faz prisioneiro e refém do fatual. Não declara ser a guerra boa ou má, moral ou imoral, louvável ou censurável, etc. É simplesmente um fato recorrente na história e um componente inelutável e necessário da vida dos povos e dos Estados. Como afirmei na Introdução à tradução de *O Príncipe*, Nicolau Maquiavel, a despeito de ser o responsável por alguns dos grandes conceitos da filosofia política moderna (inclusive o próprio conceito moderno de Estado), não foi, a rigor, um filósofo político, mas sim um historiador percuciente e notavelmente perceptivo quanto aos fatos e fenômenos do passado remoto e recente e do presente da Europa do século XVI com a qual ele próprio convivia e interagia como político profissional atuante, na maioria das vezes diplomata ou embaixador. Na *Cronologia* presente neste volume procurei munir o leitor precisamente de dados que facilitem sua compreensão do homem e profissional Maquiavel na relação real com seu espaço e tempo.

Edson Bini
Bauru, novembro de 2001

NOTA DO TRADUTOR

De nosso ângulo, Maquiavel escreveu suas obras numa língua italiana florentina arcaica. Há, portanto, dificuldades muito específicas de cunho lingüístico a serem superadas pelo tradutor do século XXI.

Assoma logo a pergunta: consideradas as limitações inerentes à arte ou técnica da tradução, como traduzir o menos infielmente possível um tal texto, já por si só compacto na forma precisa e parcimoniosa caracterizada pelo estilo de escrever espartano do célebre florentino?

Embora sem parafrasear, procurei traduzir mais o espírito do texto do que sua letra, não hesitando, inclusive, em quebrar períodos extremamente longos, capazes de congestionar a mente do leitor contemporâneo e comprometer sua compreensão do teor do diálogo. É de se notar que o original maquiaveliano é também sumamente parcimonioso quanto à pontuação.

Como sempre, cuidei de reproduzir em português o mais fielmente possível os conceitos emitidos pelo autor, os quais constituem a espinha dorsal de seu pensamento. Notas explicativas buscam esclarecer o que a tradução direta poderia trair.

Quanto ao mais, caberá ao leitor atento detectar falhas e imperfeições e, lhe rogamos, enviar-nos suas indagações, críticas e sugestões.

O Tradutor

CRONOLOGIA

Esta cronologia contém dados biográficos do autor além dos fatos e acontecimentos de cunho e significação políticos e militares de maior importância.

1469 - Vem ao mundo em 3 de maio o filho de *Bernardo Machiavelli*, batizado como *Niccolò Machiavelli*. Em outubro, o herdeiro de Aragão, Fernando, casa-se com Isabel, herdeira do reino de Castela. No início de dezembro, morre Pietro de Medici, soberano da república de Florença, que é sucedido por *Lorenzo de Medici* (Lourenço I, ou o Magnífico) e *Giuliano de Medici*.

1474 - Isabel é coroada rainha de Castela em dezembro.

1476 - Maquiavel inicia seu estudo do latim.

1478 - Em 26 de abril os *Pazzi* conspiram contra o governo de Florença assassinando Juliano dentro da catedral durante a cerimônia da Páscoa. Lourenço escapa.

1479 - Fernando torna-se rei de Aragão em janeiro.

1482 - Savonarola, monge dominicano oriundo de Ferrara, chega a Florença.

1483 - Morte de Luís XI, rei de França, em 30 de agosto; é sucedido pelo adolescente Carlos VIII.

1491 - Carlos VIII se casa em 6 de dezembro com Ana de Bretanha, que contava com apenas 14 anos.

1492 - Os reis católicos tomam Granada em 2 de fevereiro. Lourenço, o Magnífico morre em 8 de abril. Rodrigo Borgia (doravante

Alexandre VI) assume o papado em 11 de agosto e no dia 26 do mesmo mês, nomeia seu filho de 16 anos, *Cesare*, arcebispo de Valência.

1494 - Carlos VIII, rei de França, invade o reino de Nápoles em 2 de setembro, depois Florença em 9 de novembro; expulsa os Medici, dando espaço à influência política de Savonarola; em seguida entra em Pisa, domínio dos florentinos.

1495 - Os franceses deixam Nápoles e Florença.

1497 - Alexandre VI excomunga Savonarola em 12 de maio.

1498 - Maquiavel assume o cargo de secretário de Florença em fevereiro. Morre Carlos VIII em 8 de abril, ascendendo ao trono de França Luís XII. Savonarola é enforcado e cremado em 23 de maio. Maquiavel é indicado para ocupar o cargo de diretor da segunda chancelaria de Florença em 28 de maio, o que é homologado pelo Grande Conselho florentino em 19 de junho. Maquiavel é nomeado adicionalmente em 14 de julho secretário *dos Dez de Liberdade e de Paz*. César Borgia abdica de seu cargo eclesiástico de arcebispo para receber de Luís XII o título e autoridade de duque *Valentino*. Atendendo ao pedido anteriormente feito de Luís XII, Alexandre VI (pai de César Borgia) anula, em 17 de dezembro, o casamento deste com Joana, filha de Luís XI, para casar-se com Ana de Bretanha, viúva de Carlos VIII.

1499 - Em 24 de março, Maquiavel é incumbido de sua primeira missão diplomática, envolvendo a figura de um capitão mercenário. Em maio Maquiavel escreve o *Discurso ao Comitê dos Dez acerca das coisas de Pisa*. Entre 16 e 25 de julho Maquiavel cumpre missão diplomática em Forli junto a Caterina Sforza. Luís XII se apossa de Milão. O *condottiere* Paolo Vitelli, suspeito de traição, é executado em Florença entre 28 de setembro e 1º de outubro. Atuando como *condottiere* a serviço de Luís XII, César Borgia toma Ímola e Forli entre novembro e dezembro.

1500 - Ludovico Sforza, cognominado Ludovico, o Mouro, recupera Milão em 5 de fevereiro, mas é derrotado e aprisionado pelos franceses em abril. Em junho e julho novamente Maquiavel cuida de missão envolvendo o soldo de capitães mercenários ligados a Luís XII. Em outubro, mais uma vez no comando de tropas francesas, César Borgia toma Pesaro e Rimini. Em 11 de novembro, Luís XII e Fernando de Aragão celebram um tratado entre si para dividir o reino de Nápoles.

1501 - No começo de fevereiro, Maquiavel visita Pistóia, cidade sob domínio do governo de Florença, com a missão de intermediar conflito entre duas facções antagônicas daquela cidade. Borgia toma Faenza em 25 de abril e é nomeado duque da Romanha pelo papa, seu pai. Luís XII, que o mantém ainda ao seu soldo, não lhe fornece tropas para atacar Bolonha. Em maio Borgia oferece seus serviços de *condottiere* a Florença; ouve uma negativa dos florentinos. Em 8 de julho, acompanhados de Borgia, os franceses ingressam no reino de Nápoles. Incumbido de frustrar as maquinações de Borgia junto a Pandolfo Petrucci, senhor de Siena, Maquiavel visita, como embaixador, essa cidade em 18 de agosto. Em 3 de setembro, Borgia conquista Piombino. Maquiavel casa com Marietta Corsini.

1502 - Em junho, o capitão mercenário Vitelozzo Vitelli, ligado aos Borgias, fomenta uma insurreição em Arezzo (sob domínio florentino) e posteriormente em *Val de Chiana,* Florença, visando sanar o problema, enceta diálogo com a França a respeito. Ainda em junho principiam as hostilidades entre espanhóis e franceses no reino de Nápoles, reino que haviam, segundo acordo diplomático mútuo, teoricamente dividido em novembro de 1500. Em 21 de junho, César Bórgia se apossa de Urbino. Em 24 de junho, Maquiavel, acompanhado do bispo Francesco Soderini, chegam a Urbino, se encontram com Borgia; Maquiavel retorna a Florença para comunicar a mensagem em tom ameaçador do novo senhor de Urbino. Aliviando a tensão, Luís XII ordena, em julho, que as tropas francesas liberem Arezzo. Em 22 de setembro, Pietro Soderini (irmão de *Francesco)* é nomeado *gonfaloneiro* vitalício de Florença. César Borgia, no início de outubro, solicita a Florença que lhe envie um embaixador; Florença aquiesce e lhe envia Maquiavel, que ficará com o *duque valentino* e senhor da Romanha e de Urbino até 20 de janeiro de 1503. Poucos dias depois, os *condottieri* Paolo Orsini (e irmão), Oliverotto da Fermo, Vitelozzo Vitelli, Baglioni e outros (todos vinculados aos Borgia) provocam uma rebelião no ducado de Urbino. Borgia não consegue conter as tropas lideradas pelos Orsini e pede ajuda à França. Receosos, os *condottieri* suspendem a luta, celebram um acordo com Borgia e retomam seus serviços de mercenários, devolvendo o controle de Urbino a Borgia; contudo, em 26 de dezembro tomam Sinigálhia; no último dia do ano, César Borgia entra em Sinigálhia, surpreende Vitelozzo e Oliverotto e os estrangula sumariamente; os Orsini são executados em 18 de janeiro de 1503.

1503 - O poderoso César Borgia invade e toma Perúgia, Cidade de Castelo e Siena. Maquiavel escreve um relatório denominado *Descrição da maneira utilizada pelo duque Valentino para matar Vitelozzo Vitelli, Oliverotto da Fermo, o senhor Paolo e o duque de Gravina Orsini* (observe-se que este texto só será publicado em 1532, logo após a publicação de *O Príncipe*). Em 29 de março, Luís XII devolve o trono de Siena a Petrucci. Em julho Maquiavel produz mais um relatório intitulado *Da maneira de tratar as populações de Val di Chiana revoltadas*. Alexandre VI, pai de César Borgia, morre em 18 de agosto e seu sucessor, Pio III, em 18 de outubro. Entre 23 de outubro e 18 de dezembro Maquiavel está em visita a Roma. Em 1º de novembro, *Giuliano de la Rovere* é aclamado como novo papa sob o nome de Júlio II. Apesar de ter sido eleito com o apoio de Borgia, Júlio II se apressou a pressioná-lo a transmitir à Igreja (na condição de Estados eclesiásticos) as cidades-Estados conquistadas pelo duque Valentino. Nascimento de Bernardo, primeiro filho de Maquiavel em 8 de novembro. Em 28 de dezembro, ocorre a batalha de Garigliano na qual as tropas francesas, derrotadas por aquelas comandadas por Gonzalvo de Córdoba, saem do reino de Nápoles.

1504 - No final de janeiro, Florença envia Maquiavel à França a fim de tentar evitar um possível recrudescimento das hostilidades entre franceses e espanhóis, embora Florença fosse oficialmente aliada dos franceses. Em 11 de fevereiro, inicia-se um período de trégua entre franceses e espanhóis. Maquiavel retorna a Florença em março e em 2 de abril já se encontra em Piombino num mister diplomático. Em outubro se devota à redação de seu ensaio (não relatório) sobre os governos republicanos intitulado *Discurso sobre a Primeira Década de Tito Lívio*. Neste mesmo mês nasce seu segundo filho, Ludovico.

1505 - O capitão mercenário Bartolomeo d'Alviano ameaça atacar Florença, curiosamente animado por um sonho de conquista pessoal, sem estar a serviço de Estado algum. Florença envia Maquiavel em busca do *condottiere* Baglioni, mas este se recusa a prestar seus serviços aos florentinos. Uma outra recusa, desta vez da parte do marquês de Mântua, chegará aos ouvidos de Maquiavel no começo de maio. Finalmente Maquiavel visita Siena em busca de apoio militar, mas nada obtém de Petrucci. Finalmente, o capitão mercenário Bentivoglio, que já prestara serviços a César Borgia, chega a um acordo para trabalhar a soldo de Florença e sai vitorioso sobre as tropas de Alviano em 17 de outubro. Uma nova tentativa de recuperar Pisa é feita, mas redunda em fracasso. É no fim deste ano que Maquiavel é autorizado pelo governo florentino a iniciar o recrutamento de tropas para a formação de uma milícia nacional de Florença, em repúdio ao uso de tropas mercenárias (uma das proposições centrais de *Da Arte da Guerra*).

1506 - Durante os dois primeiros meses do ano, Maquiavel se empenha no recrutamento e escreve acerca da formação da milícia. Em 25 de agosto, em visita ao papa, Maquiavel ouve o "pedido" do pontífice para que Florença apóie o esforço para devolver a Romanha aos seus senhores originais e aos venezianos, o que resulta num encontro no dia seguinte, quando Maquiavel acompanhará o papa a Romanha. Ainda acompanhando o papa em Ímola em outubro, Maquiavel assistirá a entrada deste em Bolonha a 11 de novembro. Em 6 de dezembro, Maquiavel redige o decreto relativo à criação da milícia florentina.

1507 - César Borgia morre aos 32 anos, vítima de uma emboscada perto de Pamplona. Maquiavel acumula mais funções no governo de sua cidade em janeiro. Em junho, o imperador Maximiliano da Alemanha solicita ajuda financeira a Florença. Maquiavel é designado para visitá-lo.

1508 - Maquiavel retorna a Florença em 16 de junho, depois de passar por importantes cidades do Império germânico, como Trento e Innsbruck. No dia imediato a sua chegada ele redige o *Relatório sobre as coisas da Alemanha*. Entre outubro e dezembro retoma seu trabalho no alistamento de soldados para a milícia nacional. Em 10 de dezembro, por iniciativa do papa Júlio II, é formada a *Liga de Cambrai* integrada pela França (Luís XII), Espanha (Fernando de Aragão) e a Alemanha (Maximiliano) para combater os venezianos.

1509 - Maquiavel supervisiona os soldados que efetuam o cerco a Pisa em fevereiro. Em 13 de março, mediante um tratado comercial, a França e a Espanha cedem à república de Florença o direito exclusivo de retomar Pisa. Em 14 de maio, na batalha de Agnadel a Liga de Cambrai derrota os venezianos. Em 2 de junho, finalmente, Florença recupera Pisa; no dia 8 desse mês Maquiavel entra duplamente triunfante na cidade: não só os florentinos haviam retomado Pisa, como o haviam feito com uma infantaria própria. Ele parte para Mântua em 10 de junho. Maquiavel redige a *Segunda década*.

1510 - Retorno de Maquiavel a Florença em 2 de janeiro. Em 24 de fevereiro, na qualidade de líder da Liga de Cambrai, Júlio II celebra a paz com os venezianos. Entre o final de maio e o princípio de junho, Maquiavel volta a se dedicar ao recrutamento da milícia nacional. Em 24 de junho Maquiavel é enviado novamente à França com a tarefa de estreitar ainda mais as relações com Luís XII. Florença receia o crescente aumento de poder e influência políticos do papado. De retorno a Florença em 19 de outubro, Maquiavel não tarda a escrever o *Retrato das coisas de França*. O *Conselho dos Dez* encarrega Maquiavel de passar ao recrutamento para o efetivo da cavalaria nacional, ao que o florentino se dedicará com afinco durante novembro e dezembro. Em 2 de dezembro, Maquiavel visita oficialmente Siena.

1511 - Em janeiro o florentino submete à inspeção as fortalezas de Arezzo e de Pisa. Em março o encontraremos recrutando cavaleiros em *Val di Chiana*. Cisão na Igreja: o clero francês se indispõe contra o papa, exigindo, em 1º de março, a convocação de um concílio geral. Maquiavel está presente em Siena em 1º de maio, para firmar um novo tratado. Nova missão para Maquiavel: encetar conversações com Grimaldi, senhor de Mônaco, o que ocorre em 5 de maio. O concílio reivindicado pelo clero francês é previsto para 1º de setembro; extinta a

Liga de Cambrai com a paz celebrada com os venezianos, Júlio II perde influência política e, militarmente debilitado, é derrotado em Ravena, Bolonha e Ferrara. Florença, ainda em maio, concorda que o concílio seja realizado em Pisa. Em 18 de julho, o papa, receando provavelmente os desdobramentos e resultados do concílio de Pisa, convoca um concílio em Latrão para 19 de abril do ano seguinte. Ameaça Florença, inclusive com o confisco dos bens de seus comerciantes. Em 19 de agosto vem ao mundo Guido, terceiro filho de Maquiavel. Entre 24 de agosto e 7 de setembro, Maquiavel prossegue no recrutamento para o contingente de cavaleiros do exército nacional. Pressionada pelo papado, Florença por meio de Maquiavel se omite quanto a não realização do concílio em Pisa na data prevista; em 10 de setembro M. estabelece conversações com quatro cardeais, convencendo-os a retardar sua vinda a Pisa. M. se apresenta na corte de Luís XII solicitando o adiamento do concílio. No começo de outubro, o papa Júlio II, aproveitando o efeito positivo da intimidação e o recuo do governo florentino, forma a *Santa Liga* com a Espanha e Veneza contra a França e seus aliados. Cardeais chegam a Pisa em 1º de novembro e M. retorna da França no dia seguinte; apressa-se em 3 de novembro num esforço para prorrogar o concílio. Entre 5 e 12 de novembro o concílio acontece em Pisa, mas limita-se a três sessões; é transferido para Milão e não tem continuidade.

1512 - Em 30 de março, é redigido o decreto regulamentando a atuação da cavalaria em Florença. Batalha de Ravena travada em 11 de abril resulta na vitória dos franceses, que são, contudo, ameaçados pelos suíços. Em maio, M. prossegue cuidando da formação militar de um exército florentino nacional; durante julho e agosto engrossa o contingente dos infantes. Em 28 de agosto, *Campie Prato* é subjugada violentamente pelos espanhóis. Em 31 de agosto, *Pietro Soderini* renuncia e no dia imediato *Giuliano de Medici* retorna a Florença. Em 6 de setembro, o mandato de gonfaloneiro, fulminando a vitaliciedade, é reduzido a catorze meses e dois dias depois *Giovanni Batista Ridolfi* é eleito gonfaloneiro. Chegada do cardeal *Giovanni de Medici*, que é enviado pelo papa, a Florença. Em 16 de setembro de 1512 ocorre um golpe avassalador em Florença, engendrado em última análise pela extrema habilidade política de Júlio II: a presença do cardeal Medici inflamou os partidários desta poderosa família, que invadiram o palácio de Florença e ditaram na completa suspensão do Estado de direito a redução do mandato de gonfaloneiro a *dois meses* e a *abolição da Constituição republicana*. Três dias depois, como era de se esperar, a milícia criada por Maquiavel é dissolvida; em 7 de novembro o novo governo destitui Maquiavel de todos os seus cargos.

1513 - Tido como suspeito de conspiração, M. é detido, aprisionado e torturado em 19 de fevereiro. Os acontecimentos que se seguem são vertiginosos e cruciais: o papa Júlio II morre em 21 de fevereiro, sendo sucedido por Giovanni de Medici (Leão X) em 11 de março. Dois dias depois M. é libertado e se isola na sua casa de campo em Sant'Andrea, Percussina. M. se retira da vida pública, mas mantém uma correspondência regular com seu amigo Vettori, embaixador de Florença em Roma. Redige a versão definitiva do *Discurso sobre a primeira década de Tito Lívio*, põe-se a escrever *O Príncipe* e também é neste período até 1520 que vêm a lume o mais expressivo de sua obra não oficial: *Diálogo sobre nossa língua, A Mandrágora, Belfagor, Da Arte da Guerra, O Asno de Ouro, A Vida de Castruccio Castracani*. Em 23 de setembro, o primo germano do papa, Giulio de Medici é feito cardeal. Com a mudança dos homens fortes da Igreja, M. sente que talvez haja possibilidade de retornar ao cenário político de sua pátria: comunicando a Vettori o término da composição de seu opúsculo, *De Principatus* (*O Príncipe*), indaga do amigo o que acha de submetê-lo à apreciação de Juliano de Medici.

1514 - Vettori teria recomendado paciência e o aguardar de momento mais oportuno; as tentativas de reintegração na administração pública de Florença realmente são baldadas. Mas nem tudo é doloroso para o patriótico florentino: sua milícia é revivida através de uma ordenação para a infantaria de 19 de maio e em 4 de setembro nasce seu quarto filho, Piero.

1515 - Morte de Luís XII em 1º de janeiro. Sucessão por Francisco I. O governo florentino se dispõe a consultar M. a respeito da milícia (embora Ridolfi pretenda dissolvê-la novamente). Juliano de Medici pensa em lançar mão dos serviços de M., mas é dissuadido pelo papa Leão X.

1516 - Fernando de Aragão morre em 23 de janeiro, sendo sucedido por Carlos V. Em 17 de março, morre Juliano de Medici. O sobrinho do papa, *Lorenzo de Medici*, recebe o cargo de capitão-geral de Florença. Lourenço toma o ducado de Urbino em maio e é a ele que M. dedica *O Príncipe*. Em 8 de outubro o papa nomeia Lourenço *duque de Urbino*.

1517 - M. escreve *O asno de ouro* (que deixará inacabado) e reduz seu isolamento fazendo novas amizades, como a de Cosimo Rucellai (um dos interlocutores do diálogo *Da Arte da Guerra*).

1518 - M. escreve *A mandrágora* e entre março e abril atua como representante de mercadores florentinos numa missão em Gênova.

1519 - Morre o imperador Maximiliano em 12 de janeiro. Em 13 de abril nasce Caterina de Medici, filha de Lourenço e *Madeleine de La Tour d'Auvergne*. Em 4 de maio, após a morte da esposa duas semanas depois do nascimento da filha, morre Lourenço, deixando o comando do governo de Florença nas mãos do cardeal Júlio de Medici. M. principia a escrever o diálogo *Da Arte da Guerra*.

1520 - M. novamente presta serviços aos mercadores florentinos, desta vez em Luca. Escreve *A vida de Castruccio Castracani* e a pedido do cardeal Júlio escreve o *Discurso sobre a reforma do governo de Florença*, ou seja, *A história de Florença*. Além disso, o cardeal encomenda de Maquiavel uma *História de França*.

1521 - Embora não reinvestido de suas funções e dignidades públicas, M. presta serviços à pátria e em maio vai até Carpi com incumbências relativas a problemas de caráter religioso de Florença. Em 8 de maio Leão X efetiva sua aliança com Carlos V, de modo a fortalecer militarmente o papado e possibilitar a expulsão dos franceses da península itálica e realizar anexações de territórios aos Estados eclesiásticos. O diálogo *Da Arte da Guerra* é publicado em 16 de agosto. Em 1º de dezembro, morre Leão X.

1522 - Eleição do papa Adriano VI em 9 de janeiro. Entre maio e junho, é desmantelada uma conspiração contra o soberano de Florença, Júlio de Medici; a trama fora urdida por nobres e intelectuais que freqüentavam o círculo dos jardins Oricellari, pertencentes à família Rucellai; dois conspiradores são presos, condenados à morte e executados.

1523 - Os franceses perdem o controle sobre Gênova e de uma grande parte do território do ducado de Milão. Adriano VI morre em 14 de setembro. Em 18 de novembro Júlio de Medici, o senhor de Florença, se torna papa sob o nome de Clemente VII.

1525 - Batalha de Pávia em 24 de fevereiro; Carlos V se sagra vitorioso sobre os franceses. M. visita Roma em maio para entregar ao papa a *História de Florença* (ou *Histórias Florentinas*). O papa não esconde de M. sua inquietação e contragosto pelo avanço e poderio de Carlos V; M. lhe fala de um exército nacional. Nenhum título ou cargo oficial é recuperado por M., mas ele é enviado em junho pelo papa a Faenza. Em 26 de julho M. retorna a Florença. Entre 19 de agosto e 16 de setembro encontraremos M. em Veneza advogando os interesses comerciais dos mercadores de Florença.

1526 - Em 14 de janeiro é celebrado o tratado de Madri, do qual uma das cláusulas é a libertação de Francisco I, rei de França, aprisionado por Carlos V após a vitória deste em Pávia. M. sugere ao papa que proporcione a *Giovanni dalle Bande Nere* (jovem e exímio capitão) os meios para formar uma milícia - sugestão não aceita. Em 18 de março, Francisco I regressa a França. Aceitando desta vez uma sugestão de M., Clemente VII cria em 9 de maio uma comissão de defesa das fortificações de Florença e, finalmente, M. volta a ser oficialmente nomeado para um cargo, que é o de secretário da inspeção das fortificações. Em 17 de maio, o papado (Clemente VII: Júlio de Medici), Francisco I, os venezianos e o governo de Florença (isto é, Júlio de Medici novamente) celebram o tratado de Cognac. Em setembro em Roma Clemente VII estabelece uma trégua com os espanhóis sediados em Nápoles, chefiados pelos Colonna (ou seja, a família do grande capitão mercenário Fabrício Colonna, que figura como personagem central do diálogo *Da Arte da Guerra* de M. e estivera ele mesmo a soldo de

Carlos V até 1520, ano de sua morte); mas em 19 do mesmo mês, os espanhóis atacam o palácio de Clemente VII em Roma, o saqueiam e aprisionam o papa, em seguida exigindo a retirada das tropas da confederação liderada pelo papa, que se achavam reunidas na Lombardia graças ao empenho de Maquiavel. Temendo pelo papa, essas tropas deixam a Lombardia e Milão, que indefesa, capitula em 23 de setembro. M. volta a Florença. Ferido mortalmente em 25 de novembro, *Giovanni dalle Bande Nere* morre no dia 30 e neste mesmo dia M. viaja para Modena junto do lugar-tenente e senhor da Romanha, Guicciardini.

1527 - Atuando como diplomata, M. volta a avistar-se com Guicciardini em Parma em 3 de fevereiro. Unidos, M. e Guicciardini visitam Bolonha. M. retorna a Florença em 22 de abril. O condestável de Bourbon, que havia assumido o comando das tropas espanholas entre fevereiro e março, marcha contra Roma, que está militarmente desprotegida, pois as tropas da Igreja e de seus aliados (M. os acompanha) se encontram na retaguarda dos espanhóis. Em 6 de maio o condestável de Bourbon ataca Roma - ele tomba mas a cidade é tomada e saqueada. Em 16 de maio o Grande Conselho (criado e instituído por Savonarola) volta a funcionar. M. chega a Florença via Livorno no fim de maio. O governo florentino dos Medici cai em 10 de junho. Em 20 de junho Maquiavel sente-se adoentado e morre no dia seguinte (21 de junho de 1527) aos 58 anos; é enterrado dia 22 na igreja de Santa Croce.

1531 - Publicação do *Discurso sobre a primeira década de Tito Lívio* em Roma.

1532 - Publicação de *O Príncipe* também em Roma.

INTRODUÇÃO

O ser humano é um animal a que são peculiares várias funções e atividades se comparado às espécies ditas "inferiores" e que, ao menos do ponto de vista somático, realmente o são: o corpo humano, se excetuarmos os primatas e, principalmente, os antropóides, é mais complexo e mais especializado do que o de outras espécies animais.

O homem é o único apto a produzir cultura: só ele filosofa, produz artes diversificadas, compõe poesia e música, constrói um corpo organizado de conhecimento, produz tecnologia; mediante sua inteligência e imaginação ele alterou a face do planeta e o continua fazendo, pois é o único capaz de produzir um processo de transformação dinâmica do mundo, ao que convencionamos chamar de *progresso*. Com a clonagem, tem-se a impressão que o ser humano chegou ao ponto de se converter numa espécie de "parceiro menor de Deus".

Provavelmente a espécie humana é a única capaz de chorar e rir, amar e odiar, empreender os atos mais sublimes bem como os mais torpes do ângulo da moral, a qual, também é exclusivamente humana.

Mas a espécie humana é, também, a única apta a *guerrear*, o único ser vivo no planeta que realiza uma deliberada ação mortífera contra indivíduos de sua mesma espécie.

Decerto as demais espécies agem destrutivamente e produzem o extermínio de outros seres vivos, mas na sua quase totalidade (à exceção de algumas raras espécies canibais a que pertencem certos ofídios, seláquios e insetos - cite-se o tubarão e o louva-a-deus), se distribuem na cadeia alimentar como predadores, *mesmo* os animais que nós, capazes de discurso racional, convencionamos chamar de *feras* ou *animais selvagens*. Nos períodos do cio, machos de certas espécies lutam pela posse das fêmeas (às vezes até a morte do adversário), mas este não é um fenômeno contínuo e nem em larga escala.

Via de regra as espécies não humanas atacam e matam espécies *distintas* para se alimentarem, sobreviverem e se preservarem. A espécie humana é a única que tira a vida do indivíduo da mesma espécie fora da cadeia alimentar. Fora desta, o homem sacrifica várias outras espécies para se alimentar, produzir cultura e riquezas. Inúmeras classes e famílias animais existem tão-só para servir ao homem, proporcionando a nós alimento, vestuário, entretenimento, transporte e uma plêiade de artefatos e produtos de origem animal. A partir do século XX, no Ocidente, até orgãos e tecidos dos corpos dos animais são utilizados na medicina na área de transplantes. Pesquisas de laboratório empregando animais vivos são feitas há séculos. Em suma, a lista dos bens e benefícios que as várias outras espécies animais propiciam à espécie humana é quase interminável.

Na verdade, as espécies natural e efetivamente nocivas ao homem (geralmente de pequeno porte ou microscópicas) representam um coeficiente menor diante da miríade de bênçãos com que muitíssimas espécies nos favorecem.

E, todavia, o homem é a única espécie que extermina indivíduos de outras espécies por lazer ou esporte, do que são exemplo os celebrados safaris de povos europeus *altamente civilizados*.

Mas retornemos ao fenômeno *guerra*.

A guerra é uma constante na história da humanidade desde que esta surgiu no planeta. Está tão ligada a quase todos os povos, nações e raças humanos que é difícil determinar se constitui um fenômeno cultural ou algo inerente à natureza humana.

Certos povos prezavam e praticavam tanto a guerra que foram qualificados como *povos guerreiros*: hititas, persas, mongóis, turcos, romanos, cartagineses etc, na antigüidade. As crianças e adolescentes da antiga Esparta eram *educados* quase que exclusivamente para a guerra.

Obviamente esta breve e desprentensiosa introdução não comporta os aspectos psicológicos e sociológicos da guerra.

Isto à parte, por que o homem guerreia?

Os motivos, fatores, pretextos parecem ser múltiplos e heterogêneos.

INTRODUÇÃO

O homem primitivo lutava e guerreava na disputa por alimento, abrigo, territórios habitáveis, fêmeas, aquisição de poder, os três primeiros desses itens relativamente escassos e precários no mundo primitivo carente das técnicas mais elementares de agricultura, pecuária e indústria.

Mas apesar do desenvolvimento e progresso dos povos, da Idade antiga à contemporânea, as guerras sofreram as mais diversas mudanças formais e estruturais (ou seja, *também se desenvolveram e progrediram*), houve maiores ou menores períodos de paz e intensidades variáveis nos conflitos. Porém, as guerras jamais desapareceram ou foram, sequer, consideravelmente reduzidas.

Há historiadores e pensadores que chegaram a declarar, cada um no seu linguajar pessoal, uma mesma coisa: *a paz consiste apenas no intervalo entre guerras.*

O ser humano, ou mais exatamente, as tribos, povos, nações, etnias, facções, Estados guerreiam *regularmente* por motivos e pretextos das mais diversas naturezas e grandezas. Eis alguns, muito sumariamente:

1. Expansão e conquista de territórios. É a base da formação dos chamados *Impérios* que se alternam no mundo desde que existem os grupos étnicos ou nacionais organizados, nômades ou sedentários (Impérios assírio, egípcio, chinês, mongol, persa, macedônio, romano, bizantino, carolíngeo, turco otomano, alemão, espanhol, britânico, soviético, norte-americano etc.).

2. Desentendimento sobre a posse de territórios (geralmente ricos em recursos naturais ou estratégicos do ponto de vista comercial ou político).

3. Intolerância religiosa. Alguns exemplos: a Igreja "cristã" romana nas Cruzadas e os turcos "muçulmanos" no seu domínio do leste europeu e do Oriente Médio. Alegando ser o seu Deus ou profeta os *verdadeiros* e o Deus ou profeta do outro povo ou grupo os *falsos*, o primeiro povo ou grupo guerreia, mata e é morto *em nome de seu Deus* - a chamada *guerra santa*. Quase impossível, decerto, conceber algo mais estúpido, insano, hipócrita e infame do que isso. Ocioso dizer que o motivo "religioso" para a guerra é altamente dúbio, pois geralmente mascara interesses políticos e econômicos (*item 1*).

4. Dissenção intestina ou nacional: a disputa pelo poder dentro de uma única nação ou grupo leva à chamada *guerra civil*. Muitas vezes já existe um grupo detentor do poder político, que é a situação, e outro grupo ou grupos rebeldes que contra ele guerreia(m) a fim de derrubá-lo e assumir(em) o poder.

5. Invasão ou agressão a um governo soberano, resultando em declaração de guerra.

6. Domínio de um povo ou nação por outro (*item 1*) desencadeando a chamada *Guerra de Independência*.

7. Tratados, acordos, confederações e organizações de nações determinam (por vezes com amparo jurídico) que os países signatários ou membros de tais organizações (como a OTAN) se envolvam na guerra já declarada por um país supostamente agredido (signatário ou membro) que, então, contra-ataca com o apoio dos aliados.

8. Limpeza étnica e genocídio. Provavelmente a forma mais brutal, insana e covarde das guerras: um povo que se julga e se auto-intitula racialmente superior, decreta e executa o extermínio físico puro e simples de outro povo ou grupo étnico, geralmente no âmbito nacional. Alguns exemplos já célebres: O Terceiro Reich na Alemanha nazista dizimou mais de oito milhões de seres humanos, principalmente judeus, mas também comunistas e negros; numa ação bélica e parabélica maciça, os turcos destruiram a população inteira da Armênia; o governo iuguslavo trucidou (e matou pela fome) milhares de inocentes em Kossovo e na Croácia. Nas Idades Antiga e Média, essa forma de "guerra", que a rigor não é guerra, pois não é contra guerreiros, mas contra populações civis indefesas (inclusive mulheres, crianças e velhos), era muito comum e geralmente se seguia às guerras regulares e às guerras de assédio. Átila e Gengis Khan saqueavam e incendiavam povoados inteiros, não deixando um só bebê vivo - isto, evidentemente, mesmo com a rendição incondicional do inimigo. Nas guerras ditas da "cristandade" contra os infiéis (turcos otomanos) em torno da tomada de Constantinopla no leste europeu em meados do século XV, romenos e otomanos disputavam o troféu ignominioso da mais suprema atrocidade, não só estuprando e degolando mulheres, como torturando e impalando soldados e civis vivos.

9. Por vezes, uma guerra aterradora e duradoura (que pode durar dezenas de anos) é aparentemente causada por um fato isolado desencadeador, digamos o assassinato de um príncipe, um ministro de Estado ou um cidadão influente de um país (este último poderoso e rico), ou *mesmo* por alguma futilidade ou desentendimento doméstico e

localizado de alguns cortesãos: muitas das guerras ocorridas entre as cidades-Estados da Itália não unificada do fim da Idade Média e começo da Moderna (tempo de Maquiavel) foram geradas por intrigas palacianas ou meros jogos amorosos envolvendo membros da realeza e da corte, ou ainda, como atesta Maquiavel em *Da Arte da Guerra*, pela ganância dos *condottieri*. Não esqueçamos que a célebre Guerra de Tróia teve como pivô uma bela mulher (Helena) e foi causada, em última instância, pela frivolidade de três deusas do Olimpo.

10. Às vezes, o simples orgulho ferido de uma super-potência hegemônica que foi agredida, super-potência militar, econômica e política tão colossal que se julgava invulnerável e intocável, engendra uma guerra sem precedentes. Disto temos um exemplo atualíssimo na guerra dos EUA contra o Afeganistão.

11. As potências hegemônicas no passado também decretavam guerras de extermínio sumário por simples questão de política externa preventiva. A última guerra púnica (por volta de 150 a.C.) foi declarada por recomendação insistente e reiterada de um senador romano (Catão, O Velho): Cartago foi açulada para a guerra e derrotada. Mas não era o bastante: tinha que ser literalmente destruída. Como os bravos cartagineses não se rendiam, a cidade teve que ser invadida e cada habitante (inclusive adolescentes e crianças) passado a fio de espada. A grande e civilizada Roma não podia sequer tolerar a existência de uma nação e um povo (aliás, uma república tal como Roma) que lhe votara ódio eterno e que ameaçava sua hegemonia política, econômica, comercial e militar no mundo de então.

12. As próprias ideologias são causas diretas ou indiretas de guerras civis ou confrontos bélicos internacionais.

A guerra está tão intimamente presente e arraigada na história da humanidade desde os seus primórdios que é praticamente impossível negar que o próprio desenvolvimento das sociedades humanas esteja não só relacionado a muitas delas como chegue a ser mesmo o produto de *algumas delas*. Além das guerras de independência, como contestar a profunda transformação social ocorrida na Europa devido à Revolução Francesa, a qual, ademais, difundiu e exportou valores inestimáveis que teorizados por pensadores como Montesquieu, Rousseau, D'Alembert e Voltaire, foram a inspiração e meta de lutas renhidas e até sanguinárias na segunda metade do século XVIII na França, tais como liberdade, igualdade, fraternidade, democracia...? Será o mais terrível dos paradoxos humanos ter que admitir que a guerra é um meio indispensável ao progresso social e à implantação das melhores instituições humanas? E o que dizer da própria guerra de independência americana pouco antes da Revolução Francesa? E mais recentemente a Revolução cultural chinesa e a cubana? Haverá guerras que são "males" necessários? Equacionando a questão dentro do binômio tão amiúde atribuído a Maquiavel (meio e fim), na hipótese de ser a atividade bélica *meio* e não *fim*, e meio inevitável para certos fins, será a guerra o meio por excelência, a uma vez eficaz e inescapável?

É neste impasse que rompemos com o estreito horizonte fatual de Maquiavel, onde o pensador parece acabar por ser sufocado pelo historiador e homem público.

Se a guerra não for inerente à manifestação autêntica da natureza humana - e é altamente questionável que o seja - embora muitos para isso tenham acenado (Hobbes, por exemplo, descreve a convivência dos homens no estado de natureza como uma *guerra de todos contra todos*), e mesmo que o fosse, a formação do Estado civil sob a força do Contrato Social a podendo eliminar, quem sabe pudesse ser ela descartada como instrumento ou meio eficaz para o atingimento de fins humanos. E as indagações se multiplicam capitaneadas pela primeira: quais fins humanos?... a subjugação de outros povos?... a defesa do Estado?... a conservação do sistema de governo deste?... os privilégios duradouros ou permanentes de uma mesma classe social?

Houve pensadores, antropólogos, políticos e economistas no passado que não só compreenderam e aceitaram, como explicaram e justificaram a guerra como elemento coadjuvante indispensável para o controle populacional.

A teoria malthusiana (hoje esquecida e considerada obsoleta), sustentava que ocorrendo o aumento populacional de forma geométrica e o da produção de alimentos de forma aritmética, o resultado inexorável seria a fome mundial. Com as descobertas médicas, mormente a partir do século XVIII (graças a homens como Pasteur e Fleming) que mediante vacinas e antibióticos ampliaram a perspectiva de vida, a teoria de Malthus ganhou *negativamente* mais um ponto favorável. A guerra, sem o apoio das doenças, concorria mais do que nunca para o equilíbrio populacional.

Entretanto, o vertiginoso desenvolvimento científico principiado no século XIX no Ocidente e o advento da ciência aplicada e a tecnologia ao longo do fecundíssimo século XX, realizações no âmbito das técnicas utilizadas na agricultura e pecuária, somando a mecanização à engenharia de alimentos, revolucionaram a produção de alimentos.

Como então sustentar a teoria malthusiana e justificar um *necessário* morticínio das guerras?

Irônica e paradoxalmente, se o inglês Robert Malthus renascesse, sorriria sardonicamente com ar confiante de bem sucedido futurólogo ao constatar que só num país como o Brasil existem 50 milhões de esfaimados e elevado coeficiente de mortalidade infantil, com áreas imensas onde não existe sequer saneamento básico. Seu sorriso mordaz de fulgurante regozijo intelectual alcançaria o clímax ao contemplar cerca de um *bilhão* de criaturas humanas reduzidas à inanição espalhadas pela Ásia, América Latina, leste europeu e África.

E então, por pura lógica, Malthus talvez deduzisse que a humanidade, depois de sua morte em 1834, cometera a imprudência de, por meio de algum milagre, eliminar as guerras ou minimizá-las.

Nesse momento o sisudo economista inglês egresso do além teria uma desagradável surpresa que removeria imediatamente o sorriso dos seus lábios e mostraria a inconsistência das poucas variáveis de sua doutrina, pois nós lhe diríamos que após 1834 amargamos duas Guerras mundiais, a guerra do Pacífico, Nagasaki e Hiroshima, a revolução chinesa, a guerra do Vietnã, a guerra Irã-Iraque, o conflito na Iuguslávia, além da guerra diuturna no Oriente Médio que (aliada ao terrorismo) ceifa a vida de inocentes desde a fundação do Estado de Israel em 1948.

Mas não é só do domínio das idéias que surgem fortes argumentos contra uma tese da *indispensabilidade* da guerra.

No cenário político da primeira metade do século XX surgiu na Índia um homem que provou à força dos fatos que, ao menos a guerra de independência (uma das possíveis formas "legítimas" e "justificáveis" de guerra) era um meio totalmente dispensável. Mediante um discurso pacifista inabalável (o *ahimsa*, a não violência) executou uma mobilização social maciça do povo indiano em torno de atos reivindicatórios de resistência (desde jejuns individuais e coletivos até greves no setor têxtil, fonte generosa de divisas para a economia britânica). Mohandas "Mahatma" Gandhi acabou por fazer os britânicos abandonar a Índia. Obteve a independência de seu país em 1947, livrando-o do jugo da maior nação imperialista do mundo da época.

Gandhi, uma mistura grandiosa e raríssima de místico, filósofo e político atuante, ao mesmo tempo hábil, honesto e dedicado ao seu povo, abriu um precedente de magna importância na história das relações internacionais entre os povos. Embora a intransigência e o fanatismo o tenham sentenciado à morte (foi assassinado, como a maioria dos pacifistas), outro devotado e corajoso líder, Martin Luther King teria o mesmo destino - Gandhi registrou na história que a guerra, com seu cortejo de mortes e miséria, não é o único meio para solucionar desentendimentos entre os povos. Para nos restringirmos ao século XX, indicamos mais dois grandes líderes que a seu modo, embora não tão radical e magnificamente como Gandhi, disseram *não* à guerra: o tibetano Dalai Lama e o africano Nelson Mandela.

Infelizmente, como o leitor inteligente pode perceber, tal estirpe de líderes são atípicos e escassos na qualidade de estadistas em toda a história da humanidade e o século XXI nasce riquíssimo em tecnologia e paupérrimo em seres humanos dessa grandeza. Pelo contrário, foi no espantoso e formidável século XX dos prodígios tecnológicos (da televisão à informática, do transplante à clonagem) que ocorreu o processo mais acelerado de degeneração do homem público. Mesmo nas mais avançadas democracias do planeta, o mundo político hoje é preenchido por figuras lustrosas e polidas, habilíssimos "profissionais", bem falantes e bem nutridos, mas muito distantes da autêntica representatividade do povo de que são mandatários; disfarçadamente na atualidade os corredores da política bem sucedida contam com o trânsito furtivo dos representantes dos mais variados segmentos particulares do poder econômico, os chamados *lobbies*. Os mais diversos interesses são negociados e defendidos nos Congressos, *mas muito raramente os interesses efetivos do povo e da nação*. Nas "democracias" do terceiro mundo, dos países periféricos ou daqueles ditos *emergentes* há uma verdadeira metástase de corrupção, o dinheiro público sendo dilapidado descaradamente de todas as formas concebíveis, como se *res publica*, a coisa pública, significasse a *coisa* de que todos os representantes *públicos particularmente* podem se apossar: desde o superfaturamento de obras públicas até a pura e simples remessa, através da lavagem de dinheiro, de quantias colossais para paraísos fiscais, para o que o novo *deus* (ou melhor, *deusa*) do século XXI, a *informática* se presta impecavelmente (a *infovia*). Sabe-se desde a invenção do aeroplano e a pesquisa da fissão nuclear e seu uso na guerra, que tecnologia sem consciência e moralidade é um desastre para a humanidade. Governos, através de manobras fiscais e cambiais fisiológicas e mirabolantes e incompreensíveis para povos faltos de senso crítico (pois carentes de instrução e educação) violentam as moedas e economias nacionais e soberanas a favor de interesses de potências estrangeiras e do capital internacional; com petulância, cinismo e desfaçatez sem precedentes na história política e circense amparam bancos privados falidos (aos quais certos deputados e senadores estão de uma forma ou outra associados) com muitos bilhões extraídos do bolso do contribuinte, ao mesmo tempo que alegam falta de recursos para pagar melhor classes profissionais fundamentais para a nação como a docente e o próprio judiciário, além de deixar a saúde pública, a educação, a habitação e a pura e simples *erradicação da fome e moléstias medievais* eternamente esquecidas, se limitando a criar minguados projetos sociais com nomes sonoros e curiosos como *Bolsas* e fazer deles propaganda maciça na mídia televisiva à proximidade das eleições. O leitor brasileiro, evidentemente, entende a que governo nos referimos.

Na seqüência, fazemos uma sumarização da história política e bélica dos últimos sessenta anos para que o leitor desinformado ou mal informado possa fazer as *suas* reflexões independentes e contribuir como pessoa humana e cidadão para um século XXI menos inconscientemente tecnologizado e menos povoado por politiqueiros cínicos, corruptos e hipócritas de boa e amena retórica, que desfilam na mídia muito vistosos graças a belos ternos e gravatas caras, além da cuidadosa maquiagem e das rejuvenescedoras e caríssimas cirurgias plásticas que, em última instância, são pagas pelo dinheiro do contribuinte.

Em 1945, os E.U.A e o Japão travavam uma guerra no Pacífico movida por interesses estratégicos de ambos os contendores e pela ambição expansionista tanto do Império oriental nipônico quanto da jovem potência ocidental, que vinha se desenvolvendo celeremente, particularmente no setor industrial, desde o fim do conflito mundial em 1918, quando o *Kaiser* da Alemanha e seus aliados, Império austro-húngaro e a Turquia, haviam sido derrotados pelos aliados (Inglaterra, França, EUA, Rússia, Japão, Itália etc).

Embora o conflito mundial paralelo de então já durasse mais de cinco anos (desde 1939 contra a Alemanha nazista, a Italia fascista e o Império japonês), os EUA mantinham-se fora dessa guerra que era travada na Europa entre uma aliança formada majoritariamente por ingleses, franceses e russos e o chamado *Eixo* (a Alemanha de Hitler, a Itália de Mussolini e o Jãpão do imperador Hiroíto - partícipe simultâneo de duas guerras).

Entretanto, no mesmo ano de 1945, a base militar americana situada no Pacífico chamada *Porto das Pérolas* (*Pearl Harbor*) foi atacada de surpresa pelos japoneses, o que causou a morte de cerca de 2000 americanos, além do desativamento e desmantelamento daquela importante base de operações militares.

O leitor deve ter em mente que nessa época o governo de Washington não aprovara ainda uma organizada e contínua cruzada contra o comunismo, apesar da notória perseguição aos comunistas já deflagrada internamente nos EUA por figuras e grupos da sociedade civil.

Outro dado a ser retido pelo leitor é que a denominada *guerra fria* também não existia, tendo apenas vindo à luz a partir do advento nuclear e a consolidação da União soviética como potência nuclear defensora de diferente ideologia política e instauradora de um gigantesco Estado comunista, que inicialmente instalado na Rússia em 1917, atingiria efetivamente com seus tentáculos todo o leste europeu com o fim da Segunda Grande Guerra nesse mesmo ano de 1945.

Pois bem... o advento nuclear foi inaugurado precisamente em 1945. Os EUA, com base em pesquisas desenvolvidas pelos físicos Enrico Fermi e Oppenheimer em torno da fissão nuclear, construiram as duas primeiras bombas atômicas do mundo, utilizando o urânio e o plutônio.

Harry Truman, do partido democrata, que acabara de assumir a presidência dos EUA com a morte do também democrata Franklin Delano Roosevelt, pressionado fortemente pela opinião pública americana diante da agressão nipônica aos EUA em *Pearl Harbor* e a morte de centenas de americanos, inclusive civis, e pressionado por grupos radicais dentro do país, desde políticos nacionalistas respeitados até facções paramilitares clandestinas e racistas tipo *Ku-Klux-Klan*, com o apoio da maioria congressista e representando os brios feridos da população americana (a quem obviamente precisava atender e agradar - *vide* situação análoga hoje de George W. Bush) e a posição da então grande potência emergente da América, determinou o bombardeio nuclear no território japonês. Foram despejadas uma bomba atômica em Hiroshima e outra em Nagasaki.

INTRODUÇÃO

Os EUA, baluarte da democracia moderna, das liberdades individuais e da prosperidade capitalista, por meio da atitude "politicamente correta" de um presidente (que ficaria na Casa Branca até 1953) acabara de soltar sobre a Terra um *monstro aterrador* que iria ameaçar e atormentar a humanidade para sempre...

Milhares de japoneses, incluindo populações civis de homens, mulheres, velhos e crianças foram mortos de imediato pelas explosões que ficaram depois tragicamente famosas pela configuração de um cogumelo. As nuvens de ratioatividade do urânio e do plutônio principiaram uma contaminação letal que durante semanas e meses dizimou outros muitos milhares de japoneses. Como o efeito radioativo do urânio ou do plutônio é indestrutível e permanece atuante por mais de cem anos, até hoje morrem no Japão seres humanos acometidos de formas de carcinomas e neoplasias surgidas devido à radiação daquelas duas bombas; são principalmente descendentes dos contaminados que geraram filhos antes de morrerem.

Ocioso dizer que os EUA ganharam a guerra do Pacífico. Não só a ganharam como destruiram o Japão: boa parte de seu povo, duas grandes cidades, seus recursos naturais, sua infraestrutura, e sua economia.

Apesar da rendição incondicional do Japão de joelhos, fulminado e aniquilado, os japoneses tiveram suas forças armadas desativadas, seu território ocupado por tropas americanas e a própria Constituição do Império alterada pelo governo americano. Não esqueçamos, que para aumentar ainda mais a tragédia nacional, o Japão era aliado dos nazistas no conflito mundial e que seriam derrotados no mesmo tumultuado ano de 1945.

Vitoriosos (e como!!!), os EUA, livres da guerra do Pacífico, ingressaram finalmente no conflito mundial contra o Eixo com o maior contingente militar da história: *um milhão de combatentes*.

O resto é notoriamente conhecido.

Poucos meses depois as tropas aliadas tomaram a chancelaria em Berlim e foi concluída a Segunda Guerra Mundial, seguida da divisão que russos e americanos fizeram da Alemanha, também a submetendo a pesadas indenizações e humilhações.

Na década de 50, com o início da guerra fria e a expansão da ideologia marxista e o comunismo pelos países periféricos, principalmente do sudeste asiático, da América Central e da América do Sul, o governo americano, que já possuía um eficiente Serviço Secreto, começou a formar elites de espiões e a investir pesado na tecnologia bélica, dando origem a dois *projetos e espectros sombrios* que viriam alimentar e realimentar a guerra fria por mais de trinta anos, numa escalada de promoção de guerras localizadas e uma espiral de belicismo tecnológico que não teria desfecho, nem após o término da própria guerra fria com a dissolução da União soviética. Referimo-nos à criação dos serviços de Inteligência (principalmente a CIA - hoje são mais de *quarenta* Agências) e a instalação de uma multimilionária indústria bélica, que logo passou a se nutrir vorazmente dos petro-dólares do Oriente Médio, onde, com a fundação do Estado de Israel em 1948 (não por acaso com inteiro apoio do governo americano) principiavam as lutas entre israelenses e palestinos, envolvendo países árabes, como a Síria e a Jordânia, e especialmente o Líbano, mas também outros como o Iraque e a antiga Pérsia (Irã).

Em nível paralelo estritamente político, o governo norte-americano ensaiou um combate internacional contra a "ameaça comunista ao mundo livre." Era o governo do republicano Dwight David Eisenhower que duraria quase uma decada. Em 1961 o democrata John F. Kennedy foi eleito para a Casa Branca. Kennedy, muito querido pelos americanos, não era um pacifista como Gandhi, mas também não era um belicista. Esforçou-se para um diálogo mais produtivo com a União soviética e a China e, na política interna, começou a enfrentar os problemas sociais das minorias americanas. Mas Kennedy não tardou a ser assassinado em Dallas em 1963. Apesar de toda a celeuma infindável criada em torno desse estrondoso crime, hoje resta pouquíssima dúvida de que tenha sido uma conspiração orquestrada e arquitetada pelos setores conservadores da extrema direita americana, a máfia americana e a CIA, que decretaram a morte de Kennedy e de qualquer membro desta família (como logo depois sucedeu com Robert Kennedy) que ousasse alterar a essência da política interna e externa dos EUA. O vice Lyndon Baines Johnson assumiu, mas embora naturalmente do mesmo partido, "percebeu o recado" e retomou a política externa americana de "contenção internacional do comunismo", mas que agora passava a utilizar concomitantemente meios mais sutis, mais sofisticados e mais eficazes. A política externa intervencionista, até então ostensiva dentro do velho modelo imperialista de matiz britânico, começou a ser fortalecida por mecanismos infiltradores e discretos de deposição de governos com vocação comunista, instalação de governos "soberanos" fantoches e governos economicamente manipulados.

O recém-instalado governo comunista de Ho-shi-min do Vietnã do Norte no sudeste asiático forneceu excelente pretexto à cruzada da "democracia contra o comunismo." Aliando-se politicamente ao Vietnã do Sul, o governo americano enviou tropas à distante Indochina; enquanto algumas tropas terrestres penetravam o território inimigo a partir de Saigon (capital do Vietnã do Sul), aviões e helicópteros bombardeavam toda a região norte do país e principalmente as cercanias de Hanói (capital do Norte).

O Vietnã do Norte, apoiado pelos soviéticos, não detinha tecnologia nuclear, mas os soviéticos sim, com o que o uso do poder nuclear revelou-se incogitável por parte dos americanos - um dos corolários da guerra fria. As forças dos EUA utilizavam armamento regular e fundamentalmente ataques aéreos, mas como a resistência dos *vietcongs* parecia imbatível, os bombardeiros aéreos tiveram que ser largamente apoiados por ofensivas terrestres em grande escala. Com o suceder de anos de luta, os horrores e angústias de uma guerra sangrenta nas florestas vietnamitas assoladas por temperaturas altíssimas e infestadas de insetos e charcos, em meio a emboscadas, armadilhas mortais e sessões atrozes de tortura de prisioneiros preparadas pelos *vietcongs*, guerreiros de baixa estatura, mas frios e com elevado orgulho e conhecedores da topografia de seu país e habituados ao seu clima tórrido, o relevo irregular e outros aspectos, o *governo Johnson*, pressionado pelo Congresso (o custo de uma guerra "interminável") e pela opinião pública americana (as baixas do exército americano começavam a ser expressivas, enlutando muitas famílias da forte classe média dos EUA) e já atingido pelos *fiascos* da contra-revolução em Cuba, pequeno país próximo da Flórida que há pouco passara para o bloco comunista através da revolução liderada por Fidel Castro e Ernesto "Che" Guevara, *admitiu* medidas bélicas "mais drásticas." Imitando a "guerra suja" já praticada antes entre o Japão e a China, começaram a empregar *não* a guerra bacteriológica, mas a química. Bombas incendiárias de *napalm* e "agente laranja" passaram a ser despejadas pelos pilotos sobre o território controlado pelos vietcongs. Em terra, os soldados americanos, por sua vez, incineravam soldados inimigos e choças com camponeses "colaboracionistas" utilizando lança-chamas, cuja munição era essa mesma *gelatina maldita* concebida e confeccionada não por um *demônio*, mas pelo *ser humano*, que segundo o *Livro do Gênese* "foi criado à imagem e semelhança de Deus", prova cabal de que já antes do papel, o pergaminho e o papiro *já aceitavam tudo*. Mísseis teleguiados "inteligentes" ainda não haviam sido fabricados no fim da década de 60 e começo da de 70. Como as populações pobres de centenas de aldeias do Vietnã do Norte (tornadas miseráveis por causa da guerra que destruira as plantações de arroz - o Vietnã fora o maior produtor de arroz *brejeiro* do mundo) se misturavam às tropas vietcongs (seja para apoiá-las espontaneamente contra o invasor estrangeiro, seja tendo as aldeias tomadas e forçadas a apoiá-las), os americanos (que até hoje erram alvos) se viram "obrigados" a incendiar centenas de povoados inteiros, transformando milhares de crianças vietnamitas em tochas humanas.

Quanto às atrocidades cometidas por tropas terrestres dos EUA contra famílias miseráveis e desesperadas do Vietnã do Norte, são demasiado popularizadas pelos *próprios* filmes americanos como *Platoon* e *4 de Julho*, de Oliver Stone, para que as descrevamos aqui.

Em 1969 Johnson foi sucedido pelo republicano Richard Milhous Nixon, que herdou a "batata quente" da guerra do Vietnã e tentou, em meio aos protestos anti-Guerra do Vietnã que ribombavam da própria sociedade americana, além de acontecerem na maior parte do mundo, encontrar uma solução para o impasse.

Mas, com *Watergate* (o escândalo político interno norte-americano que depôs Nixon em 1974), o governo Gerald Ford, sob uma pressão explosiva não só da opinião pública americana, como do não apoio do Congresso e a indignação da imprensa e opinião pública de boa parte do chamado "mundo livre", ordenou a retirada do poder bélico americano do Vietnã em 1975. Um tratado para o cessar fogo já fora celebrado em 1973 ainda no governo Nixon. Os EUA saíam derrotados.

Mas voltando um pouco no tempo, durante o governo de Johnson (de 1963 a 1969), como já antecipamos, simultanea e suplementarmente à grande investida militar no Vietnã, com base no produto da rede de espionagem americana por todo o mundo, o governo americano passou a empregar uma estratégia de dominação diferenciada e extraordinariamente eficiente, ainda que excepcionalmente dispendiosa. Equipou com alta tecnologia e todos os recursos disponíveis as Agências de Inteligência, marcantemente a CIA, para em operações disfarçadas e camufladas assassinar presidentes e líderes de tendência comunista ou socialista (como Salvador Allende no Chile e Che Gue-

INTRODUÇÃO

vara na Bolívia), criar governos fantoches ou títeres (como o de Pinochet no Chile) e financiar governos economicamente manipulados (Rehza Palehvi no Irã); no plano oficial, o governo americano forneceu apoio político e econômico às ditaduras de direita na América do Sul, já que na América Central, a Nicarágua e San Salvador haviam se convertido numa *pedra no sapato* para o governo de Washington.

O Brasil, um grande país da América do Sul, não apenas nas dimensões territoriais, mas em toda ordem de recursos e riquezas, preocupava enorme o governo americano diante da possibilidade da adoção da ideologia marxista e do comunismo.

Allende assassinado no Chile, Pinochet, assessorado pela CIA e aprovado oficialmente pelo governo de Washington, inaugurou uma ditadura militar cujas atrocidades e descalabros são notórios.

Mas isso não bastava. O *Brasil*, o maior e mais rico país da América do Sul, tradicional aliado americano além de genuína e bem comportada "colônia extra-oficial", fonte quase inesgotável de riquezas de toda espécie (desde imensas jazidas e reservas de minérios estratégicos para indústrias fundamentais, como a bauxita (alumínio), o níquel e o ferro até a portentosa biodiversidade da Amazônia brasileira, origem de trilhões de dólares faturados pelas indústrias químicas e farmacêuticas norte-americanas e européis) *esboçava* no nascente governo Jânio Quadros (a maior votação para presidente de toda a história política brasileira) uma possível vocação socialista (Quadros falava da "América morena") nada interessante aos EUA.

De fato, recém-empossado, uma das primeiras medidas do governo Quadros foi restringir certas vantagens e privilégios das Companhias petrolíferas americanas atuantes no Brasil. Quando Jânio Quadros recebeu auspiciosamente o Ministro da Relações Exteriores de Cuba, Ernesto "Che" Guevara e o condecorou, foi a gota d'água para o governo de Washington (que chamávamos então *carinhosamente* de Tio Sam!).

Quadros foi sutil e implacavelmente pressionado e ameaçado pelos setores de direita e acabou renunciando devido às "forças ocultas."

Ele próprio, muitos anos depois, deu a entender nas entrelinhas que nada houve de precisamente "oculto". Se não renunciasse, teria prosaicamente o mesmo destino de Allende e Guevara, que haviam ousado desafiar o poder de Washington e abrir caminho para a formação de uma América latina "dona de seu nariz" e com um potencial tão gigantesco que a tornaria tão próspera como a América do Norte, ou talvez ainda superior, isto através de governos socialistas não necessariamente iguais às ditaduras soviética e chinesa; Quadros teria - é preciso dizê-lo - o mesmo destino de grandes, corajosos e louváveis líderes norte-americanos, como Martin Luther King, John Fitzgerald Kennedy e Robert Kennedy, que desejavam flexibilizar e humanizar a política americana.

O vice, João Goulart, como em boa medida compartilhava a ideologia de Quadros, foi atropelado por um golpe militar que o depôs - e que se diga que Goulart era o vice legítimo de um presidente democraticamente eleito num país soberano.

Foram mais de vinte anos de ditadura de direita no Brasil e outros tantos no Chile.

Os EUA prosseguiram nas décadas de 70 e 80 fomentando guerras e vendendo bilhões de dólares em armas cada vez mais impressionantemente eficientes e letais. Um mercado internacional mais lucrativo do que o de qualquer outro produto existente no planeta: ouro, diamantes, pérolas, *softers*, patentes, tecnologia celular etc, etc... nem o multimilionário mercado criminoso das drogas é tão lucrativo... o pior é que hoje estão irmanados, pois é claro que existe o mercado ilegal de armas, como se não bastasse o legal.

Com a deposição do governo ocidentalizado no Irã do xá Rehza Palehvi (dinastia há muito instalada no poder, mas apoiada e manipulada pelos americanos a partir da década de 60), na década de 80, quando foi instaurado um governo teocrático islâmico no país liderado pelo aiatolá Kholmeini, francamente hostil ao EUA, os serviços de Inteligência americanos colocaram em prática uma nova técnica: forjar, atrair ou comprar líderes políticos para depois insuflar guerras setorizadas.

Tiveram enorme êxito com Sadan Hussein contra o Irã de Kholmeini e uma guerra de sete anos ceifou a vida de milhões de iranianos e iraquianos. Nesta guerra armas bacteriológicas foram largamente usadas.

Mas *a criatura se voltou contra o criador* e irrompeu a guerra do Golfo, que foi uma guerra tecnológica curtíssima, mas que entre outros prejuízos terríveis para o vencido (o Iraque), já resultou na morte de *um milhão de crianças iraquianas* devido ao bloqueio econômico imposto ao Iraque pela ONU. O Iraque, como se sabe, é um dos maiores produtores de petróleo do mundo (de forma que não lhe falta dinheiro), mas depende exclusiva e necessariamente da importação de certos produtos médicos, farmacêuticos e alimentícios indispensáveis ao desenvolvimento infantil. Esta é a ONU de um Secretário Geral, que acaba de ganhar o prêmio Nobel *da paz* e que acaba, também, na prática, por representar e legitimar com sua autoridade e prestígio mundial perante o mundo os interesses de uma super-potência hegemônica: os EUA.

Algo análogo aconteceu com o saudita Osama Bin Laden e seus asseclas, que recebeu apoio financeiro, militar e logístico do governo americano de 1979 a 1989 para combater os invasores soviéticos no Afeganistão.

Novamente a criatura se voltou contra o criador, particularmente de modo avassalador precisamente a 11 de setembro de 2001!

É praticamente impossível prever e quantificar os desdobramentos e conseqüências de curto, médio e longo prazo da ciclópica operação bélica que americanos e aliados realizam hoje no Afeganistão, salvo a derrota e deposição do Talibã e a instalação de um governo suspeito. Uma coisa é certa: é profundamente catastrófico e perigoso para o mundo, agora globalizado, o fato do governo hegemônico dos EUA continuar negando-se a se auto-criticar, reavaliar e flexibilizar sua política externa, essencialmente inalterável desde que se transformaram em potência mundial em 1945!

A revolução russa comunista de 1917 depôs violentamente o Império tzarista; a família real, foi, inclusive, executada. Não pouparam nem os adolescentes. Um regime em moldes socialistas inspirado na doutrina marxista foi instaurado. Esse regime foi levado nos anos imediatos a todo o leste europeu, sendo formada a U.R.S.S. (União das Repúblicas Socialistas Soviéticas), com sede em Moscou. Na verdade, a efetiva autonomia administrativa e política dos chamados países satélites (entre eles a Polônia, Checoslováquia, Hungria, Romênia, Bulgária, Ucrânia, Lituânia, Estônia, Albânia, Uzbequistão etc.) era quase nula. Parece ser quase uma tônica na história da humanidade os grandes teóricos serem traídos na prática de suas doutrinas. O devotado alemão Karl Marx, considerado numa recente pesquisa feita na *Internet* o *homem mais inteligente do milênio*, que viveu e morreu na pobreza, foi uma prova viva, através de sua doutrina, da enorme dificuldade que tem o ser humano de levar à prática princípios e diretrizes teoricamente excelentes.

A cúpula e burocracia centralizada em Moscou, na Rússia, detinha poder ditatorial sobre o maior território do planeta e o maior conjunto de nações do mundo, onde viviam populações heterogêneas, inclusive de distintas etnias. Diga-se, a propósito, uma cultura muito mais antiga, rica e variada do que a norte-americana.

Deixando de lado as tecnicidades e precisões conceituais, cuja explicitação não cabe aqui, os países satélites eram, de fato, colônias controladas a pulso de ferro, sem soberania nacional nem autonomia política. Bastaram poucos anos para a prática socialista soviética muito distar do socialismo teórico de Marx e Engels.

O processo de degeneração do comunismo soviético, desde o primeiro dirigente de Estado, Lênin (1870 - 1924) (um homem valoroso, patriota e consciente dos desmandos do governo tzarista, porém mal assessorado e cercado de homens viciosos) foi contínuo e a partir de Leon Trotsky, quase todos os líderes políticos expressivos que se opuseram ao autoritarismo político e à flagrante ausência de autêntico socialismo na URSS foram ou assassinados ou desterrados para as terríveis prisões na Sibéria. O Estado comunista de Stalin perseguiu, encarcerou, torturou e/ou matou todos que se opuseram ou simplesmente se atreveram a criticar a ditadura stalinista (políticos, intelectuais, artistas, etc.), caracterizada por exacerbada centralização estatal e a formação de uma imensa e onerosa máquina burocrática de funcionários públicos, cristalizada no poder e pertencente exclusivamente ao Partido Comunista, fiel ao ditador Stalin e minimamente eficiente. Stalin era secretário do Partido Comunista e *premier*. Ele foi contemporâneo de Roosevelt e Churchill e um dos aliados na Segunda Grande Guerra (a Rússia também fora aliada contra os alemães na primeira).

Nikita Kruschev sucedeu Stalin que morreu em 1953. Foi um dos grandes protagonistas da guerra fria. Embora bem menos autocrata e ditatorial do que Stalin e estadista até aberto ao diálogo com as potências capitalistas ocidentais, inclusive os E.U.A, Kruschev não conseguiu deter o emperramento da enorme máquina burocrática do Estado soviético, a desmoralização dos quadros políticos internos e a crescente inviabilização do sistema econômico socialista, bastante deficiente diante da eficiência e maleabilidade do sistema econômico capitalista.

INTRODUÇÃO

Apesar das pouco férteis estepes congeladas da Sibéria, o colossal território soviético era riquíssimo em muitos produtos agrícolas (especialmente o trigo). Quanto às jazidas minerais e matérias-primas, a URSS só perdiam em alguns minérios para o maior produtor mundial, os EUA, o superando em outros. Mas a indústria soviética, monopolizada pelo Estado e dependendo precisamente de um exército de funcionários, cuja maioria era acomodada e ineficiente, e sem a dinâmica dos investimentos privados e a competividade de mercado (algo impossibilitado pelos próprios entraves ideológicos do sistema comunista) se desenvolvia lenta e pesadamente. Por uma questão ideológica, não se tratava de produzir uma ampla gama de bens de consumo sofisticados e supérfluos - afinal está longe do socialismo a sociedade de consumo de modelo capitalista - mas o Estado soviético mal produzia os bens necessários.

O governo soviético experimentava grandes dificuldades para efetuar um satisfatório intercâmbio comercial com os países fora do bloco soviético e até mesmo com a China comunista. A rigidez e inabilidade no desenvolvimento de mecanismos funcionais para os processos de importação e exportação atrelados à delicada questão cambial, fiscal e tributária (problemas que atormentam até hoje os próprios países capitalistas) tornavam a URSS dos mais flexíveis e talentosos atletas, bailarinos, escritores e compositores eruditos do mundo um negociador desajeitado e auto-tolhedor.

Com Brejnev tudo piorou. A política externa de uma superpotência sempre se confunde na prática com imperialismo e exploração de outros povos (é a *mesmice* ou ciclicidade da história política humana), mesmo se travestidos de protecionismo ou paternalismo, ou seja, é sempre uma política predatória, que se alterna no trinômio invasão militar, ascendência política e controle econômico/monetário.

Nisso *todas são essencialmente iguais* e a URSS jamais se distinguiu dos EUA.

Em 1979 os soviéticos invadiram o Afeganistão, um país repleto de vales, cavernas e montanhas que fazia e faz divisa com algumas ex-repúblicas soviéticas, o Irã, o Paquistão e a China.

País semi-primitivo e paupérrimo, mas com excelente posição estratégica e ótima perspectiva para prospecção de petróleo, possuía uma típica monarquia oriental fragilizada por movimentos rebeldes de variados matizes.

Nação islâmica sem qualquer desenvolvimento nos moldes ocidentais, isto é, científico e tecnológico, sofrendo há muito de crônica conturbação política e social, abrigando um povo no geral extremamente pobre e formado por três etnias, com uma economia precaríssima e anacrônica baseada em agricultura primária e pecuária rudimentar, o Afeganistão, entretanto, é habitado por um povo aguerrido, patriota, nacionalista, resistente aos maiores rigores imagináveis (fome, frio, sofrimento, tortura) e que - *fato histórico esporádico* - há séculos não é subjugado por nenhuma potência estrangeira: nem romanos, nem turcos, nem ingleses, franceses ou qualquer outra nação imperialista do mundo.

Foi uma guerra cruenta de dez anos, que ceifou a vida de milhares de soldados e civis e condenou mais uma vez o sofrido povo afegão a dor e miséria extremas. Milhares de bebês e crianças afegãos na tenra infância pereceram por falta de tudo menos o carinho e sacrifício de mães e pais desesperados, enquanto milhões de dólares eram gastos com treinamento marcial e operações militares... e, é claro, muitos milhões de dólares e rublos eram ganhos pelas indústrias bélicas norte-americana e soviética, engordando milionários capitalistas cínicos nos EUA e a insensível cúpula de "homens fortes" de Moscou, além de estimular o comércio ilegal de armamento pela máfia russa e outros grupos internacionais do crime organizado.

Há povos, como os cartagineses no mundo antigo e os cubanos e vietnamitas no contemporâneo que não se renderam jamais. Os afegãos não necessitaram nem isso, sequer se viram na iminência de ser derrotados.

O Afeganistão foi para os soviéticos aproximadamente o que foi o Vietnã para os norte-americanos. Os russos foram vencidos e abandonaram o país em 1989, após dez anos de frustradas tentativas de dobrar a fibra e a bravura do soldado tipo guerrilheiro afegão, tão acostumado às montanhas e regiões desérticas escaldantes no verão e geladas no inverno de seu país como os denodados soldados vietnamitas às suas florestas insalubres.

Em consonância com a bipolaridade da Guerra Fria, os norte-americanos apoiaram os afegãos contra os soviéticos: fornecimento de armamento moderno, treinamento de tropas complementares, injeção de muito investimento no preparo e "fabricação" de pseudo-líderes empenhados fisiologicamente na causa nacionalista dos afegãos contra os invasores.

O maior desses pseudo-líderes foi Osama Bin Laden, importado da Arábia Saudita, membro de riquíssima família da não menos rica monarquia saudita, repleta de centenas de príncipes nababescos. A Arábia Saudita, grande exportador de petróleo para os EUA, entretinha no final da década de 70 excelentes relações diplomáticas, comerciais e militares com os EUA, num aparente e voluntário isolacionismo em relação aos demais países do Oriente Médio. País islâmico não teocrático, suscetível e aberto à franca ocidentalização, absorveu com relativa facilidade os confortos e doçuras do *American way of life*, pouco "se lixando" com a situação e destino histórico dos demais países árabes sacudidos por crises, guerras, chacinas, fome, desespero e terrorismo. Como podemos perceber estarrecidos, o *Frankenstein* norte-americano, ou seja Bin Laden, prefere investir milhões numa espécie de macro-indústria do terrorismo em escala mundial.

Com o devido respeito ao povo saudita, chega a ser irônico o seu governo denominar o país *Arábia*.

Afinal, segundo o valor supremo do capitalismo: o dinheiro, e a vaidade megalômana dos poderosos, tudo é mercadoria, seja o míssil que causa a dor e a morte de muitos inocentes silenciosos, seja a jovem polonesa, romena, vietnamita, filipina, cubana e, é claro, também a brasileira que se prostitui, ou melhor, é prostituída, para o enriquecimento de grupos *legalmente* criminosos, que se somam aos ilegalmente criminosos. Se a prostituição constitui um fato corriqueiro e uma profissão "normal" nos países considerados desenvolvidos e civilizados em tempos de paz, imagine em tempos de guerra nos países periféricos de terceiro e quarto mundo!

Os soviéticos tiveram que abandonar o Afeganistão.

Mas como a volúpia insana da guerra não tem limites, como um câncer devastador em metástase, os soldados soviéticos (muitos originários de uma Rússia de um povo também tão sofrido) não deixaram apenas tanques e veículos de guerra atolados no difícil relevo do Afeganistão, mas também *milhões de minas terrestres* plantadas no território, que mutilam e matam afegãos até os dias de hoje.

O governo Gorbachev, já na falência do Estado soviético, ensaiou uma bem intencionada abertura política no clímax da guerra fria com o governo Reagan. Pressionado por alguns setores lúcidos do mundo político russo, os clamores do povo soviético e a própria realidade de um titã reduzido à indigência, Mikhail Gorbachev flexibilizou maximamente o diálogo com o rico Ocidente capitalista. A *peristroika* foi aclamada pelo mundo afora e o próprio *marketing* e mídia norte-americanos se incumbiram de glorificá-la.

Mas era o fim da URSS e a Rússia magnífica dos tzares, do Bolshoi, de Tchaikovsky e Stravinsky, de Dostoievsky e Turguenev, dos muitos campeões olímpicos, dos sonhos do socialismo entre os homens sonhados em vigília por Lênin e Trotsky, tornou-se uma nação humilhada a mendigar apoio financeiro ao G7, que não lhe liberou um centésimo do que necessitava e necessita.

Na alvorada do século XXI - trágica ironia perante o sepultado regime comunista soviético, que era, admitimos carente de liberdade e de sistema econômico eficiente no seu autoritarismo e rigidez, mas (também temos que admitir) inflexível quanto a certos princípios morais básicos, a Rússia desvalida e suas ex-repúblicas é presa do espectro avassalador do crime organizado - constante parceiro do capital e da miséria. A máfia russa nunca foi tão rica e poderosa, *investindo* (que me perdoem os defensores e entuasiastas do capitalismo e adoradores do *bezerro de ouro*, mas o termo é este mesmo!) numa prostituição infanto-juvenil cujo índice nunca foi tão grande, num narcotráfico que jamais encontrara antes um espaço *tão livre e democrático* para atuar. E a fome do povo russo? Será que sob os ventos alvissareiros do espírito de prosperidade e liberdade das democracias ocidentais será ao menos minimizada? Ou graças ao crime ilegal e o *legal* dos políticos corruptos que compram ou driblam a lei, continuará a mesma?

O governo que Vladimir Putin herdou em última instância de Gorbachev é um governo solapado e semi-impotente, embora ainda contaminado pelo gérmen imperecível da prepotência dos poderosos na tentativa de sufocar os insurretos da Chechênia.

Hoje os EUA são a superpotência hegemônica - militar, econômica e politicamente - tal como Roma o era em torno do ano 150 a. C. depois de ter varrido Cartago do mapa.

A política moderna, de inspiração maquiaveliana, ensinou às nações poderosas que para imperar sobre o mundo não é necessário exterminar fisicamente nações e povos inteiros, como fizeram romanos e turcos otomanos... muito pelo contrário, basta dominar suave e sutilmente no campo econômico e monetário: o grande credor faz de seus devedores escravos submissos... e gratos! E afinal, do ponto de vista do credor, é decididamente estúpido matar uma dócil e rendosa galinha dos ovos de ouro. Se, por acaso, ocorreram ao leitor países como o Brasil e o México na qualidade de devedores dos EUA nessa relação unilateral e viciosa, temos que reconhecer que são ótimos exemplos.

Mas essa fórmula não é infalível. Há ainda países como o Afeganistão que são impermeáveis a essa forma sutil e indolor de veneno: estes têm que ser atacados pelo velho estilo da força bruta e da também velha retórica *hollywoodiana* e maniqueísta do *mocinho contra o bandido...*

Edson Bini

DA ARTE DA GUERRA

PREFÁCIO

Nicolau Maquiavel - Cidadão e secretário de Florença

A Lourenço Strozzi, fidalgo florentino. *

Afirmou-se, Lourenço, e se afirma ainda cotidianamente que nada há que tenha menos relação, nada que difira tanto entre si do que a vida civil da militar. Assim, tão logo alguém abraça a profissão das armas, abandona os trajes, os costumes, os hábitos, a própria linguagem e os ares do cidadão. Esse exterior, com efeito, não pode ser conveniente àquele que deseja ser expedito e pronto a cometer toda espécie de violência; não se poderia conservar usos, maneiras que se julga ser efeminadas, pouco propícias a essas novas ocupações. E, tampouco, se mostra conveniente conservar a aparência e a linguagem ordinárias a quem mediante imprecações e a barba, deseja incutir medo aos outros homens! O que ocorre atualmente torna esse parecer bastante verdadeiro e essa conduta, muito conseqüente.

Entretanto, se se examina o sistema político dos antigos, constata-se que não havia condições mais irmanadas do que essas duas, mais conformes e mais aproximadas por um mútuo senti-

---

* *Lorenzo di Filippo Strozzi*, ligado politicamente aos Medici, era um rico e poderoso banqueiro.

mento de boa vontade. E, de fato, todos os estabelecimentos criados para a utilidade comum da sociedade, todas as instituições formadas para inspirar o temor de Deus e das leis seriam vãs se não houvesse uma força pública incumbida de fazê-las respeitar. E quando esta é bem organizada, substitui os próprios vícios da Constituição. Na ausência de seu apoio, o Estado melhor constituído acaba por se dissolver, semelhante a palácios magníficos que, de interior resplandecente graças ao ouro e pedrarias, carecem de um teto que os proteja das intempéries.

Entre os antigos, tanto nas repúblicas quanto nas monarquias, se havia alguma classe de cidadãos a que se procurava inspirar preferencialmente a obediência às leis, o amor à paz e o respeito aos deuses, esta era, sobretudo, a dos militares. De quem, com efeito, devia a pátria mais esperar lealdade do que daquele que jurara por ela morrer? Quem devia mais prezar a paz do que aquele que era o mais apto a sofrer a guerra? Quem devia, enfim, mais respeitar a Deus do que aquele que, expondo-se cada dia a um sem número de perigos, mais necessitava o amparo do céu? Estas verdades foram profundamente sentidas por seus legisladores e generais; ademais cada um deles se regozijava em celebrar e se empenhava em seguir os costumes austeros e puros dos acampamentos. Mas uma vez corrompida a disciplina militar e afastada ela das regras antigas, disto resultaram essas funestas opiniões que em toda parte difundem o ódio aos militares e a aversão ao relacionamento com eles.

No que concerne a mim, após ter refletido sobre o que tenho visto e lido, pareceu não ser impossível reconduzir a condição militar à sua primeira instituição e restituir-lhe algo de sua antiga virtude. Tomei a resolução, portanto, com o propósito de não condenar à inação meu tempo de lazer, de escrever para os partidários da antigüidade, o que me é possível saber da *arte da guerra*. Não ignoro ser temerário escrever sobre um ofício que jamais se exerceu; não creio, contudo, que me tornasse objeto de severas censuras por ousar ocupar, tão-só no papel, um posto de general, ocupado de fato por muitos outros atingidos por uma presunção muito mais intensa. Os erros que posso cometer ao escrever podem ser corrigidos e a ninguém causarão dano; quanto aos equívocos desses aos quais me referi, só são percebidos diante da ruína dos Impérios.

Cabe a vós, Lourenço, avaliar o meu trabalho. Julgareis se é merecedor de elogio ou censura. A vós o ofereço a título de um modestíssimo penhor do reconhecimento que a vós devo em vista de todos os benefícios dos quais sois o autor. Costuma-se dedicar esses tipos de obras aos homens que se distinguem por seu nascimento, sua riqueza, seu talento e sua generosidade. Poucos homens há que a vós possam ser comparados no que respeita ao nascimento ou à fortuna, pouquíssimos no que tange aos talentos e nenhum no que toca à generosidade.

LIVRO I

Convencido de que se pode louvar um homem que não está mais entre nós, visto que a morte afasta de nós qualquer razão e toda suspeita de bajulação, não hesitarei aqui em exaltar com justiça o nosso *Cosimo Rucellai*,[1] nome que só posso recordar com lágrimas, tendo conhecido em sua pessoa todas aquelas qualidades que um amigo deseja encontrar num bom amigo e que a pátria espera de seus filhos. Não há bem, a meu ver, por mais valioso que fosse (exceto a própria vida) que ele não tivesse, de bom grado, sacrificado por seus amigos; e não há empreendimento por mais ousado que fosse que o amedrontasse se visse ele nesse empreendimento algum proveito para sua pátria. Devo declarar que, entre todos os homens que conheci e com os quais me relacionei jamais encontrei algum que, como ele, fosse tão suscetível de entusiasmar-se diante da narração de ações grandiosas e nobres. O único pesar que no leito de morte ele expressou aos amigos foi estar morrendo na sua terra natal, jovem e destituído de glória, sem que qualquer serviço de monta tivesse se destacado em sua carreira. Sentia que nada haveria para ser dito dele salvo que fora fiel à amizade. Mas, ainda que à falta de suas ações, juntamente com alguns daqueles que igualmente o conheceram, posso prestar um justo testemunho de suas brilhantes qualidades. O fato é que não lhe foi a fortuna tão adversa a ponto de não transmitir alguma recordação da sutileza de seu espírito. Ele deixou vários escritos e,

---

1. Membro de uma abastada e tradicional família de Florença, Cosimo morreu em 1519.

entre outros, uma coletânea de versos eróticos, aos quais se dedicou em sua juventude, sem que para isso houvesse algum objeto real de amor, mas somente para ocupar seu tempo até que a fortuna pudesse volver seu espírito para pensamentos mais elevados. Pode-se ver por esses escritos com que brilho sabia ele expressar seus pensamentos e que nome ilustre não teria granjeado na poesia se dela tivesse feito o único objeto de seus estudos.

Tendo a morte me arrebatado um amigo tão querido, só me resta atenuar a sua perda ocupando-me de sua memória e relembrando aqueles traços distintos que marcam quer a penetração de seu espírito, quer a sabedoria de sua razão, e, com relação a isso, não poderia mencionar nada de mais recente do que a conversação ocorrida em seus jardins com *Fabrício Colonna*,[2] em que este discorreu extensivamente sobre a arte bélica e na qual Cosimo se destacou por suas questões tão oportunas e tão sensatas. Eu estava presente por ocasião desse colóquio, bem como alguns de nossos amigos, e me determinei a registrá-lo por escrito para que esses amigos de Cosimo, que foram, como eu, testemunhas desse diálogo recordem novamente do seu talento e de suas virtudes. Seus demais amigos lastimarão não ter podido estar presentes e poderão extrair algum proveito das sábias lições que ali foram ministradas não somente acerca da arte marcial, como também acerca da vida civil por um dos homens mais esclarecidos deste século.

Fabrício Colonna, por ocasião de seu retorno da Lombardia, onde por muito tempo combatera gloriosamente pelo rei de Espanha, passou por Florença, detendo-se aí por alguns dias a fim de

---

2. Morto em 1520, Fabrício Colonna era um experiente *condottiere*, ou seja, um chefe militar (capitão) profissionalmente remunerado por seus serviços como tal. Mercenários como ele eram relativamente comuns na Itália não unificada do século XVI, quando a palavra *mercenário* não tinha a conotação fortemente pejorativa que adquiriu posteriormente. Colonna estivera a serviço do soberano Carlos VIII da França, tendo auferido grandes lucros no reino de Nápoles; com o declínio do poder francês no território italiano (naquela época a Itália era uma colcha de retalhos disputada, inclusive por povos europeus estrangeiros), Colonna empregou-se com os espanhóis, tendo assumido o cargo de condestável de Nápoles das mãos de Carlos V. Ele figura neste diálogo como interlocutor central.

visitar o grão-duque[3] e rever alguns fidalgos aos quais estivera ligado outrora. Cosimo se decidiu a convidá-lo ao seu horto, não tanto para exibir sua magnificência, mas para ter a oportunidade de dialogar longamente com ele. Acreditou que não devia perder a chance de colher, em torno dos importantes temas que constituíam o objeto de seus pensamentos costumeiros, os diversos ensinamentos que devia, naturalmente, esperar de um tal indivíduo. Fabrício aceitou o convite. Vários amigos de Cosimo se encontravam ali igualmente reunidos, entre os quais *Zanobi Buondelmonti, Batista della Palla e Luiz Alamanni*, todos eles moços muito queridos a Cosimo e apaixonados, como ele, pelos mesmos objetos de estudo. Não me deterei aqui nem em seus méritos nem em suas raras qualidades, dos quais nos dão todos os dias as provas mais expressivas. Fabrício foi recepcionado com todas as distinções que faziam jus ao local, às pessoas e às circunstâncias.

Encerrada a refeição, retiradas as mesas e após os convivas terem fruído todos os prazeres da festa, modalidade de distração à qual os grandes homens ocupados com pensamentos de maior envergadura concedem, de ordinário, pouco tempo, Cosimo, atento ao principal propósito que o movia, aproveitou o fato do calor excessivo (estava-se, então, nos mais longos dias do estio) para conduzir a companhia à parte mais retirada dos seus jardins, que se situava sob as sombras mais espessas destes. Ali chegados, alguns se sentaram sobre a relva, outros em assentos dispostos sob árvores frondosas. Fabrício viu o local como que encantado. Observou, especialmente algumas daquelas árvores que tinha dificuldade para identificar, o que foi percebido por Cosimo, que lhe disse: "Parte destas árvores talvez vos sejam desconhecidas, com o que não é de se surpreender, já que a maioria delas eram mais reqüestadas pelos antigos do que o são entre nós." Indicou-lhe os nomes e contou como seu avô *Bernardo*[4] se ocupara de maneira singular com essa cultura. "Já refleti no que dizeis...", replicou Fabrício, "...este gosto de vosso avô e este lugar que trazem à

---
3. Lourenço de Medici (1492 - 1519).
4. Bernardo Rucellai (1448 - 1514), prestigioso político florentino, que levado pelo zelo humanístico, fez do seu horto um ponto de encontro de literatos.

memória alguns Príncipes do Reino de Nápoles que têm os mesmo gostos e apreciam este gênero de cultura." Deteve-se por alguns instantes, como se hesitasse em prosseguir: "Se não temesse ser ferino...", finalmente continuou, "...vos diria minha opinião a respeito... e por que, afinal, o temor se me dirijo a amigos?... além do que o que vou dizer é unicamente para efeito de conversação e não para ofender quem quer que seja. Oh, seria de muito maior valia, parece-me, imitarmos os antigos no seu vigor viril e sua austeridade do que no seu luxo e sua indolência; no que praticavam sob os ardores do sol do que no que faziam à sombra! É à antigüidade, na sua pura fonte, antes que fosse corspurcada, que se devia ir beber para colher os costumes. Foi quando gostos similares se apoderaram dos romanos que minha pátria se perdeu." Cosimo lhe respondeu (mas, para evitar o aborrecimento de uma repetição tão freqüente - *este disse, aquele respondeu* - me restringirei, sem nada acrescer, a indicar os nomes dos interlocutores).

COSIMO. Instaurastes uma conversação tal como eu a desejava. Eu vos conclamo a discursar com inteira liberdade, pois é isto que me permitirá vos interrogar; e se nas minhas indagações ou minhas respostas, desculpar ou condenar alguém, será sem qualquer intento de minha parte quer de desculpar, quer de acusar, mas somente com o intuito de aprender de vós a verdade.

FABRÍCIO. Ficarei contentíssimo em vos comunicar tudo que saiba acerca das diversas questões que podeis me apresentar. Julgareis se vos digo a verdade ou não. De resto, ouvirei vossas questões com grande prazer, que me serão tão proveitosas quanto o poderão ser para vós as minhas respostas. O homem que sabe interrogar desvela para nós pontos de vista e nos oferece um sem número de idéias que sem suas interrogações jamais surgiriam em nossa mente.

COSIMO. Voltarei ao que dizíeis em primeiro lugar, ou seja, que meu avô e vossos Príncipes napolitanos melhor fariam imitando os antigos quanto ao seu vigor viril do que quanto à sua indolência. Nisto, é meu desejo eximir meu avô; quanto aos outros, deixo a vós o encargo. Não creio que houvesse no seu tempo um homem que mais do que ele abominasse a indolência, e que mais amasse essa austeridade que acabastes de exaltar; contudo, ele percebia que não poderia ele mesmo exercer essa virtude, nem fazer com que seus filhos a praticassem, num século de tal modo corrompido que aquele que ousasse se afastar dos usos habituais seria por todos coberto de ridículo. Se um homem, a exemplo de Diógenes,[5] no meio do verão, sob o sol mais escaldante, rolar nu sobre a areia, ou sobre a neve durante o rigor glacial do inverno, será tido como louco; que um outro eduque seus filhos no campo, como espartanos, fazendo-os dormir ao relento, caminhar com a cabeça descoberta e os pés descalços e se banhar na água fria no inverno a fim de enrijecê-los diante da dor, a fim de neles debilitar o amor à vida e lhes inspirar o desprezo da morte, e será não só objeto de escárnio, como também considerado menos um homem do que uma fera.. Se alguém hoje vivesse apenas de legumes, como Fabricius,[6] e desprezasse as riquezas, somente uma minoria o louvaria e ninguém o imitaria. Assim, meu avô, amedrontado com o ascendente dos costumes atuais, não se atreveu a adotar os costumes antigos, contentando-se em imitar os antigos naquilo que não suscitasse um grande escândalo.

FABRÍCIO. Eximistes, nesse sentido, perfeitamente vosso avô e tendes, indubitavelmente, razão. Mas o que eu propunha relembrar entre nós era menos esses costumes rígidos e austeros do que usos mais fáceis, mais conformes a nossa maneira de ser atual e que todo cidadão investido de alguma autoridade poderia, sem dificuldades, introduzir em sua pátria. Citarei ainda os romanos, visto ser sempre necessário remontar a eles. Se examinarmos com atenção as instituições e costumes de sua república, observaremos muitas coisas que se poderia fazer reviver com facilidade numa sociedade que não estivesse inteiramente corrompida.

COSIMO. Posso vos indagar no que seria bom imitá-los?

FABRÍCIO. Seria mister, como eles, honrar e recompensar a virtude; não desprezar, de modo algum, a pobreza; ter em alta

---

5. Diógenes, da escola cínica (século V a.C.).
6. Fabrício Luscino, cônsul romano que se tornou célebre devido ao seus hábitos simples, frugais e também pelo desapego que demonstrava quanto às coisas mundanas.

estima as instruções e a disciplina militares; estimular os cidadãos à amizade mútua, a fugir das cisões, a preferir o proveito comum aos seus bens particulares; e praticar, enfim, outras virtudes semelhantes, que são bastante compatíveis com estes tempos. Não seria difícil inspirar esses sentimentos se, após dedicar a eles meticulosa reflexão, se cuidasse dos genuínos meios de execução, nos quais a verdade é tão transparente que tais sentimentos estariam ao alcance dos espíritos mais ordinários. Aquele que obtivesse sucesso nessa empresa teria plantado árvores à sombra das quais passaria dias mais felizes do que sob estas.

COSIMO. Nada desejo replicar ao que dissestes. Cabe àqueles que estão em condição de ter uma opinião a respeito se pronunciarem. Mas, para melhor projetar luz às minhas dúvidas me dirigirei a vós mesmos, que acusais tão vivamente vossos contemporâneos - que nas situações importantes da vida deixam de imitar os antigos - e vos pergunto porque, uma vez que acreditais que essa negligência nos faz desviar do verdadeiro caminho, não procurastes aplicar alguns usos desses mesmos antigos à arte da guerra, que é vossa profissão e graças à qual conquistastes uma tão grande reputação.

FABRÍCIO. Eis que chegastes onde eu vos esperava. O que eu disse até agora só bem merecia atrair a mim essa pergunta, e não era outra que queria. Teria uma desculpa para escapar de vós, porém visto que o tempo o permite, desejo, para vossa satisfação e a minha, também, abordar *esse* assunto com mais profundidade. Os homens que cogitam sobre algum empreendimento devem, primeiramente, se preparar para ele mediante todos os seus recursos para estarem em condição de agir ante a primeira oportunidade. E como essas preparações feitas com prudência devem ficar no desconhecimento, eles não podem ser acusados de negligência se a oportunidade não se apresenta a eles. Se, finalmente, ela se apresenta e eles permanecem inativos, julga-se ou que suas preparações não são suficientes, ou que não cuidaram de nenhuma; e como, a meu ver, a oportunidade jamais foi oferecida no sentido de fazer conhecer as disposições por mim preparadas para reconduzir os exércitos à sua antiga instituição, ninguém pode me acusar de nada ter feito. Parece-me que esta escusa bastaria para responder vossa pergunta.

COSIMO. Sim, desde que eu estivesse certo que a oportunidade jamais se apresentou.

FABRÍCIO. Como, de fato, podeis duvidar que ela tenha a mim se oferecido ou não, quero vos falar extensivamente, já que tendes a bondade de ouvir-me, sobre as disposições preparatórias a serem adotadas; a espécie de oportunidade que deve se apresentar; os obstáculos que se opõem ao êxito dessas disposições e o que barra o surgimento da oportunidade. Desejo vos explicar, enfim, ainda que isto soe contraditório, de que maneira esse empreendimento é ao mesmo tempo dificílimo e facílimo.

COSIMO. Não poderíeis fazer nada mais agradável a meus amigos e a mim; e se vosso discurso não for vencido pela fadiga, por certo não deixaremos de vos ouvir. Mas como é minha expectativa ser esta uma longa conversação, solicito a vós a permissão de me fazer auxiliar pelo apoio deles; rogamos antecipadamente que permita que vos importunemos com nossas questões; e se por vezes ousarmos vos interromper...

FABRÍCIO. Ficarei felicíssimo, Cosimo, com as questões que a mim apresentardes, vós e vossos jovens amigos; vossa juventude deve vos incutir o gosto pela arte militar e mais condescendência por minhas opiniões. Os velhos de cabeça branca e sangue gelado, ou não apreciam de forma alguma ouvir falar da guerra, ou são incorrigíveis nos seus preconceitos. Imaginam que é a corrupção dos tempos e não as más instituições que nos reduzem ao estado em que nos encontramos. Portanto, interrogai a mim sem receio; eu só vos peço isto para dispor de tempo para respirar e porque gostaria de não deixar nenhuma dúvida em vosso espírito.

Permiti que retorne ao que dizíeis, a saber, que em relação à guerra, que é a minha profissão, eu não adotara uso algum dos antigos. Responderei a isso que a guerra realizada como profissão não pode ser exercida dignamente pelos particulares em tempo algum; a guerra deve ser exclusivamente a função dos governos (repúblicas ou monarquias). Jamais um Estado bem constituído permite que seus cidadãos ou seus súditos a exerçam por si mesmos, e jamais, enfim, um homem de bem a abraçará como sua profissão particular. Posso eu, com efeito, encarar como um homem de bem aquele que se dedica a uma profissão que o arrasta, se quer que lhe seja constantemente útil, à violência, ao saque, à deslealdade e à multidão de todos os outros vícios que moldam necessariamente um homem indigno? Ora, neste mister, ninguém, grande ou pequeno, pode fugir a esse risco, porque essa arte não os alimenta na paz, nem uns nem outros. Para viverem, são forçados a agir como se não houvesse paz alguma, a menos que engordem tanto na guerra que não temam a paz. Por certo, essas duas formas de existência não condizem absolutamente com um homem de bem. Delas se originam os roubos, os assassinatos, as violências de toda sorte, que tais soldados perpetram tanto contra seus amigos como contra seus inimigos. Seus chefes, tendo necessidade de afastar a paz concebem mil estratagemas para tornar a guerra duradoura e se a primeira acaba por despontar, compelidos a renunciar ao seu soldo e à licensiosidade de seus hábitos, eles recrutam um bando de aventureiros e saqueiam impiedosamente províncias inteiras.

Não vos lembrais desse terrível período para a Itália, quando o fim da guerra tendo deixado uma multidão de soldados sem pagamento, estes se reuniram numa companhia e marcharam, atacando os castelos e devastando o país, sem que nada pudesse detê-los? Porventura vós esquecestes que após a primeira guerra púnica, os soldados cartagineses, agrupando-se em torno de Máton e Espêndion, dois chefes inventados sob o tumulto por eles, produziram em Cartago uma guerra muito mais perigosa do que aquela que Cartago acabara de sustentar contra os romanos? E ainda no tempo de nossos pais, *Francesco Sforza*,[7] para conservar durante o período de paz uma honrada existência, não só enganou os milaneses que o pagavam, como também os privou da liberdade e se estabeleceu como seu soberano.

---

7. *Condottiere* que, prestando serviços militares a Filipe Maria Visconti, após a morte deste se apoderou do ducado de Milão em 1450.

Livro I

Tal foi a conduta de todos os demais soldados da Itália que fizeram da guerra a sua única profissão. E se todos não se tornaram duques de Milão, isto não os faz menos censuráveis, porque perpetraram os mesmos crimes, sem ter em vista tão grandes vantagens. *Sforza*,[8] o pai de Francesco, forçou a rainha Joana a se lançar nos braços do rei de Aragão ao abandoná-la repentinamente e deixá-la desprotegida em meio aos seus inimigos. O único motivo que o animava era saciar sua ambição, arrecadar junto a ela vultosas somas ou mesmo arrebatar-lhe seus Estados. *Braccio*[9] buscou, fazendo uso dos mesmos meios, se apoderar do Reino de Nápoles; tê-lo-ia conseguido se não fosse derrotado e morto em Áquila. Todos estes desastres têm como exclusiva causa o fato de todos esses homens terem feito da guerra sua única ocupação. Não tendes vós um adágio que vem em apoio de minha opinião? ... a saber, aquele que diz que *A guerra produz os ladrões e a paz os leva à forca*.[10] Quando, de fato, um indivíduo que vivia apenas da guerra perde seu meio de sobrevivência, se não for suficientemente virtuoso para se dobrar, como homem honrado, ao jugo da fatalidade, será forçado por força da necessidade a percorrer caminhos largos e a justiça forçada a enforcá-lo.

COSIMO. Vós me fazeis quase desprezar essa profissão das armas que eu tinha como a mais bela e a mais honrosa que se pode exercer. Assim, ficarei insatisfeito convosco se não a reabilitardes um pouco no meu espírito; sem o que não saberia mais como justificar a glória de César, de Pompeu, de Cipião, de Marcelo e de tantos outros generais romanos que o prestígio colocou, por assim dizer, na posição dos deuses.

FABRÍCIO. Permiti que eu conclua a exposição de minhas duas proposições, a de que um homem digno não pode adotar, como sua profissão, o mister das armas, e a de que uma república ou reinos sabiamente constituídos jamais o permitiram aos seus cidadãos ou súditos. Não tenho mais nada a dizer sobre a primeira dessas proposições; resta dirigir-me a vós discursando sobre a segunda.

---

8. O chefe mercenário *Muzio Attendolo Sforza* (1369 - 1424).
9. Outro chefe mercenário: *Andrea Braccio da Montone*.
10. No original o ditado florentino é: *La guerra fa i ladri, e la pace gl'impica*.

Mas antes, vou responder à vossa observação. É certo que não foi como homens de bem, mas como guerreiros hábeis e intrépidos que Pompeu, César e quase todos os generais que surgiram após a última guerra púnica, granjearam um tão grande renome; entretanto, os que os precederam mereceram a glória tanto pela virtude como pela habilidade nas armas. E o que determina essa diferença? É que estes últimos não fizeram da guerra a sua única ocupação, ao passo que os primeiros, ao contrário, se devotavam exclusivamente a ela. Enquanto a república se manteve pura, jamais um cidadão poderoso se serviu da profissão das armas para conservar durante a paz sua autoridade, derrubar todas as leis, despojar as províncias, tiranizar sua pátria e submeter tudo ao seu arbítrio. Jamais um cidadão das últimas classes do povo ousou violar seu juramento militar, unir sua fortuna à dos particulares, arrostar a autoridade do senado e contribuir para atentados contra a liberdade com o fito de poder viver em todos os tempos de sua profissão das armas. Os generais, nesses primeiros tempos, satisfeitos com as honras do triunfo, retornavam prazerosamente à vida privada. Os soldados rasos depunham suas armas com mais prazer do que as haviam empunhado e retomavam suas ocupações costumeiras, sem ter nunca concebido o projeto de viver do produto das armas e dos saques da guerra.

Disso é-nos possível citar o exemplo altamente expressivo e memorável de Atílio Régulo que, general dos exércitos romanos na África, tendo quase que completamente derrotado os cartagineses, solicitou ao senado a permissão de voltar a cultivar suas terras que seus arrendatários haviam arruinado. Soa óbvio que se ele houvesse feito da guerra sua profissão, se tivesse pensado em torná-la útil a si mesmo, jamais teria solicitado, estando de posse de tantas ricas províncias, licença ao senado para retornar ao cultivo de suas terras, pois teria podido ganhar a cada dia muito mais do que valiam as propriedades de toda a sua herança.

Mas esses homens virtuosos, que não transformam a guerra no seu único ofício, dela desejavam somente extrair fadiga, perigos e glória e, uma vez senhores desse precioso butim, nada mais aspiravam senão retornar aos seus lares para aí viverem de suas profissões habituais. A conduta dos simples soldados parece ter sido a mesma. Abandonavam e retomavam esse exercício sem dificuldade. Não estavam engajados? Neste caso alistavam-se voluntariamente. Estavam engajados? Não solicitavam mais do que ser desmobilizados.

Poderia respaldar essa verdade com mil exemplos, mas me limitarei a citar um fato, ou seja, um dos maiores privilégios que o povo romano conferia a um cidadão era não obrigá-lo a servir contra sua vontade. Assim, durante os belos dias de Roma, que duraram até os Gracos, jamais houve um soldado que fez da guerra a sua profissão; e, todavia, só se contava entre seus exércitos um modesto número de maus indivíduos, que eram severamente punidos. Um Estado bem constituído deve, portanto, prescrever aos cidadãos a arte da guerra como um exercício, um objeto de estudo durante a paz; e durante a guerra deve prescrevê-la como um objeto de necessidade e uma oportunidade de conquistar a glória, mas compete unicamente ao governo, como o fez o de Roma, exercê-la como um ofício. Todo cidadão particular que alimenta um outro objetivo no exercício da guerra é um mau cidadão; todo Estado que se governa com base em outros princípios é um Estado mal constituído.

COSIMO. Estou plenamente satisfeiro com tudo que acabastes de dizer e vossa conclusão muito me agrada. Creio, porém, que só se revela verdadeira no que respeita às repúblicas. Parece-me que seria difícil aplicá-la às monarquias. Sou levado a crer que um rei deve aficionar-se a se cercar de homens cuja ocupação exclusiva seja a guerra.

FABRÍCIO. Não, de modo algum. Uma monarquia bem constituída deve, ao contrário, evitar mediante todas as suas forças uma tal ordem de coisas que servem apenas para corromper seu rei e gerar agentes da tirania. E não me falais das monarquias atuais, pois vos responderei que entre elas não há uma só bem constituída. Uma monarquia corretamente constituída não confere ao seu rei uma autoridade sem limites, salvo nos exércitos; nesta esfera, somente, é necessário tomar seu partido de imediato, bastando para isso uma única vontade. Contudo, no que tange a tudo o mais, um rei nada deve fazer sem um conselho; e este conselho deve temer que haja junto ao monarca uma classe de homens que em períodos de paz deseja continuamente a guerra porque não pode subsistir sem ela.

Mas quero me estender um pouco quanto a isso e ponderar, não tendo diante dos olhos uma monarquia perfeita, mas somente tendo em vista uma destas existentes nos dias de hoje, e sustento que mesmo neste caso, um rei deve recear a presença daqueles cuja única profissão é a das armas. Está fora de dúvida que a força de um exército está na infantaria, e se um rei não ordenar seu exército de modo que em tempos de paz os integrantes da infantaria queiram voltar aos seus lares para exercer suas respectivas profissões, este rei estará perdido. A infantaria mais perigosa é a que só tem a atividade bélica como ocupação, pois um rei que dela se serviu uma vez fica obrigado ou a encetar guerras continuamente, ou pagar sempre os soldados da infantaria, ou correr o risco de se ver privado de seus Estados. Encetar guerras continuamente é impossível, pagar a infantaria sempre também o é; resta-lhe o risco de perder seus Estados. Assim, os meus romanos, enquanto conservaram sua sabedoria e virtude, jamais permitiram, como já o afirmei, que os cidadãos fizessem da guerra sua única profissão. E não era porque fossem incapazes de os pagar sempre, uma vez que os romanos guerrearam sempre - é que temiam os perigos oriundos da profissão das armas em caráter contínuo.

Embora as circunstâncias não se alterassem, os homens eram mudados incessantemente; regularam de tal forma o tempo do serviço militar que em quinze anos suas legiões estavam inteiramente renovadas. Só queriam homens na flor da idade, dos dezoito aos trinta e cinco anos - na época da vida em que as pernas, os braços e os olhos são capazes de igual vigor; e não aguardavam que o soldado perdesse suas forças e se tornasse insubordinado, como ocorreu nas fases degeneradas da república.

Augusto e depois Tibério, mais ciosos de sua própria autoridade do que da utilidade pública, foram os primeiros a desarmar o povo romano para que isto lhes possibilitasse dele se servirem mais facilmente e manterem constantemente os mesmos exércitos nas fronteiras do Império. Não julgando que tal meio fosse suficiente para subjugar o povo e o senado, criaram uma guarda pretoriana acampada continuamente sob as muralhas de Roma e que a dominava como a uma forte cidadela. A facilidade que concederam aos cidadãos enviados aos exércitos de tornar a atividade militar sua única profissão gerou a insolência da soldadesca, que se converteu no terror do senado e que prejudicou grandemente os próprios imperadores. As legiões degolaram muitos deles, lançaram o Império ao sabor de seus caprichos e se passou a assistir amiúde simultaneamente vários imperadores serem criados por distintos exércitos. E qual foi o resultado de todas estas desordens? Inicialmente, o despedaçamento do Império e, finalmente, sua ruína.

Os reis, zelosos de sua segurança, devem, assim, compor sua infantaria de homens que, no momento da guerra, a ela se consagrem voluntariamente, por amor a eles, ao serviço militar, mas que com o retorno da paz, voltem ainda mais voluntariamente às suas casas. Em função disso, é necessário que empreguem homens que possam viver de uma outra atividade além da militar. Um rei deve querer que ao encerramento de uma guerra seus grandes vassalos voltem a governar seus súditos, seus nobres voltem a cultivar suas terras, que sua infantaria volte ao exercício de suas diversas profissões e que cada um deles, enfim, deixe de bom grado a guerra para ter a paz e não procure conturbar a paz para ter a guerra.

COSIMO. Vosso raciocínio me parece muito bem estabelecido. Entretanto, como ele tende a subverter todas as minhas opiniões de até então, confesso-vos que me ficam ainda algumas dúvidas. Constato que um grande número de senhores, fidalgos e outras pessoas de vosso mérito vivem, durante os períodos de paz, de seus estudos marciais[11] e recebem pagamentos dos Príncipes e das repúblicas. Vejo também uma porção bastante considerável dos soldados que se mantém empregada na defesa das cidades e das

---
11. ...*gli studii della guerra*... . A expressão parece ser propositalmente imprecisa, já que o cauteloso e educadíssimo Cosimo não deseja eventualmente ferir os brios do seu importante e prestigiado hóspede.

fortalezas. Parece-me, assim, que cada um encontra nos tempos de paz meios de subsistência.[12]

FABRÍCIO. Mal consigo crer que pudésseis ter uma tal opinião, visto que se não fosse possível apresentar um outro motivo para essa prática, o reduzido número de soldados empregados nos pontos que acabastes de mencionar bastaria, por si só, para vos refutar. Qual a proporção, a propósito, entre a infantaria exigida pelo estado de guerra e a necessária durante a paz? Em primeiro lugar, as guarnições ordinárias das cidades e das fortalezas são duplicadas durante a guerra, ao que se deve somar os soldados que se mantêm em campanha. Todas essas tropas representam um número bastante considerável, do que é preciso se livrar por ocasião da paz. Quanto ao modesto número de tropas que permanecem incumbidas de proteger os Estados, vossa república e o papa Júlio[13] suficientemente demonstraram o que se deve temer de homens cuja única profissão é a bélica. A insolência deles vos obrigou a afastá-los e preferir os suíços que, nascidos sob o regime das leis e escolhidos segundo os verdadeiros princípios pelo próprio Estado, devem inspirar mais confiança. Portanto, cessai de dizer que na paz todo militar encontra meios de subsistência.

Quanto à questão de manter os soldados em tempos de paz com seu soldo, é de solução mais difícil. Mas, depois de se ter refletido maduramente sobre isso, se concluirá que essa prática é funesta e contrária aos princípios. São homens que fazem da guer-

---

12. Com sumo tato e delicadeza, mas objetivamente, Cosimo faz uma observação oportuna e indispensável, já que soa contraditório um *condottiere* bem sucedido como Fabrício Colonna, recém egresso de uma rendosa prestação de serviços mercenários ao rei de Espanha, discursar tão veementemente contra a atividade militar como única profissão para ganhar a vida. A primeira impressão que se tem é a de um exímio e famoso chefe mercenário combatendo duramente o mercenarismo. Ou estará Colonna simplesmente subentendendo que existe um mercenarismo digno e tolerável, o justificado pela presença fatual das guerras (às vezes, por longos períodos e em diversos lugares) e o mercenarismo indigno e intolerável, que é o prolongador e fomentador de guerras? Mas a seqüência do diálogo se revelará esclarecedora quanto a essa aparente contradição.
13. Ou seja, Júlio II, que exerceu o papado de 1503 a 1513. Foi o cabeça de duas ligas famosas na Itália de então: primeiro da liga de Cambrai, que uniu o papado aos franceses e Maximiliano para combater Veneza; em segundo lugar, da chamada *Santa Liga*, formada para expulsar os próprios franceses do território italiano.

ra o seu ofício e causariam incontáveis inconvenientes num Estado se representassem um contingente considerável; porém, se forem uns poucos, insuficientes para formarem um exército, não cometerão todo o mal que se devesse deles esperar, o que não significa que não representem, por vezes, um grande perigo, como o comprova o que narrei acerca de *Francesco*, de *Sforza*, seu pai e de *Braccio* de Perúgia. É minha opinião, portanto, que a prática de pagar o soldo a soldados em tempo de paz é reprovável, desastrosa e sujeita aos maiores abusos.

COSIMO. Passaríeis sem eles? Ou os empregando, de que maneira seriam mantidos por vós?

FABRÍCIO. Como tropas de ordenança e não da forma utilizada pelo rei de França,[14] que é tão arriscada quanto a nossa, e que serve tanto para alimentar a insolência; da forma empregada pelos antigos, que formavam suas cavalarias dos próprios súditos que, em tempos de paz, mandavam de volta às suas casas para exercerem suas profissões habituais. Antes de findar este diálogo, darei explicações mais minuciosas a respeito disso. Reitero que se hoje essa parte das tropas vive da profissão das armas, isso só ocorre devido à corrupção de nossas instituições militares. No que concerne aos pagamentos que continuam a ser feitos a mim e a outros comandantes, ainda afirmo que se trata de uma medida muito perniciosa. Uma sábia república não deve concedê-los a quem quer que seja e não ter no campo de batalha outros generais senão os seus próprios cidadãos;[15] deve, ademais, no retorno da paz, forçá-los a reassumir suas profissões ordinárias.

Um rei prudente não deve, do mesmo modo, conceder pagamento algum aos seus generais, a menos que se trate de uma recompensa por alguma proeza realizada ou do preço dos serviços que esses generais lhe prestam durante o tempo de paz. E como vós citastes a mim à guisa de exemplo, me permitirei discursar sobre

---

14. Para melhor compreensão o leitor deve consultar o capítulo XIII de *O Príncipe*.
15. Colonna dá um cunho estritamente impessoal à sua crítica, ainda que usando o pronome *pessoal a mim*: ... *Quanto alle provvisioni che si riserbano* a me e agli altri capi... A crítica às repúblicas italianas que fazem uso indiscriminado de milícias de mercenários comandadas pelos *condottieri* e pagam a estes no pós-guerra é explícita.

mim. Jamais foi a guerra o meu ofício; o meu ofício é governar os meus súditos e defendê-los, para o que devo amar a paz e saber fazer a guerra; as recompensas e a estima que recebo de meu rei não são menos devidos ao meu talento militar do que aos conselhos que de mim recebe no tempo de paz. Todo rei sábio e que pretende governar guiado pela prudência só deve ter junto de si homens desta espécie. É igualmente arriscado para ele se aqueles que o cercam forem tão aficionados à paz quanto aficionados à guerra.

Nada mais tenho a acrescer às minhas primeiras proposições. Se o que vos disse não for para vós suficiente, não serei eu que poderei vos convencer. Mas já podeis vislumbrar quais dificuldades se apresentam na tarefa de introduzir a disciplina dos antigos aos nossos exércitos, quantas precauções deve tomar, nesse sentido, um homem sábio e qual a natureza das circunstâncias das quais pode esperar seu êxito. Vós apreendereis mais facilmente todas essas verdades se puderdes ouvir sem ser vitimados pelo aborrecimento a comparação que pretendo fazer das instituições antigas com as de nossos dias.

COSIMO. Vosso sábio discurso só aumentou o desejo que já experimentávamos inicialmente de vos ouvir. Rogamos a vós, vivamente, após vos agradecer por tudo que acabamos de aprender, que conclua o que vos resta dizer.

FABRÍCIO. Uma vez que é de vosso agrado, começarei por discutir essa questão a partir de seu princípio - os longos desenvolvimentos que se sucederão só servirão para suprir mais esclarecimento. O objetivo de todo governo desejoso de fazer a guerra é poder combater qualquer inimigo e sair vitorioso da batalha do dia. É preciso, então, organizar um exército e para isto é necessário encontrar homens, armá-los, distribuí-los e treiná-los em pequenos ou grandes regimentos, alojá-los em acampamentos e ensiná-los a resistir ao inimigo, quer em marcha, quer no campo de batalha. Toda a arte da guerra campal, a mais necessária e a mais honrosa, consiste nessas diversas partes. Quem sabe travar uma batalha se faz perdoar por todos os erros que possa já haver cometido na sua atividade militar. Mas aquele a quem falta essa espécie de sabedoria, por mais capaz que possa ter se mostrado em outros aspectos da vida militar, nunca encerrará uma guerra honrosamente. Uma vitória elimina o efeito das piores manobras, ao passo que uma derrota leva ao aborto os planos mais engenhosamente concebidos.[16]

Sendo a primeira necessidade da guerra encontrar homens, é preciso que nos ocupemos primeiramente do que chamamos de *recrutamento* e que eu chamarei aqui de *seleção*, para me servir de um termo mais honroso, correspondente ao consagrado pelos antigos.[17] Aqueles que escreveram sobre a guerra são da opinião que devemos escolher os soldados nos países temperados, único meio - dizem eles - de contar com homens corajosos e prudentes, porque nos países quentes os homens possuem prudência sem bravura e nos frios, bravura sem prudência. Tal conselho serviria para um Príncipe que fosse senhor do mundo inteiro e que pudesse, assim, retirar seus soldados de onde bem quisesse; mas como desejo estabelecer aqui regras úteis a todos os governos, limito-me a dizer que todo Estado (república ou reino) deve retirar suas tropas de seu próprio país, pouco importando que se trate de país frio, quente ou temperado. Os antigos nos fornecem inúmeros exemplos que atestam que mediante uma boa disciplina produz-se bons soldados em todos os países - a disciplina supre as falhas naturais e é mais vigorosa do que as leis da natureza. Arregimentar os próprios soldados fora do país é incompatível com a *seleção*, palavra que implica a possibilidade de *selecionar* numa província os homens mais apropriados ao serviço, aqueles que não querem marchar, como aqueles que querem. Conseqüentemente, só podeis efetuar essa *seleção* nas regiões submetidas a vós; nas regiões que não se acham sob vosso domínio não podeis forçar ninguém, tendo que vos satisfazer com voluntários.

COSIMO. Mas, entre esses homens de boa vontade, podeis acolher uns e rejeitar outros, um modo de recrutamento que poderia merecer também o nome de *seleção*.

---

16. Dentro da célebre fórmula expressa por Maquiavel em *O Príncipe* de que o fim justifica os meios: o fim da guerra é a vitória, não importa por quais meios.
17. Isto é, *delectus*, o processo seletivo feito pelos romanos por ocasião do recrutamento militar visando a formar uma espécie de *elite* marcial.

FABRÍCIO. Num certo sentido tendes razão, mas se atentardes a todos os vícios de tal modo, constatareis que realmente não há qualquer seleção. Em primeiro lugar, os estrangeiros que se alistam voluntariamente sob vosso estandarte, longe de serem os melhores, são, ao contrário, os piores indivíduos do país, porque se houver em algum lugar homens destituídos de honra, ociosos, desenfreados e irreligiosos, insubordinados à autoridade paterna e extremamente debochados, além de entregues à jogatina e a todos os vícios, serão estes que desejarão assumir a profissão das armas e não há nada mais contrário a sábias e genuínas instituições militares do que tais costumes. Quando tais indivíduos se apresentam a vós em maior número do que aquele de que precisais, podeis, de fato, escolher; porém, a essência sendo ruim, impossível que vossa seleção seja boa. E se, ao contrário, como ocorre com freqüência, eles não preenchem o número de vagas que tendes disponíveis, sereis obrigados a admitir todos... e então, não se tratará mais de fazer uma seleção visando formar uma elite - se tratará de mero recrutamento de soldados. São tais homens que compõem os exércitos atuais da Itália e de todos os outros lugares, à exceção da Alemanha, porque nos demais países não é a autoridade do soberano, mas unicamente a vontade do indivíduo que determina os alistamentos. Ora, eu vos pergunto: será num exército formado por tais meios que poderemos introduzir a disciplina dos antigos?

COSIMO. Qual opção seria mister, então, adotar?

FABRÍCIO. Eu vos disse: fazer a seleção pela autoridade do soberano entre os súditos do Estado.

COSIMO. E acreditais que será fácil introduzir a antiga disciplina entre esses homens?

FABRÍCIO. Sem dúvida sim se, numa monarquia, fossem comandados por seu próprio soberano ou mesmo um simples senhor; ou, numa república, por um cidadão investido do título de general. De outro modo, será difícil qualquer coisa positiva.

COSIMO. Por que?

FABRÍCIO. Eu vos direi oportunamente; por ora, que vos baste isto, ou seja, que não se pode agir corretamente de outra maneira.

COSIMO. Uma vez que só se deve fazer essa seleção no próprio país, pensais que seja preferível retirar os soldados da cidade ou do campo?

FABRÍCIO. Todos os que escreveram sobre a arte da guerra concordam na preferência pelos homens do campo, como os mais robustos, mais resistentes às fadigas, mais habituados a viver ao ar livre, a suportar o ardor do sol, mais capazes de trabalhar com o ferro, cavar trincheiras e carregar pesos - mais afastados, numa palavra, de toda espécie de vício. Eis minha opinião a este respeito: como há necessidade de soldados de infantaria e da cavalaria, preferiria escolher os primeiros no campo e os segundos nas cidades.

COSIMO. Qual a faixa etária da qual vós os retiraríeis?

FABRÍCIO. Se tivesse que recrutar homens para a formação de um exército inteiro, eu os escolheria dos dezessete aos quarenta anos; uma vez formado o exército, tratando apenas de renová-lo, faria as reposições somente com moços de dezessete anos.

COSIMO. Não entendo claramente o porque dessa distinção.

FABRÍCIO. Explico. Se tivesse que formar um exército num país que não o possuísse, seria obrigado a admitir todos os homens em idade militar, isto é, em condições de receber as instruções às quais aludirei brevemente. Entretanto, num país no qual já existisse o exército, poderia, com o objetivo de renová-lo, admitir apenas homens de dezessete anos, visto os demais já terem sido escolhidos e alistados.

COSIMO. Percebo que formaríeis uma tropa semelhante a que foi estabelecida no nosso país.[18]

FABRÍCIO. Isto é verdade. Mas eu a armaria, a treinaria e indicaria para ela chefes de maneira talvez distinta do que vós fizestes; enfim, eu a organizaria de uma forma que, é possível, não exista entre vós.

---

18. Maquiavel, crítico de exércitos mercenários e adepto da formação de um exército nacional em Florença, onde ocupou, entre outros cargos, o de secretário da Chancelaria, foi incumbido ele mesmo em 1506 de proceder ao recrutamento e treinamento para a formação de tal exército.

COSIMO. Aprovais, então, nossas tropas?

FABRÍCIO. E por que quereis que eu a reprove?

COSIMO. É porque muitos homens esclarecidos a reprovaram.

FABRÍCIO. Dizer que um homem esclarecido reprova vossa tropa é dizer algo contraditório. Ainda que um tal homem tivesse a reputação de esclarecido, estaria cometendo uma injustiça contra vossa tropa.

COSIMO. O escasso êxito por ela apresentado até agora nos fez ter tal opinião desfavorável a seu respeito.

FABRÍCIO. Acautelai-vos! É possível que a falha não seja *dela*, mas *vossa*, o que espero vos provar antes de encerrar nosso colóquio.

COSIMO. Com isso me proporcionaríeis grande prazer; mas antes, desejo dizer-vos do que a acusam para que possais justificá-la mais cabalmente. Ou ela é incapaz de ser útil - dizem - e, então, nela confiar significa promover a ruína do Estado; ou, ao contrário, se é capaz de ser útil, pode, nas mãos de um chefe que goza de prestígio, ser um instrumento de tirania. Cita-se os romanos que perderam sua liberdade graças aos seus próprios exércitos. Cita-se Veneza e o rei de França. A primeira, por não obedecer a um dos seus cidadãos, emprega tropas estrangeiras; quanto ao rei francês, desarmou seu povo a fim de governar sem enfrentar resistência. Mas é sua inutilidade que se teme mais e para isto se apresenta duas razões: sua inexperiência e a pressão do serviço. Jamais, numa certa idade, é possível habituar-se aos exercícios militares; no que toca à pressão, esta jamais produziu bons soldados.

FABRÍCIO. Todos os que apresentam essas razões têm, a meu ver, visão curta, o que é fácil demonstrar. Vossa milícia será - dizem - inútil; sustento, porém, que não há exército com o qual se deve mais contar do que aquele do próprio país e que não há outro meio de organizá-lo senão este que proponho. Como isto não é polemizado, seria perda de tempo nos determos mais nesse ponto: todos os fatos extraídos da história dos povos antigos demonstram essa verdade. Fala-se de inexperiência e de pressão.

Não há dúvida que a inexperiência transmite pouca coragem e que a pressão produz descontentamento. Mas demonstrarei que se vossos soldados forem bem armados, bem treinados e bem distribuídos, adquirirão gradativamente tanto experiência quanto coragem. Quanto à pressão, é necessário que aqueles que ingressarem no exército devido à autoridade do soberano não marchem inteiramente sob coação e nem, tampouco, somente em função da própria vontade. A inteira liberdade produziria os inconvenientes aos quais já me referi; não haveria mais seleção e elite militar e poderia acontecer que poucos homens se apresentassem. O excesso de pressão também produziria maus efeitos. É necessário, portanto, optar por um meio termo, eqüidistante do excesso de pressão e daquele de liberdade. É mister que o respeito inspirado pelo soberano determine o soldado; é mister que ele receie mais seu desprezo do que os inconvenientes da vida militar. Através disso ocorrerá uma tal mescla de pressão e vontade que não haverá qualquer razão para temer surtos de descontentamento.

Não digo que esse exército seria invencível; os exércitos romanos, o próprio exército de Aníbal, não foram invencíveis, e será possível organizar de tal forma um exército a ponto de poupá-lo sempre de uma derrota? Vossos homens esclarecidos não devem, portanto, assegurar que vossa milícia é inútil por ter ela sido vencida algumas vezes; mas podendo vencer, como podem eles ser vencidos, devem eles procurar eliminar as causas de sua derrota e verão, após ter nisso refletido, que é forçoso acusar não à milícia em si mesma, mas sim à imperfeição de sua organização e, como o afirmei, em lugar de condenar a milícia, deveriam corrigir seus defeitos da maneira que indicarei a vós na seqüência.

No tocante ao receio de ver uma tal instituição suprir um cidadão dos meios de destruir a liberdade, respondo que as armas fornecidas segundo as leis e a Constituição aos cidadãos e aos súditos jamais deram origem a perigos, mas antes amiúde os preveniram; é fato que os Estados se preservam por mais tempo armados do que desarmados. Roma viveu livre quatrocentos anos armada; Esparta, oitocentos anos. Outros Estados, privados desse sustentáculo, não conseguiram preservar sua liberdade por mais de quarenta anos. Um Estado tem necessidade de armas; quando não dispõe de exército próprio, contrata exércitos estrangeiros e estes são os que expõem aos maiores riscos o bem público; tais exércitos são mais corruptíveis. Um cidadão poderoso pode se assenhorear deles mais rapidamente; tais exércitos admitem aos seus projetos uma enorme largueza e flexibilidade, uma vez que têm a oprimir apenas homens desarmados. Ademais, dois inimigos são mais temíveis do que um só, e todo Estado que emprega tropas estrangeiras teme simultaneamente o estrangeiro que está a seu soldo e seus próprios cidadãos. Se quiserdes avaliar a realidade desses temores, lembrai-vos do que vos disse de Francesco Sforza. O Estado que, ao contrário, emprega apenas as suas armas só tem a temer os seus cidadãos. Sem recorrer a outras razões, bastará a mim dizer que nunca alguém fundou uma república ou reino sem confiar a sua defesa aos habitantes do próprio país.

Se os venezianos tivessem se revelado quanto a esse ponto tão sábios como em suas outras instituições, teriam, a sua vez, construído o seu Império mundial; são ainda mais repreensíveis pelo fato de seus primeiros legisladores lhes terem colocado armas nas mãos. Não possuindo, inicialmente, qualquer possessão no continente, conduziram a totalidade de suas forças para o mar, onde guerrearam virtuosamente e ampliaram com as próprias armas o império de sua pátria. Quando, obrigados a defender Vicenza, se viram na situação de combater em terra, em lugar de confiar o comando de suas tropas a um de seus concidadãos, contrataram o marquês de Mântua. Esta lamentável resolução os deteve no meio de seu curso e os impediu de galgar o elevado grau de poder ao qual podiam aspirar. É possível que então sua destreza no mar se lhes afigurasse um obstáculo ao êxito na guerra terrestre: se este foi o motivo da conduta deles, constituiu o efeito de uma insegurança destituída de sabedoria. Um comandante naval, habituado a combater ventos, vagas e homens se converterá muito mais facilmente num general em terra, onde só terá que combater homens, do que um comandante terrestre se transformará num bom comandante naval. Meus romanos, conhecendo o combate terrestre e desconhecendo o naval, por ocasião da primeira guerra contra os cartagineses, cujo poder marítimo era temível, não contrataram a soldo nem gregos nem hispânicos, povos habituados ao mar, confiando a defesa da república aos mesmos cidadãos que enviavam para combates terrestres - e sagraram-se vitoriosos. Se o motivo dos venezianos foi impedir que um dos seus concidadãos atentasse contra sua liberdade, tal receio também careceu de fundamento, pois, sem repetir o que já afirmei a esse respeito, é evidente que uma vez que jamais um dos seus cidadãos colocado no comando de suas forças navais usurpara pela tirania uma cidade situada no meio do mar, era de se temer bem menos esse perigo por parte de seus generais de exércitos. Deveriam ter ponderado que não são as armas postas em poder dos cidadãos que lhes inspiram projetos de tirania, mas sim (e somente) as más instituições; e, assaz contentes por usufruir de um bom governo, nada deveriam temer diante do fato de tê-los armados. Foi, portanto, aquela uma infeliz resolução no que respeita à glória dos venezianos e sua verdadeira felicidade. Quanto ao outro exemplo que citastes, é inequívoco que o rei de França comete um enorme erro ao não dar formação bélica aos seus povos. Não há ninguém que, despreconceituosamente, não reconheça que nisso reside um dos vícios dessa monarquia e uma das principais causas de sua debilidade.

Por ter-me lançado a uma abordagem excessivamente extensa, talvez me tenha distanciado de meu assunto, mas desejava responder a vossas observações e provar que um Estado só pode fundar sua segurança nos seus próprios exércitos; que esses exércitos só podem ser bem organizados sob forma de milícias; que só há, enfim, esse meio de estabelecer um exército em um país e formá-lo com disciplina marcial. Se tiverdes refletido atentamente sobre as instituições dos primeiros reis de Roma, sobretudo Sérvio Túlio, vereis que a instituição das classes não passava de uma milícia que disponibilizava os meios de mobilizar celeremente um exército para a defesa do Estado.

Mas voltando à nossa seleção, repito tendo diante de mim a tarefa de recrutar um velho exército,[19] só selecionaria soldados de

---

19. ...*avendo ad instaurare un ordine vecchio...*, quer dizer, tratando-se apenas de repor o contingente do exército.

dezessete anos, mas se obrigado a criar um novo, os admitiria de todas as idades, ou seja, de dezessete a quarenta anos, a fim de poder deles me servir imediatamente.

COSIMO. A diferença das profissões deles influenciaria a vossa escolha?

FABRÍCIO. Os autores que se ocuparam da arte da guerra[20] admitem distinções. Não querem passarinheiros, pescadores, cozinheiros, rufiões e todos aqueles que se ocupam em casas de diversão; admitem, ao contrário, lavradores, ferreiros, alveitares, carpinteiros, açougueiros, lenhadores, caçadores e demais indivíduos de ocupações similares. Quanto a mim, não estaria disposto a aquilatar a utilidade de um homem em conformidade com sua profissão; limitar-me-ia a verificar quais os serviços que poderia pessoalmente prestar. É por esta razão que as pessoas do campo, acostumadas a lavrar a terra, são as mais úteis de todas; é a profissão à qual mais se recorre para a formação de um exército. Em seguida, seria de grande proveito contar com copiosa quantidade de ferreiros, lenhadores, alveitares e talhadores de pedras. Os serviços destes trabalhadores são necessários em inúmeras circunstâncias e nada há de mais vantajoso do que dispor de soldados que nos são duplamente úteis.

COSIMO. Como descobrir os homens que são aptos ou não ao serviço militar?

FABRÍCIO. Restrinjo-me aqui a discorrer sobre o modo de selecionar uma nova milícia para dela formar então um exército embora me refira paralelamente ao procedimento para seleção visando a renovação de uma velha milícia. Avalia-se a capacidade de um soldado pela experiência, se já tiver servido, ou por conjetura. Não é possível estimar o mérito de homens novos e que jamais empunharam armas; e quase todas as milícias criadas se enquadram neste caso. Na ausência da experiência, só resta recorrer a suposições com base na idade, na profissão e nos traços físicos do indivíduo. Aludimos aos dois primeiros atributos - resta-nos examinar o terceiro. Certos militares ilustres, entre os quais Pirro,

---

20. Principalmente Vegécio, Frontino e Políbio.

são da opinião de que o soldado deve ter grande porte. Para outros basta a agilidade corporal, sendo esta a opinião de César. Aquilata-se esta agilidade pela conformação dos membros e o bom aspecto do soldado. Olhos vivos e ledos, pescoço pleno de nervos, peito largo, músculos salientes dos braços, dedos longos, pouca barriga, ilhargas arredondadas, pernas e pés rudes: são tais as qualidades também exigidas por esses autores - qualidades que concorrem para tornar o soldado ágil e vigoroso, o que constitui o ponto principal a ser proposto... Mas, acima de tudo, deve-se atentar cuidadosamente para a moralidade do soldado. É necessário que ele seja honesto e dotado de pudor, caso contrário se converte num instrumento instaurador de desordens e um foco de corrupção. De fato, não é possível jamais esperar qualquer comportamento íntegro, não é possível esperar uma conduta virtuosa de um homem privado da mais ínfima educação e embrutecido pelo vício.

Para que vós possais captar melhor a importância dessa seleção que visa a formação de uma elite, creio ser necessário vos explicar, primeiramente, como os cônsules romanos, ao assumir seus cargos, procediam na formação das legiões romanas. As contínuas guerras travadas por Roma exigiam que as legiões fossem constantemente compostas de velhos e novos soldados, o que facultava aos cônsules os dois recursos a que nos referimos: *a experiência para a escolha dos soldados veteranos e as conjeturas para a escolha dos novatos*. E aqui cumpre observar que esses recrutamentos ocorriam ou para empregar os soldados imediatamente, ou para treiná-los, deixando-os preparados para servir oportunamente. Limitar-me-ei a vos falar deste último caso, posto que meu único objetivo é mostrar-vos como é possível formar um exército num lugar onde não há milícia alguma e, conseqüentemente, nenhum exército pronto para ser utilizado de imediato. Nos países nos quais se tem o costume se formar exércitos com base na autoridade do soberano, os novos contingentes que são produto dos recrutamentos podem ser enviados incontinenti à guerra, o que se fazia em Roma e que é feito ainda hoje na Suíça. Se são encontrados nesses contingentes selecionados muitos soldados novos, também são encontrados muitíssimos outros, já adestrados nos exercícios militares, sendo que associados constituem uma excelente tropa. Foi apenas na época em que os imperadores começaram a manter os exércitos constantemente em acampamento que foram estabelecidos por eles, como se constata na vida de Maximino, treinadores militares para os jovens soldados, aos quais se dava o nome de *tirones*. Enquanto durou a liberdade romana, não foi nos acampamentos, mas na cidade que ocorriam esses treinamentos. Os jovens já há muito envolvidos nesses treinamentos, já habituados a todas as demonstrações de uma simulação bélica, não se amedrontavam, de modo algum, com a guerra real, quando era necessário que deixassem seus lares. Uma vez abolidos esses exercícios bélicos, os imperadores foram forçados a substituí-los pelos expedientes aos quais já me referi. Assim, volto ao procedimento romano de seleção de contingentes militares.

Logo que os cônsules encarregados de todas as operações militares assumiam suas funções, seu primeiro cuidado era criar novos exércitos. Destinava-se a cada um[21] duas legiões de cidadãos romanos, os quais constituíam a força efetiva de seus exércitos. Para formar essas legiões eles nomeavam vinte e quatro tribunos militares, seis para cada legião. Estes cumpriam aproximadamente as funções dos nossos chefes de batalhões.[22] Convocavam em seguida todos os cidadãos romanos em condições de empunhar armas e separavam os tribunos de cada legião. Sorteavam, então, a tribo[23] pela qual começariam a seleção. Nesta tribo escolhiam os quatro melhores soldados. Destes quatro soldados, um era escolhido pelos tribunos da primeira legião, e os três restantes, um pelos tribunos da segunda legião, um pelos tribunos da terceira e o último tocava à quarta legião. Os cônsules selecionavam a seguir mais quatro soldados, sendo um dos quatro escolhido pelos tribunos da segunda legião; dos três restantes, um era escolhido pelos tribunos da terceira legião, um pelos tribunos da quarta, cabendo o último desses soldados à primeira legião. Os cônsule procediam

---

21. Durante a República, os cônsules romanos eram *dois*, eleitos anualmente.
22. Ou seja, *connestaboli*.
23. Parte na qual se dividia territorialmente o povo romano.

então à escolha de mais quatro soldados. Agora a escolha cabia aos tribunos da terceira legião, prosseguindo esta ordem seqüencialmente até o esgotar a eleição e completar as legiões. Estes recrutamentos *seletivos*, conforme já afirmei, podiam ser efetuados imediatamente visto que deles participavam, em grande parte, homens já habituados à guerra real, tendo todos, sem exceção, sido treinados na guerra simulada. Era possível, portanto, fazer essa seleção considerando experiência e fazendo estimativas conjeturais. Entretanto, quando se tratava de organizar uma nova tropa para que fosse mobilizada somente no futuro, só se podia escolher com base em suposições em torno da idade e a compleição física dos indivíduos.

COSIMO. Reconheço a verdade de todas as vossas proposições, mas antes de avançarmos, desejo formular uma questão na qual me fizestes pensar quando dissestes que vossa seleção, não podendo recair sobre homens já treinados no serviço militar, só ocorreria mediante conjetura. Uma das principais censuras que ouvi ser dirigidas à nossa milícia, é o seu tamanho excessivo. Entende-se que se deveria formar um corpo menos numeroso, que pudesse ser mais bravo e melhor escolhido. Acarretaria menos fadiga aos cidadãos e seria possível pagar-lhes um pequeno soldo que lhes seria satisfatório e asseguraria sua obediência. Gostaria de conhecer vossa opinião a respeito disso e saber se preferis o grande número de integrantes ao pequeno e qual procedimento seletivo adotaríeis em um e outro caso.

FABRÍCIO. O grande número oferece, sem dúvida, maior segurança e maior proveito do que o pequeno; aliás, expressando-me melhor: é impossível formar em qualquer lugar uma boa milícia se não se contar com um grande número de integrantes. Será fácil rechaçar tudo que se argumenta contra esta opinião. Se tomardes o pequeno número de uma grande população, como a da Toscana, por exemplo, isto não afetará de modo algum o fato de terdes melhores soldados e melhor escolhidos. Se na escolha, quiserdes vos guiar pela experiência, haverá desta, para começar, pouca que vos possa servir de critério de avaliação. Pouquíssimos indivíduos, de fato, já terão estado na guerra e destes, pouquíssimos terão se comportado de forma a merecer a preferência sobre todos os demais. Numa tal região, será conveniente, portanto, esquecer a experiência e se limitar às conjeturas. Circunscrito a tais meios, desejarei saber tendo diante de mim vinte jovens de boa aparência que critério adotar para admitir uns e rejeitar outros. Uma vez que não me é possível saber qual deles me será de melhor valia, entendo que estarei menos sujeito a me enganar se tomá-los a todos visando armá-los e treiná-los, reservando-me em seguida a tarefa de escolher com mais segurança, quando depois de tê-los treinado e mantê-los praticando exercícios militares, saberei distinguir quais são entre eles os mais ágeis e corajosos. Do que se conclui ser um grande equívoco selecionar entre eles um pequeno número, pensando com isto estar mais seguro.

Quanto à censura de gerar fadiga ao país e aos cidadãos, sustento que a milícia, por mais imperfeita que seja sua organização, nenhum fadiga causa aos cidadãos visto que não os arranca dos seus afazeres, não os afasta de seus negócios e somente os convoca para os exercícios de treinamento nos feriados. Uma tal prática nem tem como ser prejudicial ao país ou aos seus habitantes, sendo, ao contrário, proveitosa aos jovens. Em lugar de despenderem os feriados em vergonhosa ociosidade nas casas de diversão, transformarão em diversão os exercícios militares, que constituem um belo espetáculo sempre agradável à juventude.

Resta-me falar da proposta de pagar uma milícia menos numerosa e assegurar, assim, sua boa vontade e sua pronta obediência. Entendo, nesse sentido, que não podeis reduzir o número de integrantes de vossa milícia a ponto de ficar em condição de lhe assegurar constantemente um soldo que a contente. Se desejais formar uma milícia de cinco mil homens, e lhe conceder um pagamento que a satisfaça, não podereis lhe conceder mensalmente menos de dez mil ducados. Pois bem: permito-me observar, em primeiro lugar, que semelhante número não basta para a formação de uma exército e que não há Estado capaz de suportar uma tal despesa. Por outro lado, esse soldo não poderia satisfazer vossa milícia e a obrigar a se conservar pronta todo o tempo. Tudo que resultaria para vós, conseqüentemente, seria um acréscimo de despesas sem corresponder a qualquer incremento de forças, e não teríeis adquirido nenhum meio novo de vos defender ou executar qualquer empreendimento considerável. Se aumentardes a despesa ou a milícia, aumentareis a dificuldade do pagamento; se diminuirdes uma ou outra, só fareis por fazer crescer o número dos descontentes ou a vossa impotência. Querer, portanto, estabelecer uma milícia continuamente remunerada é fazer uma proposta vã ou impossível. Não há dúvida que é preciso pagar vossa milícia, mas quando a enviardes à guerra. Numa palavra, supondo que uma tal instituição fosse, por vezes, incômoda durante a paz para os conscritos, o que não estaria na minha previsão, o Estado sairia desta situação amplamente recompensado por todas as vantagens que dela extrairia, pois sem essa milícia não existe para o Estado qualquer segurança.

Concluo que desejar essa tropa pouco numerosa para capacitar-se a pagá-la ou por quaisquer dos outros motivos que já aludistes, constitui um erro de desastrosas conseqüências. E o que corrobora ainda minha opinião é que a cada dia o número de vossa milícia diminuirá devido a uma miríade de obstáculos que atingirão vossos soldados, e acabareis por vê-la reduzida a quase nada. Dispondo de uma milícia numerosa, podeis, de acordo com a necessidade, aumentar ou reduzir vosso exército ativo, o qual deve, ademais, vos servir tanto graças às suas forças efetivas quanto graças a reputação que lhe dão suas forças - e, por certo, o número contribui para essa reputação. A isto devo acrescentar que sendo o objetivo da milícia manter os cidadãos treinados, se vos limitais a alistar um modesto número de homens num país vasto, eles estarão tão distantes do local do treinamento que vos será impossível reuni-los nele salvo ao custo de causar-lhes um verdadeiro dano; se renunciardes aos exercícios de treinamento, vossa milícia se tornará inteiramente inútil, como provarei a vós.

COSIMO. Fico satisfeitíssimo com a maneira pela qual encaminhaste uma solução para a minha questão, mas resta-me uma outra dúvida que vos peço esclarecer-me. Os detratores da milícia alegam que esse grande número de homens armados representam para um país somente uma fonte de transtornos e de desordens.

FABRÍCIO. Também vos provarei que essa opinião não passa de um equívoco. Esses cidadãos armados só poderiam provocar desordens de duas formas: ou atacando-se mutuamente ou atacando o resto dos cidadãos. Entretanto, é fácil afastar esse perigo quando a própria instituição constitui para ele o primeiro dos corretivos. Quanto ao receio de vê-los se atacarem entre si, afirmo que entregar-lhes armas e atribuir-lhes chefes significa extinguir transtornos e, de modo algum, fomentá-los. Na verdade, se o país onde pretendeis estabelecer a milícia é tão pouco belicoso que nele ninguém porta armas e a tal ponto unido que nele não haja nem chefe nem facção, essa instituição o tornará aguerrido e mais temível por seus vizinhos sem nele produzir desordens adicionais. A razão disso é que as boas leis inspiram o respeito à ordem tanto em homens armados como nos desarmados. Ora, esse respeito não pode ser alterado se vossos chefes não constituírem a primeira causa dele; e eu direi quais os meios a serem utilizados para evitar esse perigo. Se o país, ao contrário, é belicoso e dilacerado por facções, essa instituição por si só poderá aí promover a tranqüilidade. As armas e os chefes nesse país aí só existiam contra os cidadãos: as primeiras eram inúteis contra o inimigo estrangeiro; os segundos só serviam para alimentar a desordem. Graças a nossa instituição, as armas passam a ser úteis e os chefes se tornam condutores à ordem. Se algum cidadão era ofendido de alguma forma, recorria ao seu chefe de facção, o qual, visando conservar seu crédito, o exortava não à paz, mas à vingança. Os chefes que criamos se conduzem de uma maneira completamente oposta. Sufocamos toda semente de facções e preparamos instrumentos de concórdia. Assim, os países onde os habitantes estavam unidos, mas destituídos de vigor, se livram de sua indolência e se mantêm em paz. Os Estados onde, diferentemente, reinavam a confusão e a desordem assistem seus cidadãos se reunir e fazer convergir para o proveito comum essa selvageria dos costumes que até então só engendrara transtornos.

Vós vos referistes a um outro perigo, a saber, aquele dos cidadãos armados levarem a opressão aos desarmados. Mas este mal só poderia advir mediante a vontade dos chefes que os comandam. Para preveni-lo, é necessário impedir que esses chefes adquiram excessiva autoridade sobre suas tropas, autoridade que é obtida ou naturalmente, ou então, acidentalmente. Quanto ao primeiro caso, é preciso fixar que um cidadão jamais comandará os conscritos da província onde ele nasceu; quanto ao segundo, é preciso que vossa instituição seja organizada de tal forma que haja anualmente revezamento de comando. Uma autoridade prolongada sobre os mesmos homens gera entre eles e seus chefes um vínculo íntimo que só pode resultar prejudicial aos interesses do soberano. Se nos lembrarmos da história dos assírios e dos romanos, veremos como esses revezamentos foram úteis aos Estados que os adotaram e que desastrosa falta fizeram aos que os negligenciaram. O primeiro desses Impérios subsistiu um milênio sem perturbações e guerras civis, devendo esta ventura somente aos revezamentos constantes que todo ano efetuava, trocando os generais dos exércitos nas diversas províncias. Por outro lado, a funesta prática de manter sempre nos mesmos governos os exércitos romanos e seus chefes foi a exclusiva causa, após a extinção da família de César, de tantas guerras civis, de tantas conspirações urdidas contra os imperadores pelos generais romanos. Se alguns desses primeiros imperadores ou aqueles que os sucederam tão gloriosamente, tais como Adriano, Marco Aurélio, Severo e outros, houvessem tido visão suficiente para estabelecer esses revezamentos no Império, eles o teriam consolidado e prolongado sua duração. Os generais teriam tido menos oportunidades para revoltas e os imperadores menos motivos para suspeitas. Por ocasião da morte dos segundos, o senado teria exercido maior influência na eleição dos sucessores e a eleição teria sido melhor. Mas nem os bons nem os maus exemplos são capazes de destruir os hábitos perniciosos que a ignorância ou o descuido têm introduzido entre os homens.

COSIMO. Parece-me que com minhas questões vos fiz desviar de vosso assunto. Deixamos o procedimento de seleção para examinar outros tópicos; se não me adiantasse a solicitar que aceiteis minhas desculpas, decerto mereceria censura.

FABRÍCIO. De modo algum! Toda essa discussão foi necessária; uma vez que minha intenção era tratar das vantagens da milícia por muitos contestada devia eu iniciar pela refutação de todas as suas objeções, pois a milícia deve ser a base de nosso recrutamento, ou melhor, de nossa seleção. Mas, antes de discorrer sobre outras partes, desejo me referir à seleção dos cavaleiros. Os antigos os tomavam entre as pessoas mais ricas, considerando ao mesmo tempo a idade e os méritos. Cada legião contava com trezentos cavaleiros, de sorte que em cada exército consular, o total dos membros da cavalaria romana não ultrapassava seiscentos homens.

COSIMO. Formaríeis uma milícia de cavaleiros, treinada durante o tempo de paz e destinada a servir durante a guerra?

FABRÍCIO. Por certo que sim, desde que o Estado quisesse ter apenas soldados a ele pertencentes e não homens que fazem da guerra sua única ocupação.

COSIMO. Como os escolheríeis?

FABRÍCIO. Imitaria os romanos, tomando-os entre as pessoas ricas; lhes daria chefes como se faz atualmente e teria o especial cuidado de armá-los e treiná-los.

COSIMO. Pensais que seria útil dar-lhes um soldo?

FABRÍCIO. Sim, mas apenas a quantia necessária para que cada um alimentasse seu cavalo, pois não convém que os cidadãos se queixem de um aumento de impostos. É necessário, portanto, se limitar a pagar o cavalo e sua manutenção.

COSIMO. Qual seria o número deles e quais armas destinaríeis a eles?

FABRÍCIO. Estais passando para uma outra questão... isso eu vos direi a seu tempo. Antes me cabe explicar-vos como é preciso armar a infantaria e treiná-la para o combate.

LIVRO II

FABRÍCIO. Uma vez encontrados os soldados, necessário será armá-los. Para isto devemos examinar as armas empregadas pelos antigos e destas adotar as melhores. Os romanos dividiam sua infantaria em soldados pesadamente armados e em soldados levemente armados, aos quais chamavam de *veliti*. Entendia-se por esta designação os fundibulários, os besteiros e os lançadores de dardos curtos. A maioria desses soldados tinha a cabeça coberta e o braço armado com um pequeno escudo redondo para sua defesa. Combatiam fora das fileiras e a alguma distância dos soldados pesadamente armados, que usavam um capacete que descia até os ombros, uma couraça cujas faldas tombavam sobre os joelhos, braçais e grevas sobre os braços e as pernas e no braço um escudo de duas braças[24] de comprimento e uma de largura. Este escudo era revestido de um aro de ferro para resistir aos golpes e duplicado com um outro de metal idêntico que prevenia o desgaste ao ser arrastado sobre o solo. As armas ofensivas eram uma espada de uma braça e meia de comprimento cingida ao flanco esquerdo, um punhal ao flanco direito e uma dardo à mão, o qual chamavam de *pilum* e lançavam contra o inimigo no início do combate. Tais eram as armas com as quais os romanos conquistaram todo o mundo.

Não ignoro que alguns autores antigos colocam nas mãos do soldado romano, além das armas que acabo de citar, uma lança

---

24. A braça correspondia a aproximadamente 60 cm.

em forma de venábulo; contudo, não consigo imaginar como uma lança pesada poderia ser manuseada por um homem que já porta seu escudo, pois não é possível dela se servir com ambas as mãos portando o escudo e, por outro lado, seu peso não admite que seja manejada com uma só mão. Essa arma, ademais, é inútil nas fileiras; só é possível empregá-la na primeira linha, onde é fácil estendê-la totalmente, algo que não se pode fazer nas fileiras. Convém que um batalhão, como estabelecerei ao tratar das evoluções militares, tenda sempre a cerrar suas fileiras, prática que, a despeito de alguns inconvenientes, incorre em bem menos perigo que deixar aí excesso de espaço. Assim, todas as armas de comprimento superior a duas braças se tornam inúteis na refrega. Se, com efeito, estiverdes armado de uma lança e quiserdes manejá-la com ambas as mãos, supondo que não sejais impedido por vosso escudo, do que vos servirá essa lança quando o inimigo estiver sobre vós? Se, ao contrário, a empunhais com uma única mão a fim de vos servir do escudo, só a podereis segurar pelo meio e, então, a parte da lança que fica atrás de vós é tão longa que a fileira que vos segue vos rouba toda possibilidade de manejá-la vantajosamente. Para vos persuadir de que os romanos não tinham essas lanças ou, ao menos, que delas não faziam uso, bastará que presteis atenção a todos os relatos de batalhas em Tito Lívio; ele quase nunca menciona lanças, se limitando a dizer sempre que depois de ter arremessado seus dardos, os soldados empunhavam espada. Deixo de lado, portanto, as lanças e me restrinjo à espada no tocante às armas ofensivas dos romanos, e ao escudo e às outras armas às quais me referi no que toca às armas defensivas deles.

As armas defensivas dos gregos não eram tão pesadas quanto às dos romanos; quanto às armas ofensivas, se confiavam mais à lança do que à espada, sobretudo os macedônios, que empunhavam longas lanças de dez braças denominadas *sariças*, com as quais franqueavam as fileiras inimigas e mantinham cerradas as fileiras de sua própria falange. Alguns autores afirmam que eles portavam também o escudo; eu, entretanto, não imagino - pelas razões que já indiquei - como podiam se servir dessas duas armas simultaneamente. Não me ocorre, ademais, que no relato da batalha de Paulo Emílio contra Perseu, se faça alusão a escudos; só se fala ali de sariças e dos obstáculos terríveis que representaram para os romanos. Suponho que a falange macedônia era aproximativamente o que é entre nós um batalhão de suíços cuja força total está concentrada em suas lanças.

A infantaria romana era, além disso, ornada com penachos, que lhe conferiam um aspecto ao mesmo tempo mais imponente e mais terrível. Nos primórdios de Roma, os cavaleiros portavam um escudo e um capacete - o resto do corpo não contava com armas defensivas. A cavalaria tinha por armas ofensivas uma espada e uma lança longa e delgada, guarnecida de ferro somente em uma das extremidades. Esta lança impedia que o cavaleiro empunhasse o escudo com firmeza - partia-se durante a refrega e deixava o cavaleiro desarmado e exposto a toda ordem de golpes. Mas esta cavalaria não demorou a adotar as armas da infantaria, com a diferença do escudo ser quadrado e mais curto; sua lança era mais sólida e guarnecida de ferro em ambas as extremidades, de modo que quando partia, a parte restante ainda permanecia útil ao cavaleiro. Foi com estas armas que meus romanos conquistaram o mundo e se pode julgar a superioridade delas pelo sucesso que trouxe a eles. Tito Lívio as menciona com freqüência em sua história - quando compara os dois exércitos rivais é sempre nos seguintes termos que finda o paralelo: "Mas os romanos eram superiores devido à sua virtude, tipo de armas e sua disciplina."[25] É por esta razão que eu me estendi mais sobre as armas dos vencedores do que sobre as dos vencidos.

Resta que me refira às nossas. A infantaria dispõe defensivamente de uma couraça de ferro e, ofensivamente, de uma lança longa de nove braças, que chamamos de chuço,[26] e de uma espada ao flanco cuja extremidade é mais arredondada do que pontuda. Estas são as armas comuns da infantaria atual. Um reduzido número de infantes tem as costas e os braços cobertos, mas ne-

---

25. Tito Lívio, IX, 17, 19.
26. Em italiano: *picca*.

nhum a cabeça. Os primeiros empunham, em lugar da lança, uma alabarda cuja parte de madeira, como vós sabeis, tem três braças de comprimento, e a de ferro tem a forma de um machado. Entre eles se acham os fuzileiros que, empregando armas de fogo, substituem os fundibulários e os besteiros antigos.

Foram os alemães e, principalmente, os suíços que pela primeira vez armaram dessa forma os seus soldados. Os suíços, pobres e ciosos de sua liberdade, foram e ainda são obrigados continuamente a resistir à ambição dos Príncipes alemães, que podiam facilmente manter uma numerosa cavalaria. Mas a pobreza dos suíços não permitiu que tivessem esse meio de defesa e constrangidos a combater a pé inimigos a cavalo, se tornou imperioso que recorressem ao sistema militar dos antigos, o qual - somente ele - no pensamento de todos os homens esclarecidos, é capaz de assegurar as vantagens da infantaria. Procuraram armas apropriadas à sua defesa contra a impetuosidade da cavalaria e adotaram a lança, a qual pode, sozinha, com êxito não apenas conter a investida da cavalaria, como derrotar esta. A superioridade dessas armas e dessa disciplina inspirou aos alemães[27] tanta segurança que quinze ou vinte mil deles não temiam atacar a mais numerosa das cavalarias; e assim passaram vinte e cinco anos acumulando experiência. Enfim, todas as vantagens que deviam a essas instituições se manifestaram por exemplos tão incisivos que desde a invasão da Itália por Carlos VIII,[28] toda nação se apressou a imitá-los e os exércitos espanhóis, graças a esse meio, conquistaram uma destacada reputação.

COSIMO. E qual sistema de armamento preferis? Esse alemão ou o antigo romano?

FABRÍCIO. O romano, sem sombra de dúvida. Mas irei vos mostrar as vantagens e inconvenientes dos dois sistemas. A infan-

---

27. Este trecho é confuso. O original registra ...*i Tedeschi*..., mas poderia também (em coerência com o período imediatamente antecedente) ser ... *i Svizzeri* (os suíços). O que Maquiavel quer dizer é que os alemães logo aprenderam com seus inimigos suíços e se apressaram a adotar e desenvolver largamente a infantaria armada à moda suíça. Na verdade, Maquiavel não distingue os suíços dos alemães.
28. Isto ocorreu em 1494. Carlos VIII, herdeiro da Casa de Anjou, afirmava direito de sucessão sobre o reino de Nápoles.

taria alemã é capaz de deter e vencer a cavalaria: não estando, de modo algum, carregada de armas, é mais desembaraçada em marcha e compõe formação mais prontamente para a batalha. Mas, por um outro lado, desprovida de armas defensivas, fica exposta de longe e de perto a toda ordem de golpes. Revela-se inútil na guerra de assédio e em todos os combates nos quais o inimigo está determinado a se defender com vigor. Os romanos sabiam tão bem quanto os alemães reter e repelir a cavalaria, e totalmente protegidos de armas defensivas, mantinham-se, de longe ou de perto, ao abrigo dos golpes: seus escudos tornavam o seu impacto mais seco e os colocava em condição de conter mais facilmente o impacto do inimigo. Na refrega, podiam servir-se mais vantajosamente de suas espadas do que os alemães de suas lanças; e se estes, por acaso, se armassem com uma espada, sem um escudo, a espada se tornaria para eles quase inútil. Os romanos, tendo os corpos protegidos por cobertura e podendo obter abrigo sob os escudos, atacavam um lugar sem se exporem a muitos perigos. O único inconveniente de suas armas era seu peso e o cansaço produzido por ter que carregá-las; entretanto, esse esforço pouco os afetava, endurecidos como eram contra todos os males, acostumados aos trabalhos mais rudes. O hábito tende a tornar tudo suportável.

Não esqueci, ademais, que a infantaria pode ter que combater a infantaria como a cavalaria e que se torna inútil não somente se não pode reter a cavalaria como também se, estando em condições de resistir a essa, for inferior a uma outra infantaria melhor armada e melhor disciplinada. Ora, se comparais os alemães aos romanos, reconhecereis que os primeiros, como já o afirmamos, dispunham dos meios de repelir a cavalaria; contudo, todas suas vantagens se dissolveriam se tivessem que combater uma infantaria tão disciplinada quanto a deles e armada à maneira dos romanos. Entre uns e outros, portanto, os romanos poderiam obter a vitória sobre a infantaria e a cavalaria, enquanto os alemães só estariam capacitados a vencer a cavalaria.

COSIMO. Gostaria que a título de respaldo à vossa opinião, vos dignásseis a nos indicar alguns exemplos particulares que nos fizessem melhor sentir a verdade do que acabastes de opinar.

FABRÍCIO. Podeis ver com acentuada freqüência na história a infantaria romana vencer uma cavalaria composta por inúmeros integrantes e jamais a falha de suas armas ou a superioridade das de seus inimigos a levou a arriscar-se a ser derrotada por tropas a pé. Se, de fato, suas armas tivessem sido imperfeitas, disso teria resultado ou que encontrando um inimigo superior nesse aspecto houvessem sido detidos em suas conquistas, ou que tivessem abandonado seu sistema militar para adotar o de seus inimigos; ora, como nada disso sucedeu, somos levados a presumir que em matéria de sistema militar os romanos superavam todos os demais povos.

O mesmo não aconteceu com a infantaria alemã: foi derrotada sempre que teve que combater tropas de infantaria detentoras de idêntica disciplina e coragem; e ela sempre deveu essas derrotas à inferioridade de suas armas. Philippe Visconti, duque de Milão, sendo atacado por dezoito mil suíços, enviou contra eles seu capitão, o conde Carmagnola.[29] Este foi ao encontro do inimigo com seis mil cavalos e alguns poucos infantes e, no embate, foi derrotado com grande número de baixas. Carmagnola percebeu, homem inteligente, a superioridade das armas inimigas, o poder superior deles sobre a cavalaria e a desigualdade de suas forças contra uma tal infantaria. Depois de reunir suas tropas dispersas, pôs-se novamente a atacar os suíços, mas à aproximação destes, ordenou que seus cavaleiros desmontassem e lutassem como infantes. À exceção de três mil suíços, todos os demais pereceram; os três mil com vida, se vendo na iminência de ser massacrados sem defesa, depuseram as armas e se renderam como prisioneiros.

COSIMO. Qual a causa de tanta desvantagem?

FABRÍCIO. Na verdade já vos disse, mas uma vez que não o apreendeste bem, vou explicar. A infantaria alemã, como o provei há pouco, quase não dispõe de armas para se defender e só dispõe como armas ofensivas da lança e da espada. É com essas armas e na sua habitual ordem de batalha que a infantaria acabara de atacar o inimigo. Mas se este inimigo é constituído por sol-

---

29. Nascido em 1380 e morto em 1432.

dados cobertos de proteção defensiva, como aqueles que Carmagnola ordenou que desmontassem, ele se infiltra, espada à mão, nas fileiras da infantaria suíça e não tem outra dificuldade senão juntá-la à ponta da espada, pois agora se bate sem qualquer perigo. O comprimento da lança impede o alemão de utilizá-la contra o inimigo que o pressiona de perto; empunha a espada, mas esta acaba se revelando inútil para ele sem armas defensivas e contra um inimigo todo coberto de ferro. Pondo na balança as vantagens e desvatagens dos dois sistemas, ver-se-á que o soldado sem armas defensivas estará, então, perdido sem recurso algum, ao passo que basta ao outro conter o primeiro impacto e defender-se dos primeiros golpes de ponta de lança, o que não lhe é tão difícil coberto como está de defesas, pois os batalhões se colocando forçosamente adiante (vós compreendereis melhor esta razão quando eu vos tiver explicado como os formo em batalha), certamente alcançarão o peito do inimigo; e, então, se alguns das primeiras fileiras são mortos ou derrubados pelas lanças, os restantes serão suficientes para obter a vitória. Foi assim que Carmagnola produziu um tão grande massacre entre os suíços, perdendo tão poucos comandados.

COSIMO. É preciso considerar que as tropas de Carmagnola eram compostas de soldados que, ainda que a pé, estavam cobertos de proteção de ferro, o que os fez saírem vitoriosos da refrega. Sou levado, assim, a crer que para obter os mesmos resultados, será necessário que armeis dessa forma a vossa infantaria.

FABRÍCIO. Não conservareis por muito tempo essa opinião se vos lembrardes do que vos disse das armas dos romanos, pois um soldado de infantaria que tem a cabeça cercada de ferro, o peito defendido por sua couraça e seu escudo, as pernas e os braços igualmente cobertos, está muito mais apto a se defender das lanças e entrar nas fileiras do que um soldado a pé. Desejo, ainda, citar um exemplo moderno. Tropas espanholas de infantaria desembarcaram da Sicília no reino de Nápoles a fim de resgatar Gonçalvo sitiado em Barletta pelos franceses.[30] O senhor de Aubi-

---

30. Gonçalvo de Córdoba (1453 -1515).

gny[31] foi enfrentá-lo com seus soldados e cerca de quatro mil soldados alemães de infantaria. Os alemães se aproximaram e com suas lanças abaixadas franquearam as fileiras espanholas; entretanto, os soldados destas, muito ágeis e defendidos somente por seus pequenos escudos, se lançaram nas fileiras alemãs para o combate a fio de espada, e após produzirem uma grande matança, obtiveram uma vitória completa. Todos sabem quantos soldados de infantaria alemães pereceram na batalha de Ravena,[32] a causa tendo sido a mesma. A infantaria espanhola se precipitou desde o começo da ação sobre a infantaria alemã e a teria destruído quase completamente se não fosse pela ajuda da cavalaria francesa, o que não impediu que os espanhóis realizassem uma honrosa retirada sem dobrar suas fileiras. Concluo que uma boa infantaria deve poder igualmente repelir as tropas a pé como as tropas a cavalo, e são as armas e a disciplina somente que podem, como já afirmei, lhe assegurar essa vantagem.

COSIMO. Quais seriam as armas que daríeis a vossa infantaria?

FABRÍCIO. Eu escolheria as armas romanas e alemãs. Faria com que uma metade se armasse como os romanos e a outra como os alemães. De seis mil soldados de infantaria, armaria três mil de escudos no estilo romano, dois mil de lanças e mil de fuzis à moda alemã. Colocaria as lanças à frente dos batalhões ou do lado em que esperaria o impacto da cavalaria e me serviria de soldados armados de espadas e de escudos para prestarem apoio aos lanceiros e assim garantir a vitória, como logo vos explicarei. Acredito que uma infantaria assim disposta teria uma segura vantagem sobre todas as outras.

COSIMO. Parece-me o bastante quanto à infantaria; quanto à cavalaria, apreciaria saber se vós preferis nossa maneira de armá-la ou a dos antigos?

FABRÍCIO. As selas de arções e os estribos, desconhecidos dos antigos, permitem hoje que os cavaleiros se acomodem sobre o cavalo com muito mais firmeza do que outrora. Creio, até,

---

31. Ou seja, o conde Robert Stuart, marechal de França.
32. Travada em 1512.

que as armas são de maior valia e acho que o impacto de um pesado esquadrão de soldados é muito mais difícil de ser contido do que o era o da cavalaria antiga. A despeito de tudo isso, parece-me que não devemos fazer uso dos cavalos mais do que se fazia antigamente. Os exemplos que vos citei provam que mesmo nos nossos tempos a cavalaria tem sido vergonhosamente derrotada pela infantaria e assim sempre acontecerá todas as vezes que atacar uma infantaria armada e disposta como indiquei há pouco. Tigrane, rei da Armênia, dispôs contra o exército de Lúculo cento e cinqüenta mil cavaleiros, grande parte destes, chamados de *catafrates*, armados como nossos soldados; Lúculo, por seu lado, contava no máximo com seis mil cavaleiros somados a vinte e cinco mil soldados de infantaria. Tigrane, ao avistar esse modestíssimo número de cavaleiros, disse: "Eis aí cavalos suficientes para uma embaixada."[33] Contudo, ao enfrentar o exército de Lúculo foi derrotado. O historiador que nos narrou os detalhes dessa batalha condena esses *catafrates* declarando que eram inteiramente inúteis, já que tendo o rosto coberto, não podiam nem ver nem atacar o inimigo e caídos dos cavalos, o peso de suas armas os impedia de se levantarem, sendo reduzidos a ficarem indefesos.

Sustento, portanto, que a preferência que os povos ou os reinos dão às suas cavalarias em relação às suas infantarias constitui uma garantia da fraqueza desses povos ou reinos e os expõe à toda sorte de desastres. A Itália atual é prova disso: tem sido pilhada, arruinada e devastada pelos estrangeiros porque não dá nenhuma atenção às suas milícias não montadas e tem depositado toda sua confiança em suas tropas de cavalaria. É indubitável que é preciso contar com a cavalaria, mas como a força secundária do exército e não sua base. A cavalaria é muito útil, necessária, inclusive, para efetuar descobertas, percorrer e devastar o país inimigo, inquietá-lo e atormentá-lo, tê-lo sempre sob as armas e interceptar-lhe os víveres. Contudo, nas operações militares e batalhas campais (importante objeto da guerra e principal objetivo dos exércitos), a cavalaria é incapaz de prestar efetivos serviços; é útil apenas para

---

33. Plutarco na *Vida de Lúculo*.

perseguir o inimigo quando este é vencido, não havendo como ombrear-se com a importância da infantaria.

COSIMO. Rogo-vos que me esclareça acerca de algumas dúvidas. Como explicar que os partas, que somente guerreavam a cavalo, tenham chegado a dividir o império sobre o mundo com os romanos? Como pode a infantaria resistir à cavalaria? Enfim, qual a origem da fragilidade desta e da força daquela?

FABRÍCIO. Já vos disse ou, ao menos, foi minha intenção, que meu sistema bélico não vai além das fronteiras da Europa. Poderia, assim, deixar de vos explicar o que se faz na Ásia. Mas devo observar-vos que o exército dos partas era inteiramente diferente do romano. O primeiro era constituído totalmente por cavaleiros, os quais avançavam contra o inimigo confusa e desordenadamente; nada é mais diversificado e incerto do que a maneira deles de combater. Os romanos, ao contrário, combatiam quase na sua totalidade a pé e marchavam contra o inimigo pressionando suas fileiras. Um povo ou outro vencia em função do lugar de combate ser estreito ou amplo. No primeiro caso, os romanos eram vencedores; no segundo, os partas, cujo exército encontrava no país que tinha que defender enormes vantagens. Esse país era constituído por regiões cobertas por vastas planícies afastadas do mar mais de mil milhas, banhadas por rios separados entre si que exigiam, para se ir de um a outro, três ou quatro dias de marcha; enfim, regiões muito distantes de cidades e seus habitantes. Nesse país, protegido por uma cavalaria ativíssima que hoje surgia num local e ressurgia no dia seguinte a cinqüenta milhas dali, o exército romano, amortecido pelo peso de suas armas e a ordem de sua marcha, ficava impossibilitado de de dar um só passo sem se expor aos maiores perigos. Eis aí a razão da superioridade da cavalaria dos partas, da ruína do exército de Crasso e dos perigos afrontados pelo de Marco Antonio.

De resto, como já frisei, não pretendo vos falar dos exércitos estranhos a Europa; limito-me a vos falar das instituições dos romanos e dos gregos e daquelas atuais dos alemães... com o que passo à vossa outra questão. Indagastes graças a que arte ou qualidade natural é a infantaria superior à cavalaria. Em primeiro lugar, os cavalos não podem ter acesso a qualquer parte como os soldados da infantaria; e se for necessário mudar a ordem de batalha, a cavalaria não poderá cumprir a ordem tão prontamente quanto a infantaria - freqüentemente é preciso ao movimentar-se para a frente voltar atrás, ou vice-versa; mover-se quando se está imobilizado ou deter-se no meio da marcha. Todas estas evoluções, indiscutivelmente, serão executadas com mais precisão pela infantaria do que pela cavalaria. Uma tropa a cavalo posta em desordem pelo impacto do inimigo só muito dificilmente reorganiza suas fileiras, embora esse impacto, talvez, não surta qualquer efeito adicional que favoreça o inimigo. É uma desvantagem a que jamais incorre a infantaria. Também pode suceder que um cavalo sem vivacidade seja montado por um homem corajoso ou um cavalo impetuoso por um homem destituído de coragem, disparidade que só pode levar desordem às fileiras.

Não é de se surpreender, portanto, que um pelotão de infantes seja capaz freqüentemente de deter o choque da cavalaria, pois o cavalo é um animal sensato que conhece o perigo e a este não se expõe voluntariamente. E se refletirdes na força que o impele e naquela que o detém, vereis que esta última é muito mais poderosa do que a primeira, pois se ele é impelido pelas esporas de um lado, é detido, do outro, pela ameaça das lanças e das espadas. E, assim, se presencia, tanto entre os antigos como entre os modernos, um pelotão de infantaria se conservar invencível contra todo empenho da cavalaria. Não me dizeis que a impetuosidade com a qual impelimos o cavalo transmitirá maior vigor ao seu impacto contra a tropa inimiga e o torna mais sensível à espora do que à visão das lanças, pois a partir do momento que ele começa a perceber que é através dessas pontas de lanças que terá que penetrar, por si mesmo o animal já moderará sua corrida, e quando se sente atingido ele imediatamente se desvia, para a direita ou esquerda. Se quereis vos convencer disto, montai e fazei um cavalo correr contra um muro: seja qual for a força com a qual logreis impeli-lo, muito dificilmente encontrareis um que se deixe colidir contra o muro chocando a própria cabeça. Assim, César, tendo que combater os suíços nas Gálias, desmontou e ordenou que toda sua cavalaria fizesse o mesmo; ordenou, também, que afastassem os cavalos da tropa de batalha, considerando os animais mais aptos a fugir do que a permanecer na batalha.[34]

Além desses obstáculos naturais experimentados pela cavalaria, o comandante de um corpo de infantaria deve sempre escolher os caminhos que apresentam aos cavalos grandes dificuldades; e raramente ocorre não conseguir ele preservar sua tropa tão-somente graças ao relevo do terreno. Se ele atravessar colinas, nada terá a temer daquela impetuosidade a que vos referistes; se sua marcha é feita em regiões planas, haverá poucas destas que não ofereçam meios de defesa em seus bosques ou seus campos de cultivo; qualquer silvado ou fosso põe fim a essa impetuosidade. E se o terreno possui vinhedos ou outros arbustos e árvores, revela-se impenetrável à cavalaria. O mesmo ocorre na ação militar: o menor obstáculo frustra todo o ímpeto de uma ataque de cavalaria. De resto, quero vos lembrar, a respeito deste tópico, que os romanos depositavam tanta confiança na superioridade de sua tática e de seu armamento que quando no dia do combate tinham que escolher entre um lugar difícil, que os protegia da impetuosidade da cavalaria mas não lhes permitia executar livremente todas suas evoluções, e um outro terreno que tornaria para eles a cavalaria mais temível mas lhes facultava recursos de se movimentarem à sua vontade, preferiam sempre este último campo de batalha.

Imitamos os antigos e os modernos para armar nossa infantaria. É tempo agora de passar aos exercícios. Examinaremos aqueles que os romanos exigiam de sua infantaria antes de conduzi-la ao combate. Sejam quais forem a escolha e as armas de um soldado, os exercícios de treinamento deverão ser o principal objeto de vossos cuidados, caso contrário não tirareis dele qualquer proveito. É mister considerar tais cuidados sob três aspectos: *1)* tornar o soldado rijo diante da fadiga, habituá-lo a suportar toda sorte de adversidades, desenvolver sua velocidade e sua destreza; *2)* ensinar ao soldado o manejo de suas armas; *3)* instruí-lo a conservar sua posição no exército, seja em marcha, seja no acampamento,

---

34. Júlio César, *A Guerra das Gálias*, I, 25.

seja em combate. São estas as três principais operações de um exército; se sua marcha, seu acampamento, sua ordem de batalha forem regulamentados com ordem e método, seu general não será por isto menos estimado, mesmo quando a vitória não houver coroado seus esforços.

As leis e os usos estabeleceram esses exercícios em todas as repúblicas antigas, sem que os negligenciassem em qualquer parte. Para tornar os jovens velozes eram treinados na corrida; para torná-los destros eram treinados no salto; para torná-los fortes, eram treinados na extração de estacas fincadas no solo ou na luta. Essas três qualidades são indispensáveis a um soldado; se é veloz, atinge antes do inimigo um posto importante, o surpreende quando este está desatento, o persegue agilmente quando é derrotado; se é destro, sabe esquivar-se do golpe que lhe é assestado, sabe saltar um fosso, transpor uma barreira; se é forte, carrega melhor suas armas, repele mais vigorosamente o inimigo e sustém melhor seus próprios esforços. Para torná-lo rijo contra a fadiga e as adversidades era acostumado a carregar fardos pesados.

Nada mais útil do que um tal hábito, pois com freqüência numa expedição importante, o soldado, além de suas armas, é obrigado a carregar víveres por vários dias, de modo que se não tiver sido treinado para suportar tal fadiga, não poderá fazê-lo. E então ficará impossibilitado seja de evitar o perigo que o acossa, seja de obter uma vitória completa.

Quanto ao manejo das armas, eram os seguintes os exercícios dos antigos. Faziam com que seus jovens fossem revestidos[35] de armas com o dobro do peso das armas ordinárias e lhes davam em lugar da espada um bastão guarnecido de chumbo muitíssimo mais pesado; então, cada jovem treinando enterrava no solo uma estaca que devia elevar-se três braças da superfície e ser suficientemente sólida para não ser partida ou derrubada pelos golpes que lhe fossem assestados. Era contra essa estaca que armado de um escudo e de seu bastão o jovem treinava como se enfrentando um

---

35. Maquiavel se refere às *armas* defensivas, ou seja, os capacetes, couraças, etc., que são *vestidos* pelo soldado e o *cobrem ou revestem*.

inimigo. Ora lhe aplicava golpes como se desejasse atingir uma cabeça ou um rosto, ora manejava o bastão visando atingir um flanco ou as pernas; recuava nos seus movimentos e logo avançava novamente. Ele tinha o cuidado de cobrir-se ao mesmo tempo que golpeava o simulado inimigo. E sendo essas falsas armas tão pesadas, as verdadeiras posteriormente só poderiam parecer-lhe levíssimas no dia do combate. Os romanos queriam que seus soldados golpeassem com a ponta e não com o gume;[36] julgavam que esse golpe era mais mortal e mais difícil de ser aparado; ademais, descobria menos o soldado e podia ser repetido mais vezes do que o golpe com o gume.

Não vos espanteis com o fato dos antigos atentarem para esses mínimos detalhes, pois quando se confronta o inimigo, nenhuma pequena vantagem deixa de ser muito importante, e pensai que os autores antigos discorrem muito mais a esse respeito do que eu mesmo faço. Os antigos acreditavam que o que há mais desejável numa república é nela poder contar com um grande número de homens treinados nas armas, uma vez que não é nem vosso ouro nem vossas pedras preciosas que submetem vossos inimigos, porém somente o temor de vossas armas. Ademais, as falhas que cometemos no que tange a outras atividades podem, amiúde, ser corrigidas; entretanto, quanto aos erros que cometemos na guerra, arcamos imediatamente com suas conseqüências. Que se junte a isso que o conhecimento da arte da guerra torna os homens mais audazes, pois ninguém receia realizar as coisas que aprendeu mediante longo exercício. Os antigos queriam, portanto, que seus cidadãos se habituassem a todos os exercícios marciais. Faziam-nos lançar contra essa estaca à qual acabamos de nos referir dardos mais pesados do que os dardos ordinários. Este exercício, que desenvolvia a qualidade de seus golpes, fortalecia também os músculos de seus braços. Aprendiam, ademais, a atirar com arco e flecha e funda. Mestres-treinadores eram encarregados de ministrar esses diversos exercícios, de modo que quando seus jovens

---

36. No combate real, o gume da espada. O que os romanos ensinavam nesse sentido, era o golpe do esgrimista, com a diferença deste manusear também o florete, além da espada.

treinandos eram *selecionados* para a guerra, já eram soldados por sua coragem e pela instrução militar. Só lhes restava aprender a marchar nas fileiras, conservando suas posições durante a marcha ou durante o combate; e a este eles logo se integravam se misturando aos soldados veteranos que há muito já estavam acostumados ao combate.

COSIMO. Quais exercícios ordenaríeis hoje a vossas tropas?

FABRÍCIO. Vários destes dos quais acabo de falar. Eu as faria correr, lutar, saltar e ficar fatigadas sob o peso de armas mais pesadas do que as ordinárias; eu as faria disparar com besta e arco e flecha e acrescentaria o fuzil, arma nova e que se tornou extremamente necessária. Habituaria a esses exercícios toda a juventude de meu Estado, mais particularmente e com especial cuidado os jovens que escolheria para a guerra, executando os exercícios sempre nos dias de ócio. Desejaria, também, que aprendessem a nadar, exercício utilíssimo ao soldado. Nem sempre há pontes ou barcos disponíveis nos rios e se vosso exército não sabe nadar, se privará de muitas vantagens e oportunidades para obter vitórias. É por esta razão que os romanos treinavam os seus jovens no campo de Marte, situado às margens do Tibre. Quando se sentiam esgotados devido à fadiga, lançavam-se ao rio para descansar e nadar. Determinaria, além disso, a exemplo dos antigos, exercícios particulares para os que seriam destinados à cavalaria; aprenderiam não somente a cavalgar e lidar mais destramente com os cavalos como também a fazer a sua manutenção para eles próprios tirarem deles o maior proveito. Os antigos preparavam para esses exercícios cavalos de madeira sobre os quais os jovens saltavam, armados e desarmados, sem qualquer ajuda e por conta própria. Assim, ao menor sinal do general, a cavalaria num momento se punha a pé e a outro sinal já estava novamente sobre os cavalos.

Esses diversos exercícios eram muito fáceis para os antigos e não existe hoje república ou reino que não possa com a mesma facilidade habituar os seus jovens a eles. A prova disto podemos observar em algumas cidades do leste, onde estão em uso. Dividem todos os habitantes em diferentes tropas, e cada uma delas assume o nome das armas das quais se serve na guerra, ou seja, a lança, a alabarda, o arco e o fuzil e, conseqüentemente, os chamamos de lanceiros, alabardeiros, arqueiros e fuzileiros. Cada cidadão deve declarar em que tropa deseja ingressar. Não sendo todos devido à idade ou devido a qualquer outro obstáculo aptos para a guerra, procede-se em cada tropa a uma escolha de homens, que são chamados de *jurados*. Estes são obrigados nos dias de festas a treinar o manejo da arma da qual ostentam o nome. A cidade concede a cada tropa um local para o treino e as despesas feitas com essas atividades são arcadas pelos integrantes da tropa que não são jurados. O que é praticado nessas cidades é para nós impossível? Mas nossa imprevidência nos cega sobre o que temos de melhor a fazer. Esses exercícios conferiam aos antigos uma excelente infantaria e asseguram ainda hoje às do leste[37] a superioridade sobre a nossa.

Os antigos treinavam seus soldados em casa, como é o caso das cidades de que acabamos de falar, ou no seio dos exércitos, como faziam os imperadores pelas razões já indicadas. Quanto a nós, ao contrário, não queremos treinar nossos soldados em nossas cidades e não podemos treiná-los no exército porque não são nossos súditos e não temos o direito de ordenar que executem exercícios diversos daqueles que desejam impor a si mesmos.[38] Eis aí a causa da desordem nos exércitos, do enfraquecimento das constituições e da extrema debilidade das monarquias e das repúblicas, sobretudo na Itália. Mas voltemos ao nosso assunto.

Acabo de vos falar dos diversos exercícios de treinamento necessários a um soldado. Entretato, não basta tê-lo endurecido nas fadigas, ter-lhe dado vigor, velocidade e destreza; é ainda necessário que ele aprenda a conhecer suas posições, a distinguir seus estandartes e os sons dos instrumentos marciais, a obedecer a voz de seus comandantes e a praticar tudo isso, seja se detendo, em retirada, avançando, seja combatendo ou em marcha. Se não ministrarmos esta formação relativa à disciplina ao soldado com todo o cuidado e no limite de nossa capacidade, jamais teremos

---

37. Fabrício se refere a Gênova.
38. Nova crítica, desta vez velada, ao mercenarismo.

um bom exército, pois não resta dúvida que homens impetuosos, mas desordenados, são tão fracos como homens tímidos mas bem disciplinados. A disciplina sufoca o medo e a desordem torna a impetuosidade inútil. Para que possais melhor apreender o que passarei a dizer acerca desse assunto, devo vos explicar antes como cada nação, ao organizar seus exércitos ou suas milícias, formaram diferentes conjuntos que tiveram em toda parte senão o mesmo nome, ao menos aproximadamente o mesmo número, ou seja, sempre atingiram seis mil a oito mil homens. Esses conjuntos foram chamados de *legião*[39] pelos romanos, de *falange*[40] pelos gregos e na França são chamados de *regimento*.[41] Os suíços, os únicos que conservaram algum resquício da antiga disciplina, os chamam com uma palavra que na língua deles significa *brigada*. Cada nação dividiu esse conjunto em diversos *batalhões* que cada uma organizou à sua maneira. É esta denominação mais familiar entre nós[42] que desejo tomar e emprestarei igualmente as regras dos antigos e dos modernos para atingir a meta que me proponho. Tal como os romanos dividiam suas legiões, compostas de cinco a seis mil homens, em dez coortes, dividirei nossa brigada em dez batalhões, num total de seis mil homens a pé. Cada batalhão terá quatrocentos e cinqüenta homens, dos quais quatrocentos pesadamente armados e cinqüenta levemente armados; dos quatrocentos, trezentos empunharão o escudo e a espada e serão chamados de *escudeiros*, enquanto os cem restantes, armados de lanças, serão chamados de *lanceiros ordinários*; os cinqüenta levemente armados serão cinqüenta soldados de infantaria armados de fuzis, bestas, *pertuisanes*[43] e escudos redondos; eu os chamarei com um nome antigo: *vélites ordinários*. Esses dez batalhões,

---

39. Isto é, *legio (-onis)*.
40. Φαλαγξ (*falagx*).
41. Maquiavel, no seu italiano arcaico, usa o termo *caterva*, aparentemente emprestado do latim para designar a legião, mas é necessário lembrar que *caterva* em latim não significa legião, mas precisamente o termo com o qual os romanos se referiam às tropas desordenadas dos seus inimigos bárbaros, em oposição à *ordenada* legião romana. Tecnicamente, a palavra *caterva* também se aplica a um esquadrão de cavalaria. Em sentido corrente, significa simplesmente bando, multidão.
42. Ou seja, *battaglie* (batalhões).
43. Uma espécie de alabarda; em italiano arcaico: *partigiane*.

portanto, são compostos de três mil escudeiros, mil lanceiros ordinários e quinhentos vélites ordinários, que, somados, totalizam quatro mil e quinhentos soldados de infantaria; e, como dissemos que desejávamos formar nossa brigada de seis mil homens, é preciso que juntemos mil e quinhentos homens a estes dos quais já falamos. Destes mil e quinhentos, mil se armarão de lanças e serão chamados de *lanceiros extraordinários*, enquanto os quinhentos restantes, que se armarão levemente, serão chamados de *vélites extraordinários*. Assim, a metade de minha infantaria será armada de escudos e a outra de lanças e outras armas. Designarei para cada batalhão um chefe de batalhão,[44] quatro centuriões e quarenta decuriões - e, adicionalmente, um chefe de vélites ordinários e cinco decuriões. Darei aos mil lanceiros extraordinários três chefes de batalhão, dez centuriões e cem decuriões; aos *vélites* extraordinários dois chefes de batalhão, cinco centuriões e cinqüenta decuriões. Haverá um chefe de brigada e para cada batalhão um estandarte e instrumentos sonoros. Assim, uma brigada será composta de dez batalhões, três mil escudeiros, mil lanceiros ordinários, mil lanceiros extraordinários, quinhentos vélites ordinários e quinhentos vélites extraordinários, no total seis mil homens, entre os quais haverá mil e quinhentos decuriões e, além disso, quinze chefes de batalhão com quinze sons marciais e quinze estandartes, cinqüenta e cinco centuriões, dez chefes de vélites ordinários e, enfim, um chefe de brigada com seu estandarte e seu som marcial. Repeti a vós este cômputo várias vezes para que nada confundeis quando vos falar dos meios de dispor as brigadas e os exércitos.

Todo rei ou toda república que queira dar formação para a guerra aos seus súditos ou cidadãos deve armá-los e organizá-los assim; e após tê-los dividido em quantas brigadas o país comporte, se o desejo for treiná-los nas fileiras, bastará tomar batalhão por batalhão. E embora o número de homens de cada um destes não possa, por si, constituir um verdadeiro exército, por certo cada um desses homens pode aprender dessa forma tudo que dele se possa esperar na guerra. Há, com efeito, duas espécies de manobras

---

44. *Connestabole* (condestável).

num exército: as de cada indivíduo dentro de um batalhão e as de cada batalhão associado aos outros. Todo homem que é instruído das primeiras não encontrará nas últimas quaisquer dificuldades. Mas jamais será possível que se saia bem nas últimas se ignorar as primeiras manobras. Cada batalhão pode, sozinho, aprender a conservar suas fileiras em toda espécie de movimento e de terreno, assumir formação para batalha e distinguir os sons marciais emitidos pelos diversos comandos no combate. É necessário que esses sons, como o silvo do grilheta, indique ao soldado tudo o que ele tem a fazer: se deve deter-se, avançar, recuar ou voltar para um lado ou outro. Quando uma tropa sabe conservar suas posições sem desordenar-se devido a algum movimento ou algum terreno; quando mediante os sons marciais é capaz de entender todos os comandos de seu chefe e retomar num instante sua primeira posição, aprende muito depressa, reunida aos outros batalhões, todas as manobras que executam entre si os diversos batalhões de um exército numeroso.

Como esses últimos exercícios são igualmente de grande importância, poder-se-ia durante tempos de paz reunir a brigada uma ou duas vezes ao ano e conferir-lhe a forma de um exército completo. Colocar-se-ia em disposição conveniente a frente, os flancos e a reserva do exército, treinando-o por alguns dias em batalhas simuladas. Ora, como um general dispõe sempre seu exército de maneira a se capacitar a combater o inimigo que vê e aquele cuja presença suspeita, é preciso preparar um exército para esses dois eventos; é preciso que em meio à marcha ele possa bater-se se necessário, e que cada soldado saiba o que lhe cabe fazer se é atacado de um lado ou outro. Uma vez vós o tenhais assim treinado, deveis ensiná-lo a engajar-se na ação; como deve ele bater em retirada se é repelido e quem deve, então, substituí-lo; instruí-lo a se orientar pelo estandarte, pelos sons dos intrumentos sonoros marciais, pela voz de seu comandante e habituá-lo a tal ponto a esse combates simulados que ele passe a desejar os reais. Não é o número de guerreiros denodados disponíveis que transmite intrepidez ao exército, mas sim a perfeita disciplina. Se me encontro nas primeiras fileiras e conheço antecipadamente para onde devo recuar ao ser repelido e quem está incumbido de me substituir, seguro de um pronto socorro, combaterei com muito mais coragem. Se me encontro nas segundas fileiras, o malogro dos primeiros não me amedrontará porque saberei que ali será o meu posto, ao qual serei impelido pelo meu próprio desejo para que com a retirada daqueles a vitória seja obra minha.

Esse exercícios são indispensáveis a um exército novo e, inclusive, necessários a um velho exército. Ainda que os romanos a eles estivessem habituados desde a infância, percebe-se que os generais os faziam ser repetidos antes de conduzir seus soldados ao inimigo. Josefo[45] conta na sua história que à força de observar esses exercícios feitos continuamente pelos exércitos romanos, os numerosos vivandeiros que acompanhavam os acampamentos chegaram a aprender a marchar muito bem e combater nas fileiras, prestando, assim, grandes serviços num dia de batalha. Mas se formais um exército de soldados novatos quer para enviá-los de imediato ao combate quer para mantê-los prontos para uma eventualidade do mesmo, todos vossos cuidados serão perdidos sem esses contínuos exercícios, os dos batalhões individualmente e de todo o exército reunido. Sendo esta instrução imprescindível, é preciso empregar os mais ingentes esforços para dá-la a quem não a possui e conservá-la naqueles que já receberam formação; tem-se visto os melhores comandantes se empenharem sumamente a fim de atingir essa meta dupla.

COSIMO. Parece-me que essas considerações vos afastaram um tanto do objeto de vosso discurso; discorrestes já sobre um exército completo e acerca de operações militares, sem ter, contudo, até agora se referido à forma de exercícios para os batalhões.

FABRÍCIO. Tendes razão. Minha predileção pelas regras antigas e meu pesar por vê-las tão negligenciadas são a causa desses desvios. Mas retorno ao meu assunto. O que há de mais importante nos exercícios dos batalhões, como já vos disse, é saber conservar as posições nas fileiras. Para consegui-lo é necessário treinar longamente essa manobra que chamamos de *caracol*. Como nos-

---

45. Flávio Josefo em *De bello judaico*, III, 4-5.

so batalhão é de quatrocentos soldados de infantaria pesadamente armados, nos orientaremos por este número. Formarei a partir dele oitenta fileiras de cinco homens cada, e numa marcha acelerada ou moderada eu os farei, por assim dizer, *se reatarem e se desatarem* entre si sem se confundirem. Porém, mais vale exibir ao olhar este exercício do que descrevê-lo, sendo inútil nele nos determos mais tempo; todos que já observaram um exército o conhecem. Não há vantagem maior do que habituar os soldados a manter suas posições nas fileiras.

Trata-se agora de colocar em formação de batalha um batalhão, para o que se pode proceder de três formas principais: *1)* tornando o batalhão bastante compacto e lhe dando a forma de dois quadrados; *2)* fazendo dele um quadrado cuja frente seja provida de cornos; *3)* deixando no meio do quadrado um espaço vazio que se chama de *praça*. A primeira dessas manobras é executada de duas maneiras: uma maneira consiste em duplicar as fileiras - a segunda fileira entra na primeira, a quarta na terceira, a sexta na quinta e assim por diante; assim, tereis, em lugar de oitenta fileiras de cinco homens cada, quarenta fileiras de dez homens cada. Repetireis essa operação e vos restará apenas vinte fileiras de vinte homens cada. Vosso batalhão forma assim aproximadamente dois quadrados, pois ainda que haja tantos homens de um lado quanto de outro, cada soldado tocando o cotovelo de seu vizinho, enquanto aquele que se acha atrás estará separado do outro ao menos duas braças, disso resulta que o batalhão apresentará muito mais profundidade do que largura. Visto que terei que me referir amiúde às distintas partes do batalhão ou do exército inteiro, lembrai-vos que quando eu disser *cabeça* ou *frente* significará a parte dianteira do exército; a *cauda*, as partes posteriores; os *flancos*, as partes laterais. Não misturo nas fileiras os cinqüenta vélites ordinários do batalhão; uma vez esteja este formado, eles se distribuirão nos dois flancos. (Ver figura da pág. 244).

Quanto à segunda maneira de colocar um batalhão em formação de batalha, visto que é muito mais útil do que a primeira, me estenderei mais na descrição dela. Suponho que não esquecestes o número de soldados, de chefes e de armas diferentes que constituem o nosso batalhão. A finalidade dessa manobra é como dissemos, formar o batalhão de vinte fileiras de vinte homens cada, cinco fileiras de lanças na cabeça e quinze fileiras de escudos. Dois centuriões ficam na cabeça, dois outros nas partes posteriores (*cauda*), os quais cumprem a função daqueles que os antigos romanos chamavam de *tergi ductores*; o chefe de batalhão se encontra entre as cinco primeiras fileiras formadas de lanceiros e as quinze últimas de escudeiros. De cada lado das fileiras se posta um decurião, que comanda assim seu *esquadrão*, o da esquerda comandando os dez homens da direita e o da direita os dez homens da esquerda. Os cinqüenta vélites são posicionados nos flancos e nas partes posteriores (*cauda*) do batalhão.

Vejamos agora o que há a fazer para que um batalhão que está em marcha assuma imediatamente essa ordem de batalha. Vossos soldados estão em oitenta fileiras de cinco homens cada uma. Colocais vossos vélites na cabeça ou na cauda, tanto faz, contanto que se encontrem fora das fileiras. Cada centurião tem atrás de si vinte fileiras, das quais as cinco primeiras imediatas são compostas por lanceiros, o resto por escudeiros. O chefe de batalhão se encontra, com os instrumentos sonoros e o estandarte, entre as lanças e os escudos do segundo centurião. Ele ocupa o lugar de três escudeiros. Vinte decuriões se acham à esquerda das fileiras do primeiro centurião, os vinte outros à direita das fileiras do último centurião. Convém lembrar que os decuriões que comandam os lanceiros devem estar armados de lança e aqueles que comandam os escudeiros devem estar munidos de escudos. Se quiserdes, nessa condição, que vossas fileiras se posicionem em formação de batalha para afrontar o inimigo, imobilizareis o primeiro centurião com suas vinte fileiras; o segundo centurião continuará marchando e, realizando um movimento oblíquo à direita, atingirá o flanco esquerdo das vinte primeiras fileiras, se alinhará com o centurião destas fileiras e se deterá; o terceiro centurião prosseguirá marchando e, fazendo um movimento oblíquo à direita, atingirá o flanco esquerdo das fileiras já imobilizadas, se alinhará com os dois centuriões e se deterá; o quarto centurião executará precisamente a mesma marcha e logo dois centuriões deixam a cabeça do batalhão e se dirigem para sua cauda - estando, assim, o batalhão formado na ordem de batalha de que falamos. Os vélites se distribuem nos flancos, como dissemos ao descrever a primeira operação.

A primeira manobra é designada pela frase *dobrar-se por linha reta* e a segunda pela frase *dobrar-se pelo flanco*. A primeira é mais fácil ao passo que a segunda é mais regular, mais segura e mais flexível para ajustar-se às circunstâncias. Na primeira, na verdade, sois forçados a obedecer ao número - de cinco fazeis dez, de dez fazeis vinte e de vinte fazeis quarenta. Duplicando assim por linha reta, não podeis opor ao inimigo uma frente de quinze, vinte e cinco, trinta ou trinta e cinco homens. É forçoso que vos conformais ao número que resulta da duplicação; ora, sucede, com muita freqüência, que numa ação tenhais necessidade de expor ao inimigo uma frente de seiscentos ou oitocentos homens e a linha reta nesta oportunidade vos lançaria em desordem. Prefiro, portanto, a segunda manobra e é necessário que o hábito e o exercício ensinem a superar as dificuldades.

Repito que é sumamente importante que todos os soldados conheçam suas posições e as mantenham sem se confundir, seja em meio aos seus exercícios, seja numa marcha forçada, seja avançando ou recuando, e nos locais mais difíceis. Um soldado bem instruído no que se refere a isso é um soldado experiente, ainda que jamais tenha visto o inimigo, e pode-se até chamá-lo de um veterano. Ao contrário, um soldado inábil nesses exercícios, embora tenha participado de mil combates, terá que ser considerado um novato.

Eis aí o meio de colocar em formação de batalha um batalhão que marcha com base em fileiras estreitas. Mas a coisa mais importante, a efetiva dificuldade, o que requer o máximo de estudos e prática - o principal objeto, numa palavra, da atenção dos antigos, *é saber recolocar o batalhão imediatamente em formação de batalha quando um acidente qualquer, ocasionado pelo terreno ou pelo inimigo, instaura a desordem no batalhão.* Para isso é preciso: *1)* dotar o batalhão de sinais de reunião de tropas dispersas; *2)* dispor os soldados de maneira que os mesmos estejam sempre nas mesmas fileiras. Se um soldado, por exemplo, estava inicialmente na segunda fileira, que ele aí permaneça sempre, não somente na mesma fileira como também no mesmo posto. Os sinais de reunião de tropas dispersas são, nesse sentido, extremamente necessários: é preciso, em primeiro lugar, que o estandarte tenha uma característica suficientemente distintiva para ser facilmente reconhecido em meio aos outros batalhões. É preciso, em seguida, que o chefe de batalhão e os centuriões usem penachos diferentes entre si e de facílima identificação. Porém, o mais importante é distinguir os decuriões: este ponto era tão crucial para os romanos que cada um dos seus decuriões trazia seu número registrado no capacete - eram chamados de *primeiro, segundo, terceiro, quarto,* etc. Mas isto não bastava para eles: cada soldado trazia em seu escudo o número de sua fileira e o número do posto que nela ocupava. Sendo assim todos facilmente identificáveis e habituados a conservar o próprio posto, será fácil, mesmo na maior desordem, recolocar imediatamente a tropa em formação de batalha. Uma vez fixado o estandarte, os centuriões e os decuriões podem, por meio de um só olhar, reconhecer seus postos; e quando cada um, mantendo as distâncias ordinárias, se coloca à esquerda ou à direita; o soldado, guiado pela prática e pelos sinais de reunião de tropas dispersas reencontra sua posição num instante. É como uma pipa que podeis remontar muito facilmente se tiverdes marcado todas as pranchas e que, sem isso, vos é impossível montar novamente. Todas essas disposições são muito fáceis de ser ensinadas no treinamento, são aprendidas muito depressa e dificilmente esquecidas. Afinal, os velhos soldados ali estão para instruir os novos e todo um povo em pouco tempo se tornará assim habilíssimo no ofício das armas.

É de grande proveito também capacitar o batalhão a se voltar rapidamente de maneira que os flancos ou a cauda se convertam na cabeça, se necessário, e a cabeça se converta nos flancos ou na cauda. Nada é mais fácil: basta que cada homem se volte para o lado que lhe é comandado e lá estará sempre a cabeça do batalhão. Cumpre observar que quando se volve pelo flanco, as fileiras perdem suas distâncias. Fazendo meia-volta, a diferença não é sensível, mas volvendo pelo flanco, os soldados não são mais reaproximados, o que constitui um grande vício na disposição ordinária de um batalhão. Neste caso, é mister que a prática e o discernimento deles lhes ensinem a se comprimirem novamente. Mas isso não passa de um ligeiro inconveniente que eles próprios podem eliminar. O que é muito mais importante e exige muito mais prática é fazer volver todo um batalhão como um único bloco. Aqui é preciso prática e habilidade. Se quereis, por exemplo, virar sobre o flanco esquerdo, deveis fazer com que se detenham aqueles que estão à esquerda e moderar a marcha ao centro, de modo que a direita não seja obrigada a correr - ausente tal precaução, as fileiras serão objeto da maior desordem.

Sucede freqüentemente, durante a marcha de um exército, os batalhões que não se encontram na cabeça serem atacados pelos flancos ou pela cauda; nesta conjuntura, um batalhão deve muito rapidamente encetar o combate pelo flanco ou pela cauda. Para que esta manobra possa ser executada sem que o batalhão deixe de conservar ao mesmo tempo a ordem de batalha que estabelecemos, será necessário que ele disponha de suas lanças no flanco em que deverá empreender o combate e seus decuriões, seus centuriões e seu chefe de batalhão nas suas respectivas fileiras. Neste caso, quando vós formais as oitenta fileiras de cinco homens cada, colocais todas as lanças nas vinte primeiras fileiras. Quanto aos seus decuriões, vós os colocais cinco na primeira fileira e cinco na última. As demais sessenta fileiras são compostas dos escudos e formam três centúrias. A primeira e a última fileira dessas centúrias são compostas de decuriões: o chefe de batalhão, o estandarte e os instrumentos sonoros marciais são colocados no meio da primeira centúria dos escudos e os centuriões à cabeça de cada centúria. Nesta condição, se quiserdes dispor de vossas lanças no flanco esquerdo, tereis que colocar vossas centúrias em posição de batalha pelo flanco direito; se quiserdes dispor de vossas lanças à direita, tereis que vos pôr em formação de batalha pelo flanco esquerdo; o batalhão, assim, marcha com todas as lanças num flanco, todos os decuriões na cabeça e na cauda, os centuriões na cabeça e o chefe de batalhão no centro. Quando o inimigo se apresenta e é preciso enfrentá-lo pelo flanco, ordena-se aos soldados que se voltem para o lado das lanças e o batalhão se encontrará perfeitamente na ordem de batalha que estabelecemos; todos se acharão em suas fileiras, salvo os centuriões que nelas se colocam num instante e sem qualquer dificuldade. (Ver figura da pág. 245).

Se durante a marcha, o batalhão teme ser atacado pela cauda, será necessário dispor as fileiras de modo que lhe conferindo formação de batalha as lanças fiquem atrás, para o que a única coisa a fazer é colocar as lanças nas cinco últimas fileiras de cada centúria, em lugar de colocá-las nas cinco primeiras. No que concerne a todo o resto, mantém-se a ordem de costume e a manobra é a mesma.

COSIMO. Dissestes, se bem me recordo, que o objetivo desses exercícios era formar batalhões num exército, ordenando-os assim uns em relação aos outros. Mas se acontecesse que esses quatrocentos e cinqüenta soldados de infantaria fossem, porventura, engajados numa ação particular, qual a disposição que escolheríeis?

FABRÍCIO. O chefe deles deveria julgar, então, onde seria mais vantajoso colocar suas lanças, o que não poderia alterar em nada a ordem que estabelecemos. A despeito do objetivo de nossas manobras ser, de fato, formar um batalhão capaz de combater numa ação bélica geral, não deixam de ser eficazes em todas as ações particulares. Mas ao vos explicar em breve as duas outras maneiras de colocar um batalhão em formação de batalha - o que anunciei anteriormente - poderei responder melhor vossa questão. Se, por vezes, recorremos a essas duas manobras, é unicamente quando um batalhão está isolado de todos os outros.

Para colocar em formação de batalha um batalhão provido de cornos, é necessário dispor as oitenta fileiras de cinco homens em cada. Posicionai atrás de um centurião vinte e cinco fileiras de duas lanças à esquerda e de três escudos à direita; atrás das cinco primeiras fileiras, nas últimas vinte, se acham vinte decuriões entre as lanças e os escudos; os decuriões que portam a lança permanecem com os lanceiros nas cinco primeiras dessas vinte fileiras. Após essas vinte e cinco fileiras vêm: *1)* um centurião seguido de quinze fileiras de escudos; *2)* o chefe de batalhão, os instrumentos dos sons marciais e o estandarte, igualmente seguidos de quinze fileiras de escudos; enfim, *3)* um terceiro centurião seguido de vinte e cinco fileiras, cada uma composta de três escudos à esquerda e de duas lanças à direita e, nas últimas vinte dessas fileiras, são colocados vinte decuriões entre as lanças e os escudos; o quarto centurião fecha as fileiras. Dessas fileiras assim dispostas, se quiserdes formar um batalhão provido de dois cornos, deveis fazer que se detenha o primeiro centurião com as vinte e cinco fileiras que o seguem. O segundo centurião continua a marchar, realizando um movimento oblíquo à direita no flanco direito das vinte e cinco fileiras e, tendo atingido a altura das últimas quinzes destas, ele se detém. O chefe de batalhão faz também um movimento oblíquo à direita dessas quinze fileiras de escudos, se detendo à mesma altura; o terceiro centurião com suas vinte e cinco fileiras e o quarto centurião que o segue, executa a mesma marcha conduzindo-se pelo flanco direito dessas fileiras de escudos. Mas ele não se detém no mesmo ponto e prossegue avançando até que sua última fileira esteja alinhada com a última fileira dos escudos. Então, o centurião que conduziu as primeiras quinzes fileiras de escudos abandona sua posição e se dirige ao ângulo esquerdo da cauda do batalhão. Ter-se-á assim um batalhão de quinze fileiras, de vinte homens cada, com dois cornos de cada lado da cabeça do batalhão, sendo cada um formado por dez fileiras de cinco homens cada. Entre esses dois cornos, restará um espaço que pode comodamente conter dez homens. Aqui se postará o chefe de batalhão, em cada corno um centurião; nas partes posteriores um centurião igualmente em cada ângulo; e nos dois flancos, duas fileiras de lanceiros e uma fileira de decuriões. Esses dois cornos servem para encerrar a artilharia e as bagagens. Os vélites se distribuem nos flancos ao lado das lanças.

Para formar uma *praça* nessa batalhão provido de cornos é necessário tomar as oito últimas das quinze fileiras de vinte homens cada e conduzi-los à extremidade dos dois cornos, que se tornam então as partes posteriores da praça. É aqui que são posicionados as bagagens, o chefe de batalhão e os estandartes, mas não a artilharia, a qual é enviada então à cabeça ou aos flancos do batalhão. Esta manobra é útil quando é preciso passar por locais suspeitos; porém, a ordem de um batalhão sem cornos e sem praça é ainda preferível. E, entretanto, quando é imperioso proteger homens desarmados, a disposição do batalhão provido de cornos é bastante necessária. (Ver figura da pág. 246).

Os suíços possuem ainda várias outras disposições de batalha, entre elas aquela que apresenta a forma de uma cruz; colocam seus fuzileiros no espaço formado pelos braços da cruz. Mas todas essas manobras só se revelam boas em ações militares particulares e meu único objetivo sendo a formação de vários batalhões para combate conjunto, é inútil discorrermos sobre isso aqui.

COSIMO. Acredito compreender muito bem vosso sistema de exercícios para os soldados desses batalhões, mas creio também, se a memória não me trai, que além desses dez batalhões tendes ainda em vossa brigada mil lanceiros extraordinários e quinhentos vélites extraordinários. Não quereis também treiná-los?

FABRÍCIO. Sem dúvida e com especialíssimo cuidado. Treinaria esses lanceiros por companhias da mesma maneira que os batalhões e me serviria mais deles do que destes para todas as ações particulares, quando se tratasse de fornecer uma escolta, submeter o país inimigo a um tributo e outras operações semelhantes. Quanto aos vélites, eu os treinaria nas suas próprias casas, sem reuni-los; como estão destinados a combater sem ordem de batalha, não faz sentido reuni-los para exercícios comuns. Bastará que sejam bem instruídos nos exercícios particulares.

É necessário, portanto, pois vale a pena repeti-lo sempre, treinar cuidadosamente os soldados de vossos batalhões a se manter em suas fileiras, reconhecer seus postos e a se reunir quando o inimigo ou problemas do terreno os tenham lançado à desordem. Uma vez tenham se habituado a tudo isso, será fácil ensinar a um batalhão que posto deverá ocupar e quais são suas operações no exército. Todo Príncipe e toda república que empregar todos os seus cuidados e todo o seu zelo no estabelecimento em seus domínios de um exército assim organizado e a prática de tal treinamento estará certo de contar constantemente com excelentes soldados, superiores a todos os seus vizinhos, destinados a impor e não receber a lei de outros. Mas, como eu afirmei, a desordem de nossos governos só nos transmite a indiferença e o desprezo por essas instituições. O resultado é termos péssimos exércitos e se nestes se encontram alguns chefes ou alguns soldados verdadeiramente capazes, são impossibilitados de dar a menor prova disso.

COSIMO. Que equipagem desejaríeis que acompanhasse cada um desses batalhões?

FABRÍCIO. Em primeiro lugar, não permitiria a nenhum dos centuriões ou decuriões ir a cavalo; e se o chefe de batalhão disso estivesse muito desejoso, eu lhe concederia um mulo e não um cavalo. Disponibilizaria os carros de transporte, um para cada centurião, e dois para três decuriões, pois me proponho a alojá-los juntos como vos direi adiante. Cada batalhão teria assim trinta e seis carros de transporte que transportariam todas as tendas e utensílios de cozinha, os machados e estacas necessários para acampamento. No que toca ao resto da bagagem, eles próprios a carregariam se não estiverem com excesso de peso.

COSIMO. Não duvido da utilidade dos chefes que tendes em cada batalhão, mas não receais que tantos comandantes possam levar à confusão?

FABRÍCIO. Isto aconteceria se não dependessem todos de um único chefe, e esta dependência estabelece a ordem. É preciso compreender que sem esse número de oficiais, é impossível conduzir um batalhão. É como um muro que, ameaçando desmoronar em todas as partes, necessita mais de muitos pequenos esteios do que de vigorosas vigas, pois toda a solidez de uma dessas vigas é incapaz de impedir que a uma certa distância o muro desmorone. É necessário, portanto, que num exército entre cada dez soldados haja um que, mais ativo, audaz, ou, ao menos, dotado de mais autoridade, os controle e os lance ao combate através de sua coragem, suas palavras e seu próprio exemplo. O que prova quanto é necessário num exército tudo que acabo de indicar, a saber, os oficiais, as bandeiras e os sons marciais, é o simples fato de os encontrarmos nos nossos exércitos; contudo, não sabemos tirar partido deles. Se queremos que os decuriões prestem todos os serviços que deles devemos esperar, será necessário que cada um deles conheça bem seus soldados, se aloje com eles e fique de guarda com eles, além de combater nas mesmas fileiras. Graças a esta prática, servirão de regra e de referência para manter as fileiras retas e compactas; e se elas vierem a se romper, eles poderão logo restabelecê-las. Mas os nossos sub-oficiais só são bons hoje para receber um soldo mais apreciável e participar de algum conflito particular. Algo semelhante ocorre no que respeita aos estandartes, os quais não destinamos a qualquer uso militar, mas somente às paradas. Os antigos, ao contrário, deles se serviam como de um elemento de orientação e um sinal de reunião das tropas dispersas. Quando o estandarte era imobilizado, cada um, instruído do posto que ocupava junto ao seu estandarte, ali retornava imediatamente. Conforme era ele imobilizado ou mobilizado, deviam eles deter-se ou marchar. É imperioso, portanto, que um exército disponha de muitos diferentes corpos e cada corpo de seu estandarte e seus elementos orientativos: é o meio de lhe transmitir movimento e vida.

Os soldados devem seguir o estandarte e este os sons marciais. Quando estes são bem dirigidos, comandam o exército. Se cada soldado controlar seus passos pelos sons marciais, conservará facilmente seu posto na fileira. Assim, os antigos tinham nos seus exércitos flautas, pífaros e outros instrumentos perfeitamente modulados. Tal como um dançarino jamais se engana nos seus passos se atentar para o compasso, um exército prestando a mesma atenção mantém-se sempre em boa ordem. Os antigos diversificavam as modalidades do som conforme queriam fustigar, moderar ou deter a impetuosidade de seus soldados. A modalidade sonora dórica inspirava a constância; a modalidade frígia, o furor, e conta-se que Alexandre, ouvindo casualmente à mesa essa modalidade frígia, inflamou-se a ponto de levar a mão às suas armas. Seria necessário redescobrir todas essas modalidades e se nelas se encontrasse alguma dificuldade, forçoso seria, ao menos, dedicar-se àquelas que instruem o exército sobre os comandos. Cada um pode alterá-las segundo sua vontade, mas é preciso que o soldado acostume o ouvido a distingui-las bem. Atualmente, a única "qualidade" dos sons marciais é serem ruidosos.

COSIMO. Apreciaria muito que me explicásseis porque as instituições militares foram na atualidade reduzidas a tal menoscabo. Por que são encaradas com tanta apatia e seguidas com tanta negligência?

FABRÍCIO. De bom grado responderei vossa questão. Sabeis que entre os militares renomados contam-se muitos na Europa, poucos na África e ainda menos na Ásia. O que explica essa diferença é o fato de que estas duas últimas partes do mundo tiveram um principado ou dois e poucos Estados republicanos, enquanto houve na Europa alguns reinos e muitíssimas repúblicas. Os homens somente se tornam superiores e exibem suas virtudes quando são empregados e estimulados por seus soberanos, em principados ou repúblicas. Onde há muitos soberanos, homens valentes surgem em grande quantidade; tornam-se raros quando o número de soberanos é reduzido. No que concerne à Ásia, se citarmos Nino, Ciro, Artaxerxes e Mitrídates, restará poucos grandes generais para serem mencionados. Se desconsiderardes a antiguidade egípcia, só encontrareis na África Maximissa, Jugurta e os generais da república de Cartago. Mas seu número é bem modesto se comparado ao que produziu a Europa, a qual gerou uma grande quantidade de grandes homens, cujo número seria ainda maior se pudéssemos a ele adicionar todos aqueles que a malevolência dos tempos condenou ao esquecimento, pois o mundo foi mais virtuoso onde existiram mais Estados que favoreceram a virtude quer devido à necessidade, quer devido a algum outro poderoso interesse humano.

Na Ásia surgiram poucos grandes homens porque concentrada quase que inteira sob um único Império, sua imensidão a mantinha o mais das vezes em paz e detinha todos os esforços de um gênio empreendedor. O mesmo ocorreu na África, salvo em Cartago, onde apareceram alguns nomes ilustres, uma vez que é de se notar que surgem muito mais homens valorosos numa república do que numa monarquia: na primeira honra-se a virtude; na segunda ela é temida; na primeira o mérito é estimulado; na segunda busca-se sufocá-lo.

A Europa, ao contrário, repleta de repúblicas e monarquias, sempre temerosas umas das outras, era forçada a manter fortes suas instituições militares e ter em alta estima seus grandes comandantes. A Grécia, além do reino da Macedônia, contava com várias repúblicas, sendo que todas elas produziram homens de grandíssimo valor. A Itália era habitada pelos romanos, samnitas, etruscos e gauleses cisalpinos; a Gália, a Germânia e a Espanha estavam divididas num grande número de repúblicas e monarquias. E se conhecemos, em confronto com os romanos, apenas um reduzidíssimo número de seus heróis, é preciso disso acusar a parcialidade do historiadores que, com muita freqüência, adeptos da fortuna, só celebram os vitoriosos. Mas não se pode duvidar que tenham aparecido numerosos grandes generais entre os etruscos e os samnitas, os quais combateram os romanos por cento e cinqüenta anos antes de serem subjugados. Pode-se dizer o mesmo das Gálias e da Espanha. Mas aquela virtude que os historiadores recusam aos indivíduos, eles a atribuem inteira aos povos dos quais exaltam até o entusiasmo e a contínua obstinação na defesa de sua liberdade.

Se é verdade que o número dos homens valorosos depende do número dos Estados, é preciso disso concluir que quando estes últimos se debilitam, o número dos homens valorosos decresce com as poucas oportunidades de manifestar seu valor. Quando o Império romano cresceu e levou a destruição a todos os principados e repúblicas da Europa e da África e à maior parte daqueles da Ásia, não restou mais lugar à virtude senão em Roma, e os homens valorosos se tornaram tão raros na Europa quanto na Ásia. Como só havia então virtude nesta capital do mundo, o primeiro gérmen da corrupção contaminou a corrupção do mundo inteiro. E os bárbaros devastaram implacavelmente um Império, que tendo extinguido a virtude dos outros, não pôde conservar a sua.

A partilha que essa inundação de bárbaros fez do Império romano não foi capaz de recuperar na Europa essa antiga virtude militar: primeiro porque não se retorna facilmente a instituições caídas em desuso; em segundo lugar, deve-se disso acusar os novos costumes introduzidos pela religião cristã. Não há mais tanta necessidade de resistir ao inimigo. Outrora o derrotado era massacrado ou reduzido perpetuamente a uma vida miserável de escravo. As cidades tomadas eram saqueadas ou delas eram expulsos seus habitantes depois de serem despojados de todos os seus bens; eram dispersados pelo mundo inteiro. Enfim, não havia miséria que não fosse suportada pelos vencidos. Todo Estado, apreensivo com tantas infelicidades, mantinha seus exércitos em atividade e conferia magnas honras a todo militar que se destacava. Hoje, em grande parte, todas esses temores não existem mais. A vida dos derrotados é quase sempre respeitada, não são mantidos por muito tempo prisioneiros e recuperam sua liberdade muito facilmente. Uma cidade pode se rebelar vinte vezes sem ser jamais destruída. Os habitantes conservam todas as suas propriedades e tudo que têm a temer é pagar uma contribuição. Assim, as pessoas não querem mais se submeter às instituições militares e suportar a fadiga dos exercícios a fim de escapar de perigos não mais temidos. Ademais, as diferentes regiões da Europa contam agora com um pequeno número de soberanos se comparados ao número de outrora: a França toda obedece a um rei; a Espanha inteira a um outro e a Itália não é muito dividida. Os pequenos Estados adotam o partido do vencedor e os Estados poderosos, pelas razões que acabo de indicar, nunca têm a recear uma ruína total.

COSIMO. Temos visto, entretanto, há vinte e cinco anos, cidades saqueadas e Estados aniquilados. Este exemplo deveria servir de lição para os outros e fazê-los compreender a necessidade de voltar às antigas instituições.

FABRÍCIO. Isto é verdade. Mas observai quais as cidades que têm sido saqueadas e não vereis entre elas uma capital, mas sempre uma cidade de importância secundária: Tortona[46] e não Milão, Cápua[47] e não Nápoles, Brescia[48] e não Veneza, Ravena[49] e não Roma. Tais exemplos não mudam, de modo algum, o sistema dos governantes; seu único efeito é estimular neles um grande desejo de obter indenização através de impostos. Não desejam se sujeitar aos apuros dos exercícios militares - encaram tudo isso como inútil

---

46. Foi invadida e saqueada pelos franceses em 1499 no reinado de Luís XII. Este rei, na verdade, desejava atacar o ducado de Milão.
47. Saqueada em 1501.
48. Em 1512.
49. Em 1512.

ou uma coisa que escapa à compreensão deles. Quanto àqueles que perderam o Estado e deviam com esses exemplos se apavorar, não dispõem mais de meios para reparar o erro. Assim, uns renunciam a essas instituições por impotência, outros por ignorância e falta de vontade; por uma questão de comodidade, remetem-se mais à sorte do que à própria virtude. Percebem, com efeito, que na ausência da virtude, a sorte adquire força e preferem submeter-se a ela do que submetê-la.

Posso, para corroborar a verdade de minha opinião, citar-vos a Alemanha. É o grande número de Estados (principados e repúblicas) que ela encerra que mantém ali atuante a virtude militar. E tudo que atualmente há de bom nos nossos exércitos devemos a esses povos. Ciosos de seu poder, esses Estados receiam a escravidão e sabem, assim, preservar a autoridade e a deferência que lhes é devida. Eis aí as causas que, parece-me, explicam a apatia manifestada hoje pela virtude marcial. Não sei se os julgais razoáveis e se vos resta ainda alguma dúvida a respeito disso.

COSIMO. Não, nenhuma. Esse tópico ficou para mim perfeitamente demonstrado. Só vos peço, para que retornemos ao nosso assunto central, que me comuniqueis de que maneira disporíeis vossa cavalaria com os batalhões, qual o número de cavaleiros e, enfim, quais chefes e quais armas desejaríeis conceder à cavalaria.

FABRÍCIO. Não vos surpreendeis se parece que esqueci essa parte de meu assunto. Tenho duas razões para a ela me referir extremamente pouco: a primeira é que a força real de um exército reside em sua infantaria; a segunda é que nossa cavalaria é menos ruim do que nossa infantaria e, se não é melhor do que a dos antigos, é, ao menos, a esta comparável. De resto, já discorri sobre a maneira de treiná-la. Quanto às armas que lhe cabem, não alteraria nada daquilo que está em uso hoje tanto para a cavalaria ligeira quanto para os soldados que portam armas mais pesadas. Desejaria somente que a cavalaria ligeira fosse na sua totalidade armada de bestas a estas se misturando alguns fuzis -[50] ainda que

---

50. Colonna incorre aqui numa certa incoerência, pois anteriormente ressaltou a importância do fuzil. É estranho que o associe agora a manobras secundárias destinadas à cavalaria.

estes nas operações bélicas ordinárias sejam de escassa utilidade, pode-se deles tirar grande proveito quando se trata de semear o medo entre os camponeses e desalojá-los de uma passagem que desejassem proteger. Eles têm mais medo de um fuzileiro do que de vinte outros soldados portando outras armas.

Cumpre agora fixar o número de membros da cavalaria. Posto que imitamos as legiões romanas, não concederia a cada brigada senão trezentos cavaleiros, dos quais cento e cinqüenta soldados pesados e os outros cento e cinqüenta cavalo-ligeiros; cada um desses dois corpos teria um chefe de esquadrão, quinze decuriões, um som marcial e um estandarte. Entregaria cinco carros de transporte para dez soldados pesados e dois para dez cavalo-ligeiros. Como aqueles da infantaria, carregariam tendas, utensílios de cozinha, machados e estacas, além do resto da equipagem, se ainda houvesse lugar para isto. E não criticai esta regra por mim imposta pelo fato de hoje esses soldados pesados terem quatro cavalos ao seu serviço, o que é enormemente abusivo. Na Alemanha, os soldados pesados dispõem de um só cavalo e um só carro de transporte serve a vinte deles no transporte de sua bagagem. A cavalaria romana também não contava com esse privilégio, sendo perto dela alojados somente os triários,[51] que os auxiliavam no penso dos cavalos. Trata-se de uma prática a ser imitada por nós, do que voltarei a falar quando discorrer sobre os acampamentos; e erramos crassamente ao negligenciar, como fazemos, o exemplo que nos foi dado pelos romanos e que nos dão hodiernamente os alemães.

Esses dois esquadrões, que integrariam a brigada, poderiam, por vezes, se reunir nas mesmas ocasiões dos batalhões e treinar em conjunto para ações bélicas de menor monta, mais para aprender a se reconhecerem do que para uma efetiva ação necessária. Mas basta no que tange a este assunto. Nossa próximo tópico diz respeito a pôr um exército em condição de atacar o inimigo e vencê-lo. Este é o propósito de um exército e de todos os cuidados que são tomados para formá-lo.

---

51. Soldados, geralmente veteranos, que compunham a terceira linha.

Livro III

COSIMO. Visto que estamos mudando o tema do discurso, solicito que um outro seja incumbido de propor as questões, mesmo porque não quero, de modo algum, ser apontado como presunçoso. Assim abdico de minha posição de interlocutor e a transfiro àquele entre meus amigos que deseje assumi-la.

ZANOBI. Seria de nosso sumo agrado que vós continuásseis, porém uma vez que vosso desejo é diferente, designai, ao menos, o vosso sucessor.

COSIMO. Prefiro deixar tal tarefa aos cuidados do Sr. Fabrício.

FABRÍCIO. E eu me encarrego dela com prazer, propondo-vos adotar o método dos venezianos que dão a palavra sempre ao mais jovem. A guerra é uma atividade dos jovens e estes estão em melhores condições tanto de discorrer sobre ela quanto de executá-la.

COSIMO. Cabe, então a vós, Luiz[52] e me alegro por serdes meu substituto além de crer que vós, Sr. Fabrício, por certo vos contentará com tal interlocutor. Mas, sem perdermos mais tempo, voltemos à matéria.

FABRÍCIO. Para esclarecer relativamente às melhores formas de dispor um exército para a batalha, será preciso, antes de tudo, explicar qual era, nesse sentido, o método dos gregos e dos roma-

---

52. *Luigi Alamanni*, poeta florentino, amigo de Cosimo e de Maquiavel, nasceu em 1495 e morreu em 1556.

nos. Como os autores da antigüidade são pródigos em esclarecimentos a respeito do que desejaríeis conhecer, omitirei aqui muitas particularidades e me aterei somente aos diversos aspectos cuja imitação hoje me parece útil a fim de lograr para o nosso sistema militar um certo estágio de aperfeiçoamento. Assim, me proponho a mostrar-vos concomitantemente como se deve dispor um exército para a batalha (colocá-lo em formação de batalha), colocá-lo em condições de travar um combate efetivo e treiná-lo em combates simulados.

O maior erro a ser cometido por aqueles que dispõem um exército para a batalha é avançar com um único corpo de soldados numa só frente, na expectativa de assegurar a vitória num único ataque. A causa desse erro está vinculada ao desprezo pelo método antigo, segundo o qual se recebe uma linha do exército dentro de uma outra linha, único meio de amparar o primeiro corpo de batalha, defendê-lo e substituí-lo no combate. Isto era algo que os romanos observavam meticulosamente. Dividiam cada legião em *hastati*,[53] *principes*[54] e *triarii*.[55] Os hastários, que compunham o primeiro corpo de batalha, integravam fileiras sólidas e compactas, marchando atrás deles os príncipes, cujas fileiras eram mais separadas, e finalmente vinham os triários, que mantinham intervalos tão grandes nas suas fileiras que pudessem acomodar, se necessário, os príncipes e os hastários. O exército romano, além desses, contava com os fundibulários, os besteiros e outros soldados ligeiramente armados que não integravam as fileiras, mas que eram colocados à testa do exército, entre a infantaria e a cavalaria. Esses soldados encetavam o combate e se, sagrados vitoriosos, o que ocorria raramente, davam prosseguimento à sua vitória; se repelidos, recuavam pelos flancos do exército ou pelos intervalos criados para essa finalidade, e iam se postar na parte posterior do exército. Os hastários avançavam, então, e caso se vissem superados pelo inimigo, recuavam lentamente pelas fileiras

---

53. Os hastários [*hastati (-orum)*], de *hasta* (lança) eram precisamente os soldados infantes de primeira linha que lutavam com lanças.
54. Os *príncipes* eram soldados de segunda linha: ficavam logo atrás dos *hastários*.
55. Os triários eram soldados da terceira linha.

dos príncipes e com o reforço destes renovavam o combate. Se fossem ainda vencidos, ingressavam nos intervalos dos triários e agora, reunidos num só bloco, marchavam novamente contra o inimigo e, se repelidos pela terceira vez, não lhes restava mais nenhum meio de retomar a refrega. A cavalaria estava nos flancos do exército e sua configuração era de duas asas sobre um corpo; combatia ora montada, ora (isto freqüentemente) se necessário, a pé junto com a infantaria. Esse método de alternar três vezes a formação de batalha costuma tornar um exército quase invencível, pois seria necessário que a sorte o abandonasse três vezes seguidas e que o inimigo fosse muito superior em forças e coragem para que mantivesse tantas vezes a vantagem no campo de batalha.

A falange dos gregos não utilizava esse método para restabelecer o combate. Ainda que nela se contasse numerosos chefes e fileiras de soldados, ela nunca formava senão um só corpo de batalha. As fileiras não ingressavam, como no caso dos romanos, umas nas outras, mas o soldado se deslocava individualmente como vos explicarei. Quando a falange formada por fileiras, digamos, de cinqüenta homens cada uma se chocava com o inimigo, de todas essas fileiras as seis primeiras podiam combater, uma vez que suas lanças, chamadas de *sariças*, eram tão longas que a sexta fileira ultrapassava a primeira somente pela ponta de sua lança. No momento em que no calor da refrega algum soldado da primeira fileira caía morto ou ferido, era imediatamente substituído por aquele da segunda fileira que estava atrás dele - este pelo soldado da terceira fileira, e as últimas fileiras preenchiam sucessivamente os vazios das primeiras, de modo que estas estavam sempre íntegras, não havendo nenhum posto sem combatente, exceto na última fileira que, não dispondo de meio algum de ser preenchida, se esgotava incessantemente e sofria sozinha as perdas das primeiras fileiras. Assim, por essa disposição da falange, podia-se antes aniquilá-la do que rompê-la, sua compacticidade a tornando quase imóvel.

Os romanos começaram por adotar a falange e formaram, inicialmente, suas legiões com base nesse modelo. Mas não demoraram a se desgostar desse método e dividiram suas legiões em diferentes corpos, isto é, em coortes ou manípulos. Foram da opinião, como já observei, de que um exército tinha tanto mais força quanto mais tivesse estímulos diversos, mais corpos diferentes, dos quais cada um possuía movimento e vida particulares.

    Atualmente, os suíços adotam cabalmente a falange grega. Formam, como os gregos, batalhões densos e compactos, e se mantêm da mesma maneira no combate. Face ao inimigo, dispõem os batalhões numa mesma linha, ou, em caso de formá-los por escalonamentos, é apenas para que o primeiro batalhão possa se retirar nas fileiras do segundo. Eis aqui, então, a ordem de batalha deles para apoio mútuo. Colocam um batalhão na dianteira e outro na retaguarda, um pouco à direita do primeiro, de modo que se este último tem necessidade de apoio, o outro possa marchar em seu socorro. Um terceiro batalhão se posiciona atrás dos dois primeiros, mas à distância de um tiro de fuzil. Esta grande distância possibilita que, se os dois primeiros forem derrotados, terão espaço suficiente para a retirada, e o terceiro para avançar sem que colidam entre si, pois uma multidão desordenada não pode ser recebida nas fileiras como uma tropa menos considerável. Ao contrário, os corpos pouco numerosos e bem distintos que formavam a legião romana entravam facilmente uns nos outros e se prestavam assim a um mútuo apoio, e o que prova a superioridade do método dos romanos sobre o método atual dos suíços, é o fato de que todas as vezes que as legiões romanas tiveram que enfrentar as falanges gregas, as destruíram completamente, visto que a maneira dos romanos de renovar seu exército e restabelecer o combate associada à natureza de suas armas produzia efeitos muito mais positivos do que toda a solidez da falange.

    Diante da tarefa de formar um exército com base nesses exemplos, me propus a utilizar as armas e as manobras tanto das falanges gregas quanto das legiões romanas. Foi a razão de ter dado à nossa brigada duas mil lanças, que são as armas da falange macedônia e três mil escudos acompanhados de espadas, armas dos romanos. Dividi a brigada em dez batalhões, tal como os romanos dividiam a legião em dez coortes. Quis, assim, que eles, os vélites, ou seja, os soldados de armas leves, fossem os iniciadores do combate. Nossa ordem de batalha e nossas armas são emprestadas das duas nações, cada batalhão tendo na sua cabeça cinco fileiras de lanças, ao passo que o resto das fileiras é constituído por escudos. Posso, com a dianteira de meu exército resistir à cavalaria do inimigo e franquear seus batalhões de infantaria, pois ao primeiro impacto terei, como ele, as lanças para contê-lo e logo meus escudos para vencê-lo.[56]

Se atentardes bem para essa ordem de batalha, vereis que todas essas armas estão adequadamente posicionadas para cumprirem sua função. As lanças são absolutamente necessárias contra a cavalaria, o sendo também contra a infantaria antes do embate dos exércitos e o calor da refrega; entretanto, a partir deste momento se tornam inúteis. A fim de remediar este inconveniente, os suíços colocam atrás de três fileiras de lanças uma fileira de alabardas, com o que pretendem dar espaço às suas lanças. Mas isto não é suficiente. Nossa lanças, que estão na dianteira, enquanto os soldados escudeiros estão atrás, servem para conter a cavalaria e, no início da ação, para franquear as fileiras da infantaria e aí instaurar a desordem; mas quando o combate se estreita e as lanças se tornam inúteis, cedem lugar aos escudos e espadas, os quais é possível manejar com facilidade no mais exíguo espaço da refrega.

LUIZ. Estamos ansiosos para saber como, munidos dessas armas e com vossos soldados assim dispostos, disporíeis vosso exército para batalha.

FABRÍCIO. É onde brevemente vou chegar. É preciso que sabeis, primeiramente, que num exército romano ordinário, ao qual se dava o nome de *exército consular*, havia somente duas legiões de cidadãos romanos que constituíam cerca de seiscentos membros da cavalaria e onze mil da infantaria; a este contingente era somado um número semelhante de integrantes de infantaria e de cavalaria que eram enviados pelos aliados dos romanos. Estas

---

56. Evidentemente, quando Maquiavel diz *escudos*, o leitor deve entender soldados armados de escudos e *espadas*, uma vez que sendo o escudo uma arma defensiva e não ofensiva, seria impossível lutar e vencer uma batalha sem empunhar e utilizar uma arma ofensiva, que no caso é a espada.

últimas tropas eram divididas em dois corpos, sendo um chamado de *asa direita* e o outro de *asa esquerda*. Essa infantaria auxiliar jamais excedia o número da infantaria das legiões; somente a cavalaria era mais numerosa do que a cavalaria romana. Era com esse exército de vinte e dois mil soldados de infantaria e cerca de dois mil cavaleiros que um cônsul devia resistir à toda espécie de inimigo e levar a cabo todos os seus empreendimentos. Mas quando era necessário deter um inimigo muito perigoso, os dois cônsules uniam seus dois exércitos.[57]

É ainda necessário observar que nas três principais situações nas quais se pode encontrar um exército, a saber, em marcha, no acampamento ou em campo de batalha, os romanos dispunham sempre *suas* legiões no centro do exército; queriam com isso, como demonstrarei quando tratar desses três tópicos principais, concentrar o máximo possível as tropas em cuja coragem mais confiavam. De resto, essa infantaria auxiliar, convivendo constantemente com as legiões, mantida sob a mesma disciplina e observando a mesma ordem de batalha, prestava aproximadamente os mesmos serviços. Assim, quando se conhecia a ordem de batalha de uma legião, conhecia-se a ordem de todo o exército. Tendo-vos, portanto, explicado como os romanos dividiam uma legião em três linhas de batalha, nas quais uma absorvia a outra, vos instruí sobre a disposição geral de todo o exército romano.

Uma vez que quero imitar a ordem de batalha dos romanos, tomarei duas brigadas assim como eles tinham duas legiões. A disposição delas será idêntica a de um exército inteiro, pois se se tem um maior número de tropas, a única coisa a fazer é reforçar as fileiras. É inteiramente ocioso, penso, vos dizer de quantos homens é composta uma brigada, vos repetir que é formada de dez batalhões, vos ensinar quantos oficiais aí estão presentes, como é ela armada, o que são lanceiros e vélites extraordinários, já que tudo isso já vos foi claramente explicado, pelo que vos advirto que vos lembreis disso como algo indispensável para a compreensão

---

57. Nada disto, entretanto, tornou os exércitos romanos invencíveis, pois Aníbal, o cartaginês, os derrotou mais de uma vez durante a segunda guerra púnica (218 - 201 a.C.) na Itália.

de todas nossas manobras. E assim creio poder prosseguir sem mais me deter nisso.

Disponho os dez batalhões de uma brigada à esquerda do exército e os dez batalhões da outra brigada à direita; quanto aos dez batalhões da esquerda, coloco cinco batalhões à cabeça, dispostos na mesma linha e separados um do outro pela distância de quatro braças; ocuparão, assim, cento e quarenta e uma braças do terreno em termos de largura e quarenta de profundidade; atrás desses cinco batalhões, disponho três outros a uma distância direta de quarenta braças: dois destes batalhões se alinham com os dois últimos dos cinco, o restante ficando ao centro; esses três batalhões ocupam assim na largura e na profundidade o mesmo espaço dos cinco primeiros, com a diferença de que estes são separados somente por quatro braças e aqueles por trinta e três. Finalmente, atrás desses três batalhões, coloco os dois últimos a uma igual distância direta de quarenta braças, cada um alinhado com a direita e a esquerda das duas primeiras linhas e separados, assim, um do outro pela distância de noventa e uma braças. Todos esses batalhões, dispostos desta maneira, ocupam, portanto, em largura cento e quarenta e uma braças e em profundidade, duzentas. A uma distância de vinte braças, espalho sobre o flanco esquerdo desses batalhões as lanças extraordinárias, que formam cento e quarenta e três filieiras de sete homens cada e cobrem todo o flanco esquerdo dos dez batalhões dispostos da forma que acabo de descrever. As quarenta fileiras restantes têm a função de proteger a equipagem e todo o resto do exército posicionado na cauda. Os decuriões e os centuriões manterão seus postos costumeiros; e dos três chefes desses lanceiros, um ficará na cabeça, o segundo no centro e o terceiro na última fileira, atuando como *tergi ductor*, com esta expressão designando, os romanos, aquele que se postava nas parte posterior do exército.

Mas retorno à cabeça do exército e disponho à esquerda das lanças extraordinárias os vélites extraordinários, que constituem, como o sabeis, quinhentos homens; eles ocuparão um espaço de quarenta braças. Ao seu lado, sempre à esquerda, estão os soldados pesadamente armados, aos quais está reservado o espaço de cinqüenta braças, e, enfim, a cavalaria ligeira, que ocupa o mesmo espaço. Deixo os vélites ordinários em torno de seus respectivos batalhões ocupando os intervalos que separam cada batalhão - eles estarão, por assim dizer, às ordens desses batalhões, a menos que eu opte por colocá-los sob as lanças extraordinárias, o que decidirei segundo as circunstâncias. Será indiferente, também, o comandante da brigada posicionar-se entre a primeira e a segunda linha dos batalhões ou à cabeça, entre os lanceiros extraordinários e o primeiro batalhão da esquerda. Ele terá em torno de si trinta a quarenta homens selecionados, suficientemente inteligentes para levar a cabo corretamente uma ordem imprevista, e suficientemente corajosos para conter um impacto do inimigo. Dos seus lados estão o estandarte e os instrumentos sonoros marciais. (Ver figura da pág. 247).

Tal é a ordem de batalha que atribuirei a brigada da esquerda, isto é, à *metade* do exército. Ela terá de largura quinhentas e onze braças e duzentas de profundidade, como já mencionei; não estou computando, neste último número, o destacamento dos lanceiros extraordinários que guardam as equipagens e contam com cerca de cem braças. Disporei exatamente da mesmo maneira a brigada da direita, deixando entre as duas um espaço de trinta braças onde colocarei algumas peças de artilharia e, atrás desta artilharia um general de todo o exército com os instrumentos sonoros marciais e o estandarte geral. Ele estará circundado por, no mínimo, duzentos soldados selecionados, a maioria de infantaria e entre os quais se encontrarão dez capazes de executar qualquer ordem que seja. O general estará de tal forma armado que possa montar ou se manter desmontado, conforme a necessidade.

A artilharia do exército para o ataque de praças fortes necessita somente de dez canhões que não devem carregar mais do que cinqüenta libras de carga. Em campanha, eu me serviria mais dela para a defesa do acampamento do que para um confronto no campo de batalha. Gostaria que a outra artilharia fosse preferivelmente de dez do que de quinze libras de carga. Eu a colocaria na cabeça do exército se o terreno não oferecesse suficiente segurança que me possibilitasse colocá-la nos flancos, de sorte que ela nada tivesse a temer do inimigo.

Tal ordem de batalha possui elementos da falange grega e da legião romana: a cabeça (dianteira), eriçada de lanças, é formada por fileiras compactas, podendo assim reparar, como a falange, as perdas de suas primeiras fileiras através das últimas. Por outro lado, se for repelida a ponto de suas fileiras serem lançadas à desordem, poderá se retirar nos intervalos da segunda linha de batalhões colocados atrás, aqui retomar sua formação num só corpo maciço, deter-se novamente e combater o inimigo; e se for ainda repelida, lhe será possível retirar-se ainda para a terceira linha e se reengajar na ação. Assim, como se pode depreender, esse exército desenvolve o combate a um modo combinado de gregos e romanos.

Quanto ao mais, como conceber exército mais poderoso do que este, que está fartamente munido em todas as suas partes de chefes e armas, que não apresenta nenhum lado fraco exceto nas partes posteriores onde se encontram as equipagens, e que mesmo neste ponto possui um amparo representado pelo destacamento das lanças extraordinárias. Impossível ao inimigo atacá-lo em qualquer ponto no qual não esteja preparado para o combate, pois insisto em declarar que as partes posteriores não têm nenhum perigo a temer. Não existe inimigo algum que disponha de forças tão numerosas que o capacitem a vos atacar por todos os lados, pois neste caso não tomareis vós a iniciativa do ataque. Supondo que ele seja três vezes mais poderoso do que vós e que disponha de uma ordem de batalha tão excelente quanto a vossa, se enfraquecerá na tentativa de envolver-vos; e se conseguirdes fazer uma brecha em alguns dos pontos do seu exército, levareis à ruína todas as suas disposições. Se a cavalaria desse inimigo, mais forte do que a vossa, demolir a vossa, as fileiras de lanceiros que vos circundam de todas as partes deterão a investida dela. Os oficiais estão posicionados de forma a poder facilmente receber e transmitir as ordens. Os intervalos que separam cada batalhão e cada fileira de soldados não somente facilitam a retirada em caso de malogro, como demonstrei, como também facultam um espaço livre aos encarregados pela transmissão das ordens do general.

Disse-vos que o exército romano era composto por cerca de vinte e quatro mil homens, o qual será o número de nosso exército. E como as tropas que prestavam auxílio aos romanos imitavam a ordem de batalha e o modo de combate das legiões, da mesma forma as tropas que associardes às vossas duas brigadas devem acatá-las. A ordem de batalha traçada por mim deve vos servir de diretriz a esse respeito, pois se quiserdes duplicar o número dos batalhões ou dos soldados de vosso exército, bastará duplicar as fileiras dos batalhões dos soldados, a saber, em lugar de dez batalhões, dispor vinte à esquerda ou reforçar as fileiras de vossos soldados. As características de vosso inimigo ou a natureza do terreno vos prescreverão, então, o que devereis fazer.

LUIZ. Na verdade, Sr. Fabrício, parece-me já ter vosso exército diante dos olhos. Ardo de desejo de vê-lo pôr-se em ação. Não desejaria por nada deste mundo que imitásseis Fábio Máximo - que vos conservásseis distante do inimigo, adiásseis a peleja e vos mantivesses na defensiva. Creio que bradaria mais alto contra vós do que o fez o povo romano contra Fábio.

FABRÍCIO. Não receais quanto a isso. Mas não ouvis já o estrondo dos canhões? Os nossos fizeram fogo sem ter causado muito dano ao inimigo. Os vélites extraordinários e a cavalaria ligeira deixam seus postos, se espalham o máximo que podem e aos altos brados assaltam o inimigo com furor. A artilharia dele fez uma única descarga que passou sobre a cabeça de nosso exército, mas a ele não causou mal algum. Para que não pudesse fazer uma segunda descarga, nossos vélites e nossa cavalaria se arrojam ao combate com rapidez, obrigando o inimigo a se defender. O resultado é que de ambos os lados a artilharia se torna inútil. Admirai a bravura e a disciplina de nossas tropas ligeiras afeitas ao combate graças a longos e árduos exercícios e plenas de confiança no exército que as segue. Ei-lo então que no seu passo se move juntamente com as tropas que abriram caminho e avança contra o inimigo. Nossa artilharia, para o revezamento, se retira para os intervalos de onde saíram os vélites. O general incita seus soldados e lhes promete uma segura vitória. Os vélites e a cavalaria ligeira se retiram para as laterais com a missão de castigar os flancos do inimigo. Vede o real embate dos exércitos. Com que coragem e com que silêncio os nossos sustentaram o impacto do inimigo! O general ordenou aos soldados que sustentem a refrega sem se afastarem da linha da infantaria. Vistes nossa cavalaria ligeira caindo sobre uma companhia de fuzileiros que pretendia nos atacar pelo flanco e a cavalaria inimiga vindo em seu socorro, de maneira que misturados de perto entre as duas cavalarias, os fuzileiros ficam impossibilitados de utilizar suas armas e se retiram atrás de seus batalhões? Mas nossos lanceiros repeliram com furor o inimigo e a infantaria já está tão próxima que seus serviços são agora desnecessários; fiéis às suas instruções, eles se retiram lentamente através dos escudeiros. Contudo, uma maciça tropa de soldados inimigos repeliu nossos soldados pela esquerda, soldados os quais, segundo as regras que estabelecemos, se põem sob as lanças extraordinárias, onde unidos aos lanceiros, enfrentam novamente o inimigo, o repelem e matam muitos guerreiros adversários. Os lanceiros ordinários dos primeiros batalhões, tendo se retirado atrávés das fileiras dos escudeiros, assumem o combate e vede com que audácia, facilidade e firmeza eles golpeiam o inimigo. Por certo observastes que no calor do combate as fileiras se comprimem tanto que é com dificuldade que se maneja a espada. Vede quão violentamente os inimigos tombam. É que armados somente de uma lança ou uma espada, a primeira excessivamente longa, a segunda diante de um inimigo excelentemente armado, só lhes resta tombar mortos ou feridos, os restantes empreendendo a fuga. A esquerda do inimigo já foi vencida, a direita não tardará a sê-lo também e a vitória caberá a nós. Não foi, afinal, uma batalha coroada de sucesso? De fato, o seria muito mais se me fosse facultado torná-la realidade. Acredito que percebestes que não precisamos da segunda ou da terceira linhas; bastou a primeira para conquistarmos a vitória. Agora só me compete vos perguntar se necessitais de outros esclarecimentos.

LUIZ. Perseguistes vossa vitória com tal ardor que ainda me sinto reduzido ao assombro e a tal ponto aturdido que impossibilitado de momento de vos declarar se me restam dúvidas. Entretanto, totalmente confiante em vossa habilidade, sinto-me à vontade para vos apresentar todas as minhas questões. Dizei-me, para começar, por que fizestes uso uma só vez de vossa artilharia, incumbindo-a de uma única descarga? Por que vos apressastes em remetê-la para a parte posterior do exército, sem mencioná-la novamente? Parece-me que vós dirigistes a artilharia adversária ao vosso bom grado fazendo-a disparar demasiado alto, o que pode efetivamente suceder. Mas se, por acaso, o que por vezes ocorre, a descarga atingisse diretamente vossas tropas, que remédio teríeis contra tal inconveniente? E já que aludi à artilharia, desejo esgotar este tópico para a ele não mais retornar. Tenho escutado com freqüência as pessoas se referirem à ordem de batalha e ao armamento dos antigos como de pouca valia, e mesmo como totalmente ineficazes contra a artilharia, para a qual nenhuma arma é invulnerável, e que derruba as mais compactas e sólidas fileiras. A conclusão é que constitui loucura adotar uma ordem de batalha que não é possível manter por muito tempo contra tais ataques e esfalfar-se empunhando armas que não são apropriadas para vossa defesa.

FABRÍCIO. Vossas reflexões envolvem diversos aspectos e, assim, requerem uma resposta um tanto extensa. É verdade que recorri uma única vez a minha artilharia para um único tiro e ainda assim com reservas. Eis a razão: é menos importante atingir o inimigo do que se garantir contra seus golpes. A única forma de sair ileso do fogo da artilharia é colocar-se fora do seu alcance ou encerrar-se por trás de muros ou em trincheiras e, mesmo assim, desde que sejam bastante resistentes. Ora, um general que se determina ao combate não pode se encerrar atrás de muros ou dentro de trincheiras, nem se colocar fora do alcance da artilharia; diante disto, ou seja, da impossibilidade de se garantir efetivamente contra a artilharia inimiga, é forçoso que a enfrente fazendo uso de todos os meios disponíveis para o menor número de perdas possível. É preciso, portanto, lançar-se à frente de batalha com máxima agilidade e rapidez, sem fazê-lo em bloco e gradativamente. A celeridade do movimento não dará tempo ao inimigo de disparar uma segunda vez e correndo com as fileiras esparsas, menos soldados são atingidos. Mas este movimento é impraticável para uma tropa ordenada em batalha; se ela marchar depressa se desordenará e se avançar com as fileiras esparsas poupará ao inimigo o trabalho de rompê-la e este se infiltrará com facilidade.

Instruí, assim, meu exército de modo a evitar esses dois inconvenientes. Dispus nos flancos mil vélites, com ordem para que corressem acompanhando a cavalaria ligeira contra a artilharia inimiga logo que a nossa houvesse disparado. Não ordenei que disparassem uma segunda vez do nosso lado para que não perdêssemos tempo e a artilharia inimiga o tivesse. A mesma razão que podia me impedir de fazer minha artilharia disparar uma primeira vez deteve-me com relação a uma segunda, pois esta vez ainda o inimigo poderia disparar antes de mim. Conclusão: para inutilizar a artilharia inimiga, o único recurso disponível é atacá-la; se o inimigo a abandona, vós vos apoderais dela; se ele se põe a defendê-la, ele é obrigado a avançar contra vós - quer dizer, em ambos casos a artilharia inimiga se torna inútil.

Parece-me que tais razões dispensam exemplos. Mas os antigos, de qualquer forma, nos fornecem alguns. Ventídio, na iminência de defrontar os partas, cuja força consistia em suas flechas, os deixou se aproximarem até as trincheiras de seu acampamento antes de enfileirar seu exército para batalha, resolvido a encetar imediatamente o combate sem dar tempo aos partas de disparar suas flechas. César narra que numa batalha travada nas Gálias ele foi atacado com tal encarniçamento que seus soldados sequer tiveram tempo de lançar seus dardos segundo o uso dos romanos.[58] Mostra-se, por conseguinte, evidente que para se safar numa batalha do efeito de uma arma que é disparada à distância, só resta correr com máxima velocidade visando a se apoderar dessa arma.

Tinha ainda uma outra razão para marchar rumo ao inimigo sem disparar minha artilharia. Talvez rireis de tal coisa, mas tal razão não me parece desprezível. Nada há que mais semeie a confusão num exército do que o fato de transtornar a sua visão. Exércitos concentradores de enorme bravura têm freqüentemente

---

58. Júlio César, *A Guerra das Gálias*, I, 52.

sido derrotados por ofuscamento causado pela poeira ou raios do sol. Ora, não há trevas mais densas do que a fumaça da artilharia. Creio, por conseguinte, que seria mais inteligente deixar o inimigo cegar a si mesmo do que ir ao seu encontro sem nada ver. E, assim, não faria disparar minha artilharia ou, por receio de uma censura diante da grande reputação de que goza essa nova arma, eu a colocaria nos flancos do exército a fim que sua fumaça não cegasse o soldado, que é o elemento mais importante. Para vos demonstrar quão temível é esse perigo, é-nos lícito citar Epaminondas, que querendo prejudicar a visão do inimigo que se aproximava para atacá-lo, ordenou que sua cavalaria ligeira galopasse diante do mesmo, com o que levantaram-se nuvens de poeira que cegaram o exército inimigo e levaram à vitória de Epaminondas.

Quanto a parecer que eu dirigi a artilharia adversária direcionando sua descarga segundo o meu gosto, ou seja, sobre a cabeça de minha infantaria, devo declarar que os disparos da artilharia pesada com freqüência - e sem dúvida - erram seu alvo, isto é, a infantaria inimiga. A infantaria é tão baixa e a artilharia pesada é de manejo tão difícil que por pouco que ergueis o canhão a carga costuma passar sobre a infantaria; e se o abaixais, o projétil atinge a terra e é perdido. Juntai a isso o pensamento de que a menor irregularidade da superfície do terreno, a menor moita, o mais ligeiro relevo entre vós e a artilharia frustram totalmente o seu efeito. Quanto à cavalaria, sobretudo os soldados mais pesadamente armados, os quais ficam mais elevados e mais concentrados do que a cavalaria ligeira, é mais fácil serem colhidos pela carga do canhão. Porém, podemos evitar esse perigo os mantendo nas partes posteriores do exército até que a artilharia cesse de atuar.

É verdade que os fuzis e a artilharia leve provocam mais danos. Mas é fácil evitá-los afrontando-os. E se o primeiro choque custar a vida de alguns soldados, será uma infelicidade indispensável. Um bom general e um exército de bravos jamais devem temer uma infelicidade individual, mas sim uma infelicidade geral. Que os suíços nos sirvam de exemplo: jamais se esquivam ao combate por receio da artilharia e punem com a morte qualquer um que se atreva a, por esse motivo, abandonar as fileiras e mostrar sinais de medo. Assim, a minha artilharia se deslocou para a parte posterior do exército após a primeira descarga a fim de facultar uma livre passagem aos batalhões e eu não a mencionei mais por ser ela completamente inútil uma vez iniciado o combate.

Dissestes também que muitas pessoas encaram como inúteis as armas e a ordem de batalha antiga contra a violência da artilharia... Mas dais a entender que os modernos descobriram uma ordem de batalha e armas que constituem algum efetivo recurso contra a artilharia; se conheceis esse segredo, me obrigareis a aprendê-lo convosco. Nada vi ainda semelhante até o presente e chego a duvidar que algum dia façam essa descoberta. Mas gostaria que essas pessoas me explicassem porque nossa infantaria enverga atualmente uma couraça ou um corselete de ferro e porque nossa cavalaria é guarnecida do mesmo metal. Se condenam as armas dos antigos porque as consideram inúteis diante da artilharia, deveriam igualmente renunciar a esse gênero de proteções. Desejaria também saber porque os suíços, seguindo os antigos, formam batalhões compactos de seis ou oito mil homens e porque todas as outras nações seguiram seu exemplo. Essa ordem de batalha, contudo, expõe aos efeitos da artilharia tanto quanto qualquer outra disposição que se pudesse tomar dos antigos. Desconheço o que essas pessoas poderiam responder, mas se vós indagardes a militares que tenham algum discernimento, vos dirão em primeiro lugar que portam suas armas defensivas não para que estas os protejam da artilharia, mas para que os defendam dos projéteis das bestas, das lanças, das espadas, das pedras e de todas as demais armas que o inimigo poderia fazer uso contra eles; em seguida vos dirão que marcham compactos nas suas fileiras como os suíços para poder repelir a infantaria com mais vigor, conter mais facilmente a cavalaria e impor mais dificuldades ao inimigo que deseja rompê-las.

Vê-se, portanto, que um exército tem outros perigos a temer além da artilharia e é contra esses perigos que pode se defender com as armas e as disposições que estabelecemos. Segue-se que sua salvação é assegurada na medida em que o exército dispõe de melhores armas e que tem suas fileiras mais espessas e mais compactas. Assim, essa opinião da qual me falastes é um atestado de inexperiência ou de irreflexão. Se hoje, a menos satisfatória das armas antigas, a lança, se a menos importante de suas instituições marciais, a ordem de batalha dos suíços, são responsáveis por uma grande força dos nossos exércitos e lhes asseguram uma tão grande superioridade, por que crermos que todas as suas outras armas e instituições militares não teriam qualquer utilidade? Se, enfim, não nos detemos pelos perigos da artilharia cerrando nossas fileiras como os suíços, que outra instituição militar dos antigos poderia aumentar tais perigos? Nenhuma outra ordem de batalha tem mais a temer do que essa em relação à artilharia.

Se a artilharia inimiga não me impede de acampar diante de uma praça forte na qual ela me ataca com segurança, praça forte da qual, havendo a defesa dos muros, não posso me apoderar, e de onde ela pode disparar contra mim descargas sucessivas, por que então deveria eu receá-la tanto em campo de batalha, onde não é difícil para mim tomá-la por meio de uma operação baseada na velocidade? Creio, por conseguinte, que a artilharia não constitui um obstáculo ao projeto de fazer reviver nos exércitos as instituições e a virtude dos antigos. E eu discorreria largamente a respeito desse assunto se já não houvesse em outra oportunidade me detido no mesmo assunto convosco. Mas prefiro me reportar ao que já disse.[59]

LUIZ. Apreendemos muito bem todas vossas idéias sobre a artilharia. Vosso parecer, em última análise, é que é necessário quando se está em campo de batalha ante o inimigo, precipitar-se na direção dos canhões a fim de tomá-los. Mas tenho uma observação a fazer nesse sentido. Parece-me que o inimigo poderia colocar sua artilharia nos flancos de seu exército, de tal forma que poderia vos atingir sem ter nada a temer de vossas investidas. Creio ter memorizado que na vossa ordem de batalha deixais quatro braças de distância entre cada batalhão e vinte braças entre os batalhões e as lanças extraordinárias. Mas se o inimigo ordenasse seu exército dessa maneira e concentrasse sua artilharia nes-

---

59. Ver *Discurso sobre a Primeira Década de Tito Lívio*, II, 17.

ses intervalos, me parece que poderia causar muitos prejuízos a vós sem ter nada que temer, pois ficaríeis impossibilitados de penetrar em suas fileiras a fim de vos apoderar de seus canhões.

FABRÍCIO. Vossa objeção é perfeitamente cabível e procurarei atinar com uma solução ou remediar tal situação. Já vos disse que esses batalhões mantendo constante movimento, quer em combate, quer em marcha, tendem naturalmente a estreitar suas fileiras. Deste modo, se deixardes intervalos de escassa largura onde colocais vossa artilharia, os batalhões se estreitam a tal ponto em pouquíssimo tempo que ela não disporá de espaço suficiente para atuar; se, visando evitar este inconveniente, providenciais intervalos mais largos, sereis presa de um perigo ainda maior, pois o inimigo poderá se infiltrar e não apenas tomar a artilharia, como também instaurar a desordem nas vossas fileiras. De fato, é mister que sabeis que é impossível ter uma artilharia no interior das fileiras, sobretudo aquela que é transportada sobre as carroças, pois é movimentada num sentido e dispara em sentido oposto. Se a situação exigir que exerçais movimento e dispareis simultaneamente, será neste caso necessário que vireis vossa artilharia, operação que requer um tal espaço que bastariam cinqüenta carroças de artilharia para instaurar a desordem em qualquer exército, o que nos obriga a tê-la fora das fileiras, onde estas podem ser atacadas como descrevemos.

Mas ainda assim, suponho ser possível alojar essa artilharia dentro das fileiras, encontrando um meio termo e um meio satisfatório que, produzindo o estreitamento, não tolhesse a artilharia e não criasse espaços tão largos que permitissem o ingresso do inimigo; sustento que nesse caso mesmo pode-se dar conta da situação deixando no exército intervalos que, se permitem a livre passagem dos projéteis, frustram totalmente o seu efeito. Esse expediente não apresenta dificuldade alguma; de fato, se o inimigo deseja que sua artilharia esteja segura, será necessário que a coloque na extremidade de seus intervalos e que, visando não ferir seus próprios soldados, dispare continuamente numa mesma linha; é possível ver, neste caso, a direção dos disparos, e nada mais fácil do que evitá-los dando-lhes passagem. Há aqui uma regra geral:

forçoso deixar sempre passar aquilo que não se pode deter, como faziam os antigos no que tangia aos elefantes e os carros munidos de foices.

Creio, ou melhor, estou convicto que vos parece que organizei e venci minha batalha do meu modo. Repito a vós que é impossível que um exército assim armado e ordenado não derrube, desde o primeiro impacto, qualquer outro exército disposto como nossos exércitos modernos, os quais, com muita freqüência, formam um só corpo de batalha, não contam com escudos e são tão falhos do ponto de vista defensivo que são incapazes de resistir a um inimigo que os pressiona de perto. A ordem de batalha atual é tão viciosa que se colocarmos os batalhões na mesma linha, teremos um exército sem qualquer profundidade; se são, ao contrário, dispostos seqüencialmente, uma vez que não podem absorver-se mutuamente nas suas fileiras, reinará confusão no exército e ele será vítima da mais completa desordem. Embora esses exércitos sejam divididos em três corpos, a saber, a vanguarda, o corpo de batalha e a retaguarda, tal divisão só mostra utilidade durante a marcha ou em acampamento; contudo, no combate o exército inteiro ataca simultaneamente e sela seu destino num único golpe da sorte.

LUIZ. Tenho ainda uma outra observação a vos fazer. Na vossa batalha, vossa cavalaria, repelida pela cavalaria inimiga, se retirou sob as lanças extraordinárias e com o socorro destas conteve o inimigo e o derrotou. Acredito, efetivamente, que as lanças podem resistir à cavalaria, como dizeis, mas somente em batalhões sólidos e densos, como os dos suíços; mas no vosso exército, só tendes à cabeça do mesmo cinco fileiras de lanceiros e sete fileiras nos flancos, com o que não vejo como tenham condições de conter a cavalaria.

FABRÍCIO. Não obstante já vos tenha explicado que na falange macedônia somente seis fileiras podiam agir simultaneamente, é preciso que sabeis ainda que num batalhão de suíços, mesmo que fosse este composto de mil fileiras na profundidade, não há, de modo algum, senão quatro ou cinco fileiras no máximo que estão capacitadas a agir. As lanças, tendo nove braças de comprimento, e ocupando a mão uma braça e meia, só sobra livre para a primeira fileira sete braças e meia de lanças; a segunda fileira, além da parte ocupada pela mão, perde uma braça e meia devido ao intervalo que separa uma fileira da outra, não restando, portanto, senão seis braças de lanças; na terceira fileira, por razão idêntica, restará apenas quatro braças e meia; três braças à quarta e uma braça e meia para a quinta - as demais fileiras estão simplesmente impossibilitadas de desferir um único golpe, sua função se limitando à substituição das primeiras fileiras, como dissemos, e servir-lhes de reforço. Se cinco fileiras dos suíços detêm a cavalaria, por que não poderiam também fazê-lo as nossas, uma vez que têm na sua retaguarda outras fileiras que as sustentam e lhes servem de apoio, embora não contem com lanças? Quanto às fileiras das lanças extraordinárias que coloco nos flancos do exército e que vos parecem tão delicadas, é fácil com elas formar um batalhão quadrado que seria colocado nos flancos dos dois batalhões da última linha de batalha, de onde elas poderiam facilmente se deslocar para a cabeça ou a cauda do exército e conter a cavalaria, em caso de necessidade.

LUIZ. Empregaríeis sempre a mesma ordem de batalha em todas as oportunidades?

FABRÍCIO. Não, de modo algum. Eu a mudaria segundo a natureza do terreno, a espécie e o número dos inimigos, como mostrarei mediante algum exemplo antes de findar este diálogo. Apresentei a vós esta ordem de batalha não como superior às outras, embora seja excelente, mas para que vos servisse de regra nas distintas disposições que poderíeis adotar. Toda ciência possui princípios gerais que atuam como a base das diversas aplicações feitas. A única coisa que desejo vos inculcar incisivamente é jamais ordenar um exército de sorte que as primerias fileiras fiquem impossibilitadas de ser socorridas pelas últimas, pois este erro reduzirá à inutilidade a maior parte de vosso exército e tornará impossível a vitória se encontrardes alguma resistência.

LUIZ. Devo falar-vos de uma idéia que me ocorreu acerca desse tópico. Na vossa ordem de batalha, colocais cinco batalhões na cabeça, três no centro e dois na cauda. Tenho, a meu ver, que se deveria fazer o contrário e que um exército seria mais dificilmente rompido nas suas fileiras na medida em que o inimigo no seu avanço se defrontasse com uma resistência mais vigorosa. Mas, conforme vosso sistema, vosso exército fica cada vez mais frágil à medida que o inimigo se adianta.

FABRÍCIO. Se vos lembrardes que os triários que compunham a terceira linha da legião romana não passavam de seiscentos homens e de que forma eram dispostos nessa terceira linha, perderíeis um pouco do apego à vossa idéia. É de acordo com esse exemplo que coloquei na terceira linha dois batalhões que constituem novecentos soldados de infantaria, de sorte que querendo nesse aspecto imitar os romanos, retirei das primeiras linhas antes uma quantidade demasiado grande de soldados do que uma demasiado pequena. Este exemplo poderia me bastar, porém desejo vos explicar a razão. Conferi solidez e espessura à primeira linha do exército porque é ela que suporta o impacto do inimigo, porque ela não pode admitir ninguém em suas fileiras, devendo assim ser generosamente suprida de soldados, pois fileiras frágeis ou apartadas lhe subtrairiam toda sua força. A segunda linha que, antes de sustentar o impacto do inimigo, está na situação de receber a primeira em suas fileiras, deve apresentar grandes intervalos, e conseqüentemente, ser menos numerosa, uma vez que se seu número fosse igual ou superior ao da primeira, nos viríamos forçados ou a nela não deixar intervalo algum, o que instalaria a confusão, ou a transpor o alinhamento, o que criaria uma ordem de batalha viciosa.

Ademais, é um erro crer que quanto mais o inimigo penetra na dianteira da brigada, mais a encontrará debilitada, pois ele jamais pode atacar a segunda linha sem que a primeira a ela esteja associada. Assim, o centro, longe de ser mais fraco, opõe ao inimigo uma força mais expressiva, porque dispõe para o combate das duas linhas ao mesmo tempo. Acontece o mesmo quando se chega à terceira linha, pois nesta não se trata apenas de dois batalhões vigorosos, mas da brigada toda envolvida no combate. Essa terceira linha devendo absorver um maior número de soldados, precisa ser ainda menos numerosa e apresentar maiores intervalos.

LUIZ. Muito me satisfaz vossa explicitação, mas permiti-me ainda uma questão. Como conceber que os cinco primeiros batalhões que se retiram para os três da segunda linha e, em seguida, os oito nos dois da última linha, estejam em um ou outro caso contidos no mesmo espaço que os cinco primeiros?

FABRÍCIO. Para começar, não é o mesmo espaço, pois os cinco primeiros batalhões estão separados entre si por intervalos que ocupam quando são reunidos na primeira ou na segunda linha; sobra, ademais, o espaço que separa uma brigada da outra e os batalhões das lanças extraordinárias. Todos esses intervalos oferecem uma extensão bastante considerável. Além disso, os batalhões não ocupam o mesmo espaço quando estão nas suas fileiras antes do combate, ou quando sofreram perdas, pois tendem então ou a abrir suas fileiras ou a cerrá-las. Eles a abrem quando o medo os força a empreender a fuga; eles as cerram quando buscam sua salvação não na fuga mas numa renhida resistência. Não esqueçais, enfim, que as cinco primeiras fileiras de lanças, uma vez iniciado o combate, devem se retirar através de seus batalhões rumo a cauda do exército, para deixar o campo de batalha aos escudos, e que então, ainda que inúteis na refrega, podem ser proveitosamente utilizadas pelo general, de forma que os espaços que foram preparados para todas as fileiras podem muito bem conter o resto dos soldados. Se, ademais, não forem suficientes, os flancos do exército não são muralhas, mas homens, os quais podem produzir um alargamento, se se afastarem e facultar todo o espaço necessário.

LUIZ. As fileiras de lanças extraordinárias que colocais nos flancos do exército devem, logo que os batalhões se retiram para os segundos, permanecer em seus postos e formar, por assim dizer, dois *cornos* no exército, ou, de preferência, se retirar simultaneamente com os batalhões?... e então o que teriam a fazer, uma vez que não têm atrás de si fileiras distantes uma da outra que possam absorvê-los?

FABRÍCIO. Se o inimigo não as atacar quando forçar os batalhões à retirada, poderão permanecer em seus postos e, então, oferecer combate ao inimigo pelo flanco; mas se as atacar, o que é o presumível, visto que terá suficiente força para repelir os outros batalhões, elas deverão bater em retirada, o que lhes será singularmente fácil, ainda que não tenham atrás de si fileiras para recebê-las. É necessário que a metade das fileiras dianteiras *se dobre em linha reta*, uma fileira entrando na outra, como explicamos quando nos referimos à maneira de duplicar as fileiras. É preciso observar que para realizar uma retirada se dobrando em linha reta, deve-se adotar uma marcha diferente daquela que vos indiquei. Eu vos disse que a segunda fileira entrava na primeira, a quarta na terceira e assim sucessivamente - aqui não seria necessário principiar pelas primerias fileiras, mas pelas últimas, de modo que se dobrando se retirassem invés de avançar.

De resto, visando responder de antemão a todas as objeções que poderíeis me apresentar ainda no que toca a minha batalha, repito que em tudo que acabo de dizer limito-me a ter em vista dois objetivos, nomeadamente, ensinar-vos a formar um exército e a treiná-lo. Quanto à ordem de batalha, creio que a compreendeis muito bem. No que concerne aos exercícios, deveis reunir o máximo possível vossos batalhões para que seus oficiais aprendam a moldá-los a essas manobras às quais acabamos de aludir. Se o dever do soldado é conhecer todos os exercícios do batalhão, o do oficial é instruir-se quanto à totalidade das manobras gerais do exército e se preparar para executar bem as ordens do general. É mister que saiba dispor conjuntamente vários batalhões ao mesmo tempo e escolher seus postos com suma rapidez, e para consegui-lo cada batalhão deverá ostentar de uma maneira bastante visível um número diferente, número que facilitará a transmissão das ordens do general e dará a este e aos soldados mais recursos para o reconhecimento mútuo. As brigadas também devem ostentar um número no seu estandarte principal. É indispensável, portanto, saber com perfeição o número da brigada postada à esquerda ou à direita e aquele dos diversos batalhões postados na cabeça, no centro, e assim por diante.

Números devem igualmente servir de signos e de escalões para as diferentes graduações do exército: a primeira graduação, por exemplo, será o *decurião*; a segunda o *chefe* de cinqüenta vélites ordinários; a terceira, o *centurião*; a quarta, o *chefe* do primeiro batalhão; a quinta, o *chefe* do segundo batalhão; a sexta, o *chefe* do terceiro batalhão e assim sucessivamente até o décimo batalhão, cujo chefe estaria imediatamente abaixo do chefe de brigada; e não se poderia chegar a essa última graduação sem ter passado por todas as outras. E como, além desses distintos oficiais, temos três chefes de lanceiros extraordinários e dois de vélites extraordinários, eu lhes darei a graduação de chefe de primeiro batalhão, pouco me intranqüilizando de ter seis oficiais com a mesma graduação, pois isso neles somente produzirá maior emulação para merecer o décimo batalhão. Assim, cada oficial conhecendo bem o posto de seu batalhão quando o estandarte for fixado, ao primeiro soar de trombeta, todo o exército estará a postos. Há necessidade de que um exército seja treinado freqüentemente na formação incontinenti para batalha, para o que se requer que, todo dia, e mesmo muitas vezes por dia, seja treinado a se romper e a entrar novamente logo em formação. Este é o primeiro de seus exercícios.

LUIZ. Além do número, que outro signo colocaríeis sobre os estandartes?

FABRÍCIO. O estandarte do general deve exibir o brasão do Príncipe, os outros podem ostentar o mesmo brasão variando o campo, ou variando as próprias armas componentes do brasão, como melhor parecesse ao general. Tudo isto é de somenos importância desde que os estandartes possam exercer sua função de sinal de reunião de tropas dispersas. Mas passemos ao nosso segundo exercício. Uma vez esteja o exército em formação de batalha, que se habitue a pôr-se em movimento e a marchar em passo moderado conservando suas fileiras.

O terceiro exercício visa a dispor o exército em formação para todas as manobras de uma batalha. Que a artilharia, após uma primeira descarga, se desloque para a retaguarda; que em seguida avancem os vélites extraordinários e que executem a retirada após um combate simulado; que os primeiros batalhões, como se fossem repelidos, se retirem para os intervalos da segunda linha e, enfim, para a terceira e que daqui cada um retorne à sua posição. É necessário que o exército se habitue de tal forma a todas essas manobras a ponto de se tornarem familiares a todos os soldados, benefício que lhes é propiciado rapidamente pela prática.

Através do quarto exercício, o exército deve aprender a reconhecer o comando pelos instrumentos sonoros marciais e o estandarte, pois os comandos dados de viva voz não necessitarão de outro meio de comunicação para se fazerem ouvir; mas como é via instrumentos sonoros que o comando que não foi transmitido pela voz adquire uma verdadeira importância, creio que seria de bom alvitre tecer comentários sobre os sons marciais dos antigos. Os lacedemônios, segundo Tucídides, empregavam os pífaros, acreditando que os sons deste instrumento eram os mais apropriados para fazer com que seu exército marchasse com tranqüilidade e passo moderado. Os cartagineses, pela mesma razão, usavam o sistro no começo do combate. Aliates, rei da Lídia, introduzira no seu exército os pífaros e o sistro. Alexandre Magno e os romanos, entretanto, utilizavam clarins e trombetas. Acreditavam que esses instrumentos inflamavam a coragem dos soldados e os incitavam ao combate. Quanto a nós, que adotamos as armas dos gregos e dos romanos, também os imitaremos relativamente aos instrumentos sonoros marciais. Colocarei, portanto, junto ao general todas as trombetas, que é um instrumento mais adequado para instigar os componentes do exército e se fazer ouvir em meio ao ruído mais intenso. Próximo dos chefes de batalhão e dos chefes de brigada colocarei pífaros e pequenos tambores, que soarão não como o fazem nos nossos exércitos atuais, mas soarão como acontece num banquete. O general fará conhecer pelos distintos sons das trombetas quando se deverá parar, avançar ou recuar; quando indicar a necessidade de uso da artilharia ou do avanço dos vélites extraordinários, e enfim todas as operações gerais do exército. Os tambores repetiriam esses diversos comandos e, como este exercício é extremamente importante, precisaria ser praticado com muita freqüência. A cavalaria teria também trombetas, mas menos vigorosas e que emitissem um som diferentes daquelas do general. E com isto tenho como findado tudo que penso devia vos dizer sobre a ordem de batalha e os diversos exercícios do exército.

LUIZ. Só me resta fazer-vos uma observação. A cavalaria ligeira e os vélites extraordinários empreendem o combate com furor e emitindo altos brados, enquanto o resto do exército marcha contra o inimigo em grande silêncio. Peço-vos que me expliqueis a razão dessa diferença que não entendo bem.

FABRÍCIO. Os antigos capitães tinham uma opinião diferente sobre essa questão, a saber, convém quando nos lançamos ao combate, correr na direção do inimigo aos gritos ou nos mover lentamente e em silêncio? Este último método conserva melhor as fileiras e permite melhor audição das ordens do general; o outro concorre mais para o ardor dos soldados; e como trata-se de duas vantagens importantes, eu faço uns marchar emitindo brados e os outros em silêncio. Não creio na utilidade de gritos contínuos. Impedem que os comandos sejam ouvidos, o que constitui um grande perigo. E não é de se presumir que os romanos continuassem emitindo gritos depois do primeiro choque; observa-se amiúde na história as exortações e os discursos dos generais romanos, reconduzindo o soldado já em fuga e freqüentemente alterando a ordem de batalha em meio ao combate, o que teria sido impossível se os gritos do exército cobrissem a voz do general.

Livro IV

LUIZ. Depois de uma vitória tão honrosa converter-se em realidade sob minhas ordens, creio ser prudente não arriscar mais a sorte, que é demasiado volúvel e demasiado caprichosa. Assim, abdico, por minha vez, do papel de interrogador e, no desejo de acatar nossa regra, que remete ao mais jovem a minha função, lego a Zanobi a tarefa de vos propor as questões. É uma honra, ou melhor, um encargo que ele aceitará de bom grado; em primeiro lugar para contentar-me, em segundo porque é naturalmente mais corajoso do que eu, de modo que não receará incumbir-se de tal tarefa, ainda que encare a possibilidade tanto de ser vencido quanto de ser o vencedor.

ZANOBI. Farei o que desejais, embora preferisse permanecer como simples ouvinte, pois vos confesso que preferi vossas questões a todas as que me ocorreram ao escutar vosso diálogo. Mas, Sr. Fabrício, fazemos com que vós perdeis vosso tempo. Espero que nos perdoais por vos aborrecer com todos nossos cumprimentos.

FABRÍCIO. Vós me fazeis, pelo contrário, experimentar grande prazer revezando entre vós nas questões. Isto me faculta a conhecer vossas disposições e inclinações diferentes. Mas tendes quaisquer observações a me dirigir em relação ao assunto que acabamos de tratar?

ZANOBI. Tenho duas coisas a vos indagar antes que prossigais Em primeiro lugar, conheceis alguma outra forma de ordenar um exército e, enfim, quais precauções deve adotar um general antes de iniciar o combate, e que deve ele fazer quando durante a ação sobrevém algum acontecimento imprevisto?

FABRÍCIO. Empenhar-me-ei em satisfazer a vós. Mas vos previno que não responderei separadamente vossas duas questões, pois amiúde o que direi para dar conta de uma poderá se aplicar a outra. Já vos repeti que propus uma ordem de batalha que admite todas as modificações requeridas pela natureza do inimigo ou pelo terreno palmilhado, pois serão sempre o inimigo e o terreno que deverão determinar vossas disposições. Mas não esqueçais que nada é mais perigoso do que posicionar vosso exército muito à frente, a menos que se disponha de forças muito numerosas e muito seguras. Convém preferir a ordem profunda e pouco extensa à ordem larga e delgada. Quando vossas forças são inferiores às do inimigo, é preciso se apressar a buscar vossas compensações, vos apoiar num rio ou num pântano para não ser envolvido, ou vos cercar de fossos, como fez César nas Gálias.[60]

Em geral, deve-se se estender ou se concentrar segundo o número das próprias forças ou daquelas do inimigo. Se o inimigo for inferior, será necessário preferir sítios amplos, principalmente com tropas bem treinadas, não somente para envolvê-lo, como também para distender vossas fileiras. Nos locais irregulares e difíceis, onde não é possível conservar as fileiras, não se extrai qualquer proveito da solidez delas. Assim, os romanos preferiam sempre os locais planos e se afastavam dos terrenos de superfície irregular. Mas se vossas tropas são de modesto número e mal treinadas, é preciso escolher posições nas quais possais tirar partido de vossa inferioridade ou não ter nada a temer da inexperiência delas. Devereis, também, se esforçar para tomar o posto mais elevado a fim de cair sobre o inimigo com mais violência. Tende, contudo, cuidado para jamais situar vosso exército ao pé de uma montanha ou num ponto que lhe seja vizinho, pois se o inimigo conseguir ocupá-la, sua artilharia, posicionada nesse posto mais elevado, poderá vos causar enorme estrago e ficareis sem qualquer meio de defender-vos dela. Cuidar, ademais, ao dispor vosso exército que o sol

---

60. Júlio César, *A Guerra das Gálias*, II, 8-9 e VII, 72.

ou o vento não vos atingis no rosto; eles prejudicam a vista, um com seus raios, o outro porque levanta poeira que move contra vós. Além disso, o vento anula o efeito das armas arremessadoras de setas[61] e amortece seus golpes. Quanto ao sol, não basta que não esteja contra vosso rosto, sendo necessário também que não se ponha contra vós à medida que o dia avança. Posicionai vosso exército de maneira que ele dê as costas para o sol e que se possa dispor de muito tempo antes que o tenha na direção do rosto. Foi uma precaução que Aníbal tomou em Cannes[62] e Mário na sua batalha contra os címbrios.[63] Se vossa cavalaria for inferior, posicionai vosso exército entre vinhedos ou nos bosques, ou no meio de obstáculos semelhantes, como fizeram os espanhóis, quando no nosso tempo,[64] derrotaram os franceses em Cerinhola no reino de Nápoles. Nestas mudanças de ordem e de campo de batalha é freqüente os mesmos soldados que eram vencidos se tornarem vitoriosos - do que foram exemplo os cartagineses que, vencidos diversas vezes por Marco Régulo, finalmente se sagraram vitoriosos porque, acatando as opiniões do lacedemônio Xantipo, desceram até atingir uma região plana, onde a superioridade de sua cavalaria e de seus elefantes levou os romanos à derrota.[65]

Tenho observado muitas vezes na história que os maiores generais da antigüidade, após terem reconhecido o lado forte do exército inimigo, a ele quase sempre opuseram o seu lado mais fraco, e assim o seu lado mais forte ao lado mais fraco do inimigo; e uma vez instaurada a ação, recomendavam ao seu lado mais forte que sustentasse somente o impacto do inimigo sem repeli-lo e ao mais fraco fugir e retirar-se para a última linha, o que resultava em dois efeitos bastante desagradáveis para o inimigo: em primeiro lugar o seu lado mais forte se encontrava envolvido; em segundo, crendo-se seguro da vitória, não raro a desordem se instalava em suas fileiras, o que precipitava sua ruína. Cipião,

---

61. Isto é, arcos e bestas.
62. Tito Lívio, XXII, 43.
63. Mário derrotou este povo germânico em 101 a.C.
64. Ou seja, no início do século XVI, em 1503.
65. Em 255 a.C., durante a primeira guerra púnica.

guerreando na Espanha contra Asdrúbal,[66] posicionava ordinariamente no centro de seu exército as legiões que constituíam suas melhores tropas, mas tendo sabido que Asdrúbal, instruído sobre essa ordem de batalha, pretendia imitá-lo, mudou na iminência da batalha toda a disposição e colocou suas legiões nos flancos, situando no centro as suas piores tropas. Iniciada a refrega, ordenou às tropas do centro que avançassem lentamente e às dos flancos que se lançassem rapidamente sobre o inimigo; não houve assim senão as duas alas a combater porque os dois centros estavam demasiado distantes para se unirem e as melhores tropas de Cipião só tendo diante de si as mais fracas de Asdrúbal, o primeiro obteve uma vitória completa.

Esse estratagema se revelava então sumamente útil, mas hoje se mostraria desastroso por causa da artilharia. Esse intervalo que separaria o centro dos dois exércitos propiciaria à artilharia oportunidades de disparar muito vantajosamente e já dissemos quanto se deve temer tal perigo. Forçoso é, portanto, renunciar a isso e se limitar ao método já proposto por mim de instaurar a ação pelo exército todo, fazendo ceder pouco a pouco o lado mais fraco.

Um general que, dispondo de forças superiores às do inimigo, queira envolvê-lo sem que ele disto se dê conta, dará ao seu exército a mesma frente que ao exército inimigo e uma vez desencadeada a ação, fará com que suas tropas do centro recuem gradativamente e com que as dos flancos se estendam: o resultado será o inimigo se ver necessariamente envolvido sem se aperceber disso.

Aquele que deseja travar uma batalha com a certeza quase absoluta de não ser vencido elegerá um local que lhe ofereça, à pouca distância, um refúgio quase certo, ou atrás de um pântano, ou nas montanhas, ou numa cidadela, pois assim não poderá ser perseguido pelo inimigo e conservará todos os meios de persegui-lo. Foi o partido adotado por Aníbal quando a sorte passou a lhe ser contrária e começou a temer o valor de Marcelo.

Diversos generais, com o objetivo de semear a desordem nas fileiras inimigas ordenaram que suas tropas ligeiras iniciassem a

---

66. Batalha travada entre 208 e 206 a.C. e pertencente a segunda guerra púnica.

ação e se retirassem em seguida para a fileiras e quando os dois exércitos estivessem se engalfinhando e a refrega fosse total, saíssem pelos flancos e atacassem o inimigo, o que introduzia a confusão no seu exército e produzia sua derrota. Quando se conta com cavalaria inferior, além dos recurcos que já indiquei, pode-se colocar atrás de seus esquadrões um batalhão de lanceiros e ordenar-lhes que abram no meio do campo de batalha uma passagem para esse batalhão, manobra que constitui uma garantia segura de vitória. Outros, enfim, treinaram tropas ligeiras a combater no meio da cavalaria, a qual com isso ganhava uma franca superioridade.

De todos os generais, os que foram mais elogiados pela disposição de seus exércitos no dia de uma batalha foram Aníbal e Cipião quando combateram na África.[67] Aníbal, cujo exército era constituído por cartagineses e tropas auxiliares de diferentes nações, dispôs na primeira linha oitenta elefantes, em seguida as tropas auxiliares, que eram seguidas dos cartaginenes e, finalmente, os italianos, nos quais pouco confiava. Eis os seus motivos: colocava suas tropas auxiliares na frente por que tendo o inimigo diante de si e detidas atrás pelos cartagineses, toda debandada lhes era impossível e, forçadas a combater, deveriam necessariamente ou repelir ou, ao menos, cansar os romanos, e ele julgava que então suas tropas descansadas e repletas de ardor marcial não teriam dificuldades para vencer um inimigo já cansado. Cipião dispôs, segundo o costume ordinário, os hastários, os príncipes e os triários de forma a se receberem nas fileiras de uns e de outros e se prestarem um mútuo apoio; além disso, fixou um grande número de intervalos no seu primeiro corpo de batalha. Mas, para que o inimigo não pudesse aperceber-se disso e mesmo cresse que suas fileiras eram sólidas, preencheu esses intervalos com vélites e recomendando que se retirassem, à aproximação dos elefantes, aos intervalos comuns das legiões e permitir sua livre passagem. Deste modo inutilizou toda a impetuosidade desses animais e instaurada a refrega, conquistou a vitória.

---

67. A batalha de Zama em 202 a.C. encerrou a segunda guerra púnica com a vitória de Roma.

ZANOBI. Vós me fizestes lembrar, ao se referir a essa batalha, que Cipião durante o combate não ordenou que os hastários ingressassem nas fileiras dos príncipes; porém, quando quis que estes últimos se engajassem na luta, ordenou aos hastários que se abrissem e se retirassem para os flancos do exército. Gostaria que me explicásseis porque afastou-se ele nesta ocasião do uso habitual.

FABRÍCIO. De bom grado. Aníbal havia colocado toda a força de seu exército na segunda linha; Cipião, desejando lhe impor uma força tão poderosa quanto a dele juntou os príncipes e os triários, os quais, ocupando assim os intervalos das fileiras da segunda linha, o posto dos hastários era tomado; foi necessário, portanto, fazer abrir as fileiras destes e enviá-los para os flancos do exército. De resto, observai bem que essa manobra de abrir a primeira linha para dar lugar à segunda só pode acontecer quando se está em posição vantajosa; neste caso é executada com certa facilidade, como o fez Cipião. Mas se só recorrermos a ela quando estivermos em desvantagem e ao sermos repelidos, infalivelmente levaremos a pior. É preciso, portanto, poder ingressar na segunda linha. Mas retornemos ao nosso assunto.

Os antigos povos da Ásia, entre outras armas ofensivas, empregavam carros armados de foices nos seus flancos. Sua investida abria as fileiras inimigas e as foices destruíam todas as vidas que se achavam no seu caminho. A defesa contra esses carros era ou a espessura das fileiras ou simplesmente deixar-lhes livre passagem, como aos elefantes, ou ainda através de algum outro meio particular. Foi o que empregou Sila contra Arquelau,[68] que contava com uma grande quantidade desses carros armados de foices. Sila, para garantir-se contra eles, ordenou que fossem fincadas atrás de suas primeiras fileiras muitas estacas que, detendo esses carros, frustrou toda a sua ação devastadora. Cumpre observar que nessa ocasião Sila dispôs seu exército de uma maneira nova: colocou nas partes posteriores os vélites e a cavalaria e, na frente, os soldados pesadamente armados, mas deixando em seus intervalos suficientes intervalos para que aqueles pudessem, se neces-

---

68. Na batalha de Queronéia em 86 a.C.

sário, se deslocar para a frente. Desencadeou o combate e por meio de sua cavalaria, para a qual, em meio à ação, abriu assim uma passagem, conquistou a vitória.

Se quereis durante o combate instaurar a confusão no exército adversário, será necessário criar algum incidente apropriado a amedrontá-lo, ou anunciar a chegada de novos reforços, ou forjar algum artifício que lhe dê essa impressão, de sorte que logrado por essa farsa, ele se assuste e ceda a vitória mais facilmente. Foi um meio utilizado pelos cônsules Minúcio Rufo e Acílio Glabrião. Caio Sulpício ordenou que os serviçais do exército montassem mulos e em outros animais inúteis ao combate, os dispôs de forma a parecerem um corpo de cavalaria e os orientou a se postarem no alto de uma colina enquanto se ocupava da refrega com os gauleses, o que o levou à vitória. Mário seguiu este exemplo por ocasião de sua batalha contra os têutons.[69]

Se os ataques simulados são muito úteis no meio de um combate, pode-se tirar um proveito ainda maior dos ataques verdadeiros, sobretudo quando de improviso caímos sobre a cauda ou sobre os flancos do inimigo. Entretanto, trata-se de uma tática difícil se não for possível contar com a região. Se estiverdes numa região aberta, será impossível que oculteis uma parte de vossas tropas, exigência usual para aplicação de tais estratagemas; pode-se facilmente recorrer a essa tática numa região de bosques ou montanhosa e, conseqüentemente, adequada a emboscadas. Neste caso, podeis cair de improviso sobre o inimigo e contar quase sempre com o êxito.

Às vezes, é importantíssimo, em meio à ação, disseminar o rumor da morte do general inimigo ou da derrota de uma parte de suas tropas. Isto se revelou amiúde um meio de granjear a vitória. Instaura-se a desordem facilmente na cavalaria inimiga impressionando-a com uma encenação qualquer ou gritos inesperados, como Creso que colocou camelos diante da cavalaria inimiga e Pirro que fez com que elefantes avançassem contra aquela dos romanos, bastando só o aspecto desses animas para desbaratá-la.

---

69. Povo germânico ascendente dos alemães.

Nos nossos dias os turcos venceram o sufi da Pérsia e o sultão da Síria[70] exclusivamente pela fuzilaria, cujo ruído ao qual os ouvidos do inimigo não estavam acostumados instaurou a confusão na cavalaria deste e garantiu a vitória aos turcos. Os espanhóis, objetivando vencer Amílcar, instalaram na cabeça de seu exército carros tirados por bois e cheios de estopa. No momento do embate com as forças inimigas atearam fogo à estopa. Os bois, para fugir às chamas, se precipitaram sobre os cartagineses e espalharam a confusão entre sua fileiras. Muitos generais preparam armadilhas para o inimigo, como já dissemos, quando a região se presta às emboscadas; mas pode-se, também, numa região plana e aberta, cavar fossos que são levemente cobertos de terra e de musgo com intervalos entre si. Uma vez iniciado o combate, bate-se em retirada com segurança pelos intervalos, enquanto o inimigo, ansiosamente lançado à perseguição cai nos fossos e encontra seu fim.

Se durante a ação sobrevir algum incidente que assuste vossos soldados, será conveniente ocultá-lo cuidadosamente ou, se possível, tirar proveito dele, como fizeram Tulo Hostílio e Sila. Este último, percebendo no meio do combate que parte de suas tropas passava para o lado do inimigo e que todo o seu exército se aterrorizava ante essa visão, fez anunciar e transmitir a informação que aquelas tropas simplesmente acatavam suas ordens numa manobra incomum; o exército, tranqüilizado e longe de se transtornar com tal incidente, até mesmo redobrou sua coragem e acabou por conquistar a vitória. O mesmo Sila, tendo encarregado algumas tropas de uma expedição na qual vieram a perecer, a fim de prevenir os terrores de seu exército declarou que as enviara propositalmente às garras do inimigo porque estava convencido de sua deslealdade. Sertório, no calor de um combate que empreendia na Espanha, matou ele próprio um dos seus soldados que lhe veio anunciar a morte de um dos seus chefes para que este não espalhasse com esta informação o alarme no resto do exército.

O que é mais difícil é reunir as tropas dispersas e em fuga de um exército e reconduzi-las ao combate. É preciso observar se é

---

70. A Síria foi conquistada pelos turcos entre os anos 1516 e 1517.

todo o exército que se pôs em fuga (caso em que é impossível reunir as tropas) ou se é apenas uma parte dele que se põe em fuga, o que não é irremediável. Diversos generais romanos, com o fito de deter tropas de seus exércitos em fuga, se precipitaram pessoalmente diante dos fugitivos lançando-lhes ao rosto a vergonha de sua covardia. Sila, entre outros, vendo uma parte de suas legiões em fuga fustigada pelo exército de Mitrídates, correu à frente dela, empunhando a espada, gritando: "Se alguém vos perguntar onde abandonastes vosso general, respondereis que *o abandonastes combatendo nos campos de Orcomeno*".[71] Atílio Régulo ordenou que avançassem contra seus soldados em fuga os que permaneciam firmes em seus postos, deixando enfaticamente claro aos fugitivos que se não voltassem ao combate seriam mortos pelos romanos além de o serem pelo inimigo. Filipe da Macedônia, percebendo o terror que inspiravam às suas tropas os citas, colocou na parte posterior de seu exército um corpo de cavalaria de sua extrema confiança com a incumbência de matar todos os soldados que se pusessem em fuga. O resultado foi que seu exército, preferindo morrer em combate do que em fuga, trouxe a vitória ao rei da Macedônia. Enfim, vários generais romanos, não tanto para impedir que seus exércitos debandassem, mas para lhes conceder a oportunidade de manifestar mais bravura, tomaram um estandarte no meio da luta e o jogaram às fileiras inimigas prometendo uma recompensa a quem fosse resgatá-lo.

Acredito não ser aqui despropositado me referir à seqüência dos combates, mesmo porque tenho pouco a dizer acerca desse tópico, que, ainda assim, é digno de atenção e tem naturalmente relação com o tema em pauta de nosso diálogo. Vence-se ou se é vencido. No primeiro caso é preciso dar continuidade à vitória com a maior rapidez possível, imitando nisto César e não Aníbal que, por ter se detido em Cannes após ter derrotados os romanos, perdeu a oportunidade de se apoderar de Roma. César, ao contrário, não descansava sequer um minuto após a vitória, e prosseguia nos calcanhares do inimigo com mais furor e ímpeto do que

---

71. A batalha de Orcomeno, na Beócia (região da Grécia fora da península do Peloponeso) sucedeu em 86 a.C.

aqueles com os quais o havia atacado. No segundo caso, um general deve verificar se não pode tirar algum proveito de sua derrota, principalmente quando lhe sobrou uma parte de seu exército. Pode-se, então, tirar partido da negligência do inimigo que, muito freqüentemente após a vitória, é vítima de um excesso de autoconfiança que chega a deixá-lo cego e que cria a possibilidade de atacá-lo com êxito. Márcio destruiu assim os exércitos cartagineses que, após a morte dos dois Cipiões e a derrota de seus exércitos, nada mais receavam dos restos desses exércitos reunidos sob o comando de Márcio. Mas bem cedo se viram atacados por Márcio e obrigados a debandar, por sua vez. Nada é mais fácil do que pôr em prática um plano que o inimigo vos julga sem condições de tentar e é do lado que pensam ter menos a temer que os homens são mais freqüentemente golpeados.

Um general impossibilitado de lançar mão de um tal recurso, deve procurar ainda assim, com o mais extremoso cuidado, tornar sua perda menos desastrosa. Deverá então se empenhar em subtrair ao inimigo os meios de dar continuidade à sua vitória, ou criar o máximo de obstáculos para os seus sucessivos movimentos. Alguns generais, prevendo a derrota inevitável, após ter designado um lugar para reagrupamento das tropas, ordenavam aos seus chefes que empreendessem a fuga em pontos diversos e por rotas diferentes; e o inimigo, temendo dividir seu exército, deixava-os assim se retirar todos em segurança, ou ao menos, a maior parte; outros, arrojaram aos pés do inimigo os seus objetos mais preciosos para que retardado o inimigo por amor ao butim, lhes desse mais tempo para a fuga. Tito Dímio empregou um hábil estratagema para esconder a perda que sofrera numa batalha. Após ter combatido até o fim do dia, com enormes baixas, ordenou que fossem enterrados durante a noite a maior parte dos seus mortos; o inimigo, ao contemplar os cadáveres no dia seguinte, se impressionou com a grande quantidade de soldados mortos de seu lado, enquanto eram tão poucos os mortos do lado dos romanos; crendo ter sido sobrepujado, empreendeu a fuga.

Acredito ter respondido extensivamente à vossa questão. Resta-me vos falar da configuração a ser dada a um exército no dia de uma batalha. Muitos generais deram preferência a forma de uma espécie de cone, crendo poder graças a essa disposição franquear com maior facilidade as fileiras inimigas. A esse cone se sobrepôs a forma de uma tesoura de modo a colhê-lo na sua abertura, envolvê-lo e combatê-lo de todas as partes. Quero, neste sentido, vos recomendar uma máxima de caráter geral, a saber, fazer voluntariamente aquilo ao que o inimigo deseja vos constranger, pois então procedereis com ordem, apossando-vos de vossas vantagens e se prevenindo contra as do inimigo; se agirdes, ao contrário, sob pressão, estareis perdidos. Não hesitaria em vos repetir, em apoio dessa máxima, os exemplos já citados por mim. Forma vosso inimigo um cone para abrir vossas fileiras? Se marchais contra ele com vossas fileiras *abertas*, frustrareis todos os seus planos e permanecereis no domínio de vossas disposições. Aníbal colocou elefantes à cabeça de seu exército para franquear as fileiras do exército de Cipião;[72] Cipião expõe ao exercito de Aníbal suas fileiras abertas, assegurando assim vitória e a derrota de Aníbal. Asdrúbal dispõe no centro de seu exército suas melhores tropas para desbaratar as de Cipião; este ordena às suas tropas do centro que cedam ao inimigo e acaba por triunfar sobre Asdrúbal. Enfim, todas essas configurações ou disposições extraordinárias são sempre a garantia de sucesso daquele que soube prevê-las.

Devo falar ainda de todas as precauções que um general deve tomar antes de decidir a combater. Em primeiro lugar, não deve jamais desencadear uma ação a menos que veja nesta uma vantagem certa ou a ela seja forçado pela necessidade. As vantagens no caso são constituídas por uma posição mais favorável, tropas melhor disciplinadas ou mais numerosas; é forçado a empreender o combate quando a inação acarreta necessariamente sua ruína, ou

---

72. Maquiavel se refere a Públio Cornélio Cipião (?237 - 183 a.C.), o general romano que derrotou Asdrúbal e depois Aníbal na colossal e terrível batalha de Zama na África em 202 a.C., dando fim à segunda guerra púnica; não se deve confundi-lo nem com os dois Cipiões que o antecederam e foram vencidos por Aníbal e nem com Públio Cornélio (Emiliano) Cipião (?185 - 129 a.C.), seu neto adotivo, que em 146 a.C. encerrou a terceira e última guerra contra os cartagineses, dando a vitória definitiva à Roma e destruindo Cartago. Ambos, avô e neto foram cognominados *Cipio* Africanus *Major* e *Cipio* Africanus *Minor* presumivelmente por terem vencido suas mais expressivas batalhas na África.

porque lhe falta dinheiro, o que o leva a temer deserções no seu exército, ou por estar pressionado pela falta de víveres, ou ainda diante da possibilidade do inimigo receber novos reforços a qualquer momento; em todos estes casos é sempre imperioso combater mesmo com uma evidente desvantagem, pois mais vale tentar a sorte que, depois de tudo, pode se mostrar propícia, que aguardar na irresolução uma ruína certa. Um general é, portanto, tão culpado por não combater quanto por deixar escapar uma oportunidade de vencer, por ignorância ou por cavardia.

É freqüente o próprio inimigo vos oferecer vantagens, como também muitas vezes vós as deveis à vossa própria habilidade. Já aconteceu algumas vezes de, na travessia de um rio, um exército ser derrotado por um inimigo vigilante que o atacou no exato momento em que se dividiu em dois corpos por causa do rio. Foi assim que César destruiu a quarta parte do exército dos helvécios.[73] Se vosso inimigo foi levado à exaustão por vos perseguir durante muito tempo com excessivo ímpeto e vós vos encontrais então descansados e bem dispostos, não jogai fora esta oportunidade de atacá-lo. Se o inimigo se dispõe para vos enfrentar logo de manhã, demorai por muitas horas a sair de vosso acampamento; e quando após essa longa espera desgastante, ele tiver perdido seu ardor inicial para combater, atacai-o vós. É o partido que tomaram na Espanha Cipião e Metelo, o primeiro contra Asdrúbal, o segundo contra Sertório. Se o inimigo reduziu suas forças, quer pela divisão de seu exército, como fizeram os Cipiões na Espanha, quer devido a qualquer outro motivo, será outro momento oportuno de atacá-lo.

A maioria dos generais prudentes sempre preferiram suportar o choque do inimigo do que se mover para atacá-lo impetuosamente; quando homens inabaláveis e robustos sustentam vigorosamente essa primeira arremetida furiosa, o resultado usual é acabar transmitindo desencorajamento ao exército atacante. Fábio assim agiu contra os samnitas e os gauleses e se saiu vitorioso, ao passo que seu colega Décio pereceu graças a um procedimento

---

73. Júlio César, *A Guerra das Gálias*, I, 12.

oposto. Outros generais, que experimentaram um certo medo do valor do inimigo, adiaram o início do combate para o anoitecer, visando a possibilidade, no caso da derrota, de bater retirada com o favorecimento da escuridão. Alguns, enfim, cientes de que o inimigo era barrado por força de alguma superstição a combater num certo dia, optaram precisamente por este dia para iniciar um ataque; foi assim que César e Vespasiano atacaram, o primeiro Ariosvisto nas Gálias, e o segundo os judeus na Síria.

O que é mais proveitoso e mais importante a um general é ter sempre junto a si alguns homens seguros, esclarecidos e detentores de larga experiência, que sejam para ele um conselho militar com o qual possa dialogar incessantemente sobre seu exército e o do inimigo. Examinarão conjuntamente de modo meticuloso de que lado está a superioridade numérica, a das armas, da cavalaria e a disciplinar; quais são as tropas mais resistentes aos trabalhos, quais merecem mais confiança, da cavalaria ou da infantaria; qual a natureza do terreno que ocupam, se este é mais ou menos favorável ao inimigo; qual dos dois exércitos consegue seus víveres com mais facilidade; se é vantajoso adiar ou iniciar o combate; o que se pode esperar ou temer prolongando a guerra, pois é freqüente neste último caso os soldados perderem o alento e desertarem, irritados pelos labores e o tédio. O que é preciso, sobremaneira, conhecer é o general inimigo e aquilo que o circunda - se ele é precipitado ou cauteloso, tímido ou audaz, e que confiança, enfim, se pode depositar nas tropas auxiliares. Mas algo a ser observado ainda com maior cuidado é o ânimo do exército, para jamais conduzi-lo ao combate se não crê minimamente na vitória, pois se estará praticamente vencido quando não se crê na própria capacidade de vencer. Neste caso, deve-se sempre evitar a batalha, imitar Fábio que, escolhendo áreas acidentadas, retirava de Aníbal toda possibilidade de atacá-lo, ou, se temeis que mesmo nesses locais o inimigo marcha contra vós, deixai o campo e dispersai vossas tropas posicionando-as em praças fortes, a fim de cansar o inimigo à força de vos sitiar.

ZANOBI. Não haveria outra maneira de evitar o combate sem ser dispersar o exército em praças fortes?

FABRÍCIO. Creio já vos ter dito que se nos mantivermos em qualquer lugar que se preste a ser campo de batalha não há como evitar por muito tempo o choque com o inimigo se este inimigo desejar o combate a qualquer preço; não há outros meios então senão conservar-se sempe longe dele no mínimo cinqüenta milhas para haver tempo de levantar acampamento quando ele marcha contra vós. E deve-se observar que Fábio não se recusava a combater Aníbal, mas somente o desejava mantendo suas vantagens, e Aníbal não acreditava que poderia vencê-lo nos pontos que Fábio elegera; pois, se Aníbal estivesse certo da vitória, Fábio teria sido forçado a lutar ou empreender a fuga. Filipe, rei da Macedônia, o pai de Perseu, na guerra contra os romanos, instalara seu acampamento sobre uma montanha muito elevada com o objetivo de evitar o combate. Entretanto, os romanos foram atacá-lo sobre essa própria montanha e o derrotaram. Vercingetórix, comandante dos gauleses, não desejando travar combate contra César que, contra sua expectativa, acabava de cruzar um rio que os havia separado até então, decidiu-se afastar-se com seu exército muitas milhas. Os venezianos dos nossos tempos deviam seguir esse exemplo e não esperar que o exército francês passasse pelo Ada pois tinham resolvido não travar combate. Perderam tempo numa espera vã, não souberam nem agarrar a oportunidade de combater - quando o exército atravessou o rio - nem se distanciar a tempo, e os franceses os alcançando quando levantavam acampamento, os atacaram e os derrotaram completamente.[74] Repito, não se pode evitar uma batalha quando o inimigo a deseja a qualquer custo. E não me citai Fábio como exemplo, porque neste caso ele fugia à batalha tanto quanto Aníbal.

Ora vossos soldados estão desejosos de combater, mas o número e a posição do inimigo dão margem ao medo de uma derrota e sois forçados a fazê-los perder essa vontade, ora a necessidade e as circunstâncias vos obrigm a combater, mas vossos soldados estão carentes de auto-confiança e pouco dispostos ao combate. No primeiro caso deveis arrefecê-los, no segundo, aque-

---

74. Na batalha de Agnadel em 1509.

cê-los. Na tarefa de arrefecê-los, quando vossos discursos não forem suficientes, tereis que sacrificar alguns ao inimigo e, então, tanto aqueles que se engajaram na ação que resultou na perda de alguns companheiros quanto os que não participaram da ação vos darão ouvidos. Pode-se imitar, com intenção premeditada, o que aconteceu fortuitamente a Fábio Máximo. Seu exército, como o sabeis, estava sumamente desejoso da combater Aníbal. O chefe da cavalaria compartilhava desse desejo intenso, mas Fábio não estava convicto quanto ao risco de empreender a luta. Enfim, tendo esse desentendimento conduzido a uma cisão do exército, Fábio optou por permanecer no acampamento, enquanto o chefe da cavalaria atacou o exército cártaginês, experimentou graves perigos e teria sido derrotado se Fábio não se apressasse a socorrê-lo. Isto o fez sentir, como a todo o exército, como era importante obedecer ao comando de Fábio. Se, ao contrário, desejais estimular vossos soldados para o combate, será preciso irritá-los contra o inimigo lhes repetindo as palavras insultuosas que lhes dirige, persuadi-los que introduzistes espiões no acampamento do inimigo e que uma parte do exército deste já se vendeu a vós; será necessário acampar próximo do acampamento do inimigo e produzir, com freqüência, escaramuças, pois as coisas que assistimos todos os dias acabam por nos afetar; mostrai, enfim, uma justa indignação e através de um discurso inflamado e preparado especialmente para esse objetivo, censurai-os por sua covardia; assegurai a eles que, para que tenham vergonha de si mesmos, que uma vez que não querem vos seguir, ireis sozinho afrontar o inimigo. Se quereis que os soldados se lancem encarniçadamente ao combate, deveis, principalmente, ter o cuidado de lhes permitir enviar suas partes do saque aos seus lares somente no fim da guerra ou ocultá-la em qualquer lugar seguro. Perceberão, então, que se a fuga salva suas vidas, não salva o que lhes cabe, e para protegê-lo combaterão com mais obstinação do que se fosse para proteger suas próprias vidas.

ZANOBI. Acabastes de nos dizer que se poderia incitar os soldados mediante discursos para o combate. Mas entendeis o dirigir-se a todo o exército ou somente aos oficiais?

FABRÍCIO. Fazer com que um pequeno número de indivíduos adote ou rejeite um parecer não é muito difícil, pois se não bastarem as palavras pode-se empregar a força e a autoridade. A real dificuldade se apresenta quanto a destruir no espírito da multidão um erro grave, contrário ao interesse comum e aos vossos desígnios. O êxito aqui só pode ser atingido por meio de um discurso que, se desejamos que todos sejam persuadidos, seja ouvido por todos. Por isso convinha aos grandes generais do passado ser oradores, pois se não se sabe dirigir a palavra a todo um exército, é difícil ter a expectativa de grandes êxitos. Entretanto, trata-se de um talento que desapareceu nos dias de hoje. Vede na vida de Alexandre Magno quantas vezes foi ele obrigado a discursar para todo seu exército. Sem esta capacidade, jamais teria ele podido conduzi-lo, carregado de preciosos despojos pelos desertos da Arábia e da Índia, sob o peso de tanta fadiga e tantos perigos. Acidentes que podem significar o aniquilamento de um exército ocorrem continuamente se o seu general não tem o talento ou a habilidade de falar com seus comandados. Por meio do discurso ele expulsa o temor, incendeia a coragem, amplia o ardor marcial, descobre as artimanhas do inimigo, oferece recompensas, indica os perigos e as formas deles escapar, faz reprimendas, pede, ameaça, semeia a esperança, o louvor ou a condenação e emprega, enfim, todos os meios que impelem ou freiam as paixões dos homens. Um Príncipe ou uma república interessados em formar um exército e transmitir-lhe o antigo brilho deverá, portanto, habituar seus soldados a escutar seu general e este a dirigir a palavra aos seus soldados.

Entre os antigos, a religião e o juramento que soldados tinham que prestar antes de ser enviados ao exército constituíam um poderoso instrumento para controlá-los; a cada falta, eram ameaçados, não somente com os castigos que podiam temer da parte dos homens como também por aqueles provenientes de Deus[75] por incorrerem em sua cólera. Este instrumento, fortalecido ainda por todas as cerimônias religiosas, tornou geralmente fácil aos antigos

---

75. ...*da Dio*... . Leia-se *dos deuses* - a religião oficial antiga é, salvo raríssimas exceções, politeísta.

Livro IV

comandantes a realização dos maiores empreendimentos e produziria hodiernamente os mesmos resultados, em toda parte onde se conservassem o temor e o acato da religião. Foi assim que Sertório persuadiu seu exército que uma corça lhe prometia a vitória da parte dos deuses; assim falava Sila com uma imagem que havia trazido do templo de Apolo. Diversos generais declararam que Deus havia em sonho os induzido ao combate; nos nossos tempos, Carlos VII, rei de França, dizia que na guerra contra os ingleses acatava em todas as suas operações aos conselhos de uma jovem enviada por Deus, que em toda parte era chamada de *a donzela de França*[76] e que foi a razão de sua vitória.

É útil também inspirar nos vossos soldados o desprezo pelo inimigo. Assim, Agesilau exibiu aos seus soldados alguns persas nus, para que ao contemplarem seus membros delicados compreendessem que tais homens não era feitos para meter medo em espartanos. Outros generais impuseram aos seus soldados a necessidade de combater ao não lhes deixar qualquer esperança de salvação exceto na vitória. É o meio mais eficaz e seguro de tornar os soldados repletos de ardor bélico ao combater. Este ardor é acrescido da confiança e do apego pelo general, ou ao amor à patria. A confiança lhes nasce da qualidade superior de suas armas, de sua disciplina, de suas vitórias recentes e da elevada opinião que têm de seu general. O amor à pátria é dado pela natureza. Um general conquista a afeição de seus comandados mais pelo seu próprio valor do que por qualquer benefício. Quanto ao mais, pode-se ter diversas razões para combater com determinação, porém a mais poderosa é aquela que vos obriga a vencer ou morrer.

---

76. ...*La Pulzella di Francia*... (*La Pucelle d'Orléans*), ou seja, Joana D'Arc (1412-1431).

LIVRO V

FABRÍCIO. Eu vos expus como se dispõe um exército para combater um outro exército que vem enfrentá-lo; o que é necessário fazer para vencê-lo e quais os diversos acontecimentos que podem ocorrer nessas importantes circunstâncias. Agora convém vos ensinar a dispor um exército contra um inimigo que não está presente, mas que temeis constantemente que possa cair sobre vós. Este perigo é efetivo quando se marcha num país inimigo ou suspeito.

O exército romano fazia sempre marchar na sua dianteira alguns esquadrões de cavalaria para fazer reconhecimento do caminho. A ala direita vinha a seguir, seguida de sua equipagem; na seqüência, duas legiões tendo cada uma atrás de si suas equipagens; e, enfim, a ala esquerda, igualmente seguida de sua equipagem. A marcha era finalizada pelo resto da cavalaria. Se sucedesse de durante a marcha o exército ser atacado na sua cabeça ou cauda, todas as equipagens se retiravam para a esquerda ou a direita, ou do lado que o terreno permitia. E cada soldado, livre de toda preocupação com as equipagens, enfrentava o inimigo. Se o exército era atacado pelo flanco, as equipagens se retiravam para o lado menos atingido pelo perigo, e do outro se sustinha a carga do inimigo. Esta ordem de marcha me parece prudente e digna de ser imitada. Eu enviarei, portanto, à frente minha cavalaria ligeira para efetuar o reconhecimento da região; farei, em seguida, que marchem minhas quatro brigadas em fila, cada uma seguida de sua equipagem; e como as equipagens são de dois tipos, uma relativa ao transporte da bagagem do soldado, a outra relativa ao que pertence ao exército em geral, dividirei esta última em quatro comboios que serão divididos entre as quatro brigadas. Dividirei igualmente a artilharia e todos os homens sem defesa, para que todos os corpos do exército disponham da mesma parte das equipagens.

Porém, como vos encontrais com freqüência numa região não apenas suspeita, como a tal ponto hostil que deveis recear a cada instante ser atacado, sois forçados, para vossa própria segurança, a alterar vossa ordem de marcha, de maneira que os camponeses ou o exército inimigo vos encontrem sempre de guarda e pronto para recebê-los. Nestes casos, os exércitos dos antigos marchavam em *batalhão quadrado*, designação esta não porque os batalhões do exército formassem verdadeiros quadrados, mas porque assim podiam combater dos *quatro* lados, igualmente dispostos para a marcha e para o combate. Não me afastarei desse método e disporei segundo esse modelo as duas brigadas que me servem de regra para formar um exército. Se desejo, assim, cruzar o país inimigo em segurança e, na eventualidade de qualquer ataque imprevisto, estar em condição de defender-me em todos os pontos, darei ao meu exército a forma de um quadrado cuja parte interior terá duzentas e doze braças em todas as dimensões. Distanciarei, primeiramente, os flancos um do outro duzentas e doze braças, e em cada flanco colocarei cinco batalhões em fila, separados entre si por três braças, e cada um ocupando quarenta braças de terreno; formarão, assim, com esses intervalos duzentas e doze braças. Entre esses dois flancos, colocarei na cabeça e na cauda os dez outros batalhões, cinco de cada lado, e os disporei da seguinte maneira: quatro batalhões se postarão ao lado da cabeça do flanco direito e quatro ao lado da cauda do flanco esquerdo, deixando entre si um intervalo de três braças; um batalhão se postará, em seguida, ao lado da cabeça do flanco esquerdo e um outro ao lado da cauda do flanco direito. Ora, como o intervalo que separa cada flanco é de duzentas e doze braças e os últimos batalhões são colocados do ponto de vista da largura e não do comprimento, não podendo ocupar assim com seus intervalos senão trinta e quatro braças de terreno, constata-se que aí haverá, entre os quatro batalhões colocados ao lado da cabeça do flanco direito e aquele colocado ao lado da cabeça do flanco esquerdo, um intervalo de setenta e oito braças. Este mesmo intervalo existirá entre os batalhões colocados na cauda, com aquela diferença que aqui terá lugar do lado direito, e que na cabeça será do lado esquerdo. Nestas setenta e oito braças da cabeça, colocarei todos os vélites ordinários; naquelas da cauda os vélites extraordinários, que serão, assim, em número de mil em cada intervalo. Ora, como minha intenção é que o espaço vazio formado no meio do exército seja de duzentas e doze braças em todas as dimensões, será necessário que os cinco batalhões da cabeça e os cinco batalhões da cauda não tomem nenhuma parte da linha ocupada pelos flancos, e que, assim, a última fileira dos cinco batalhões da cabeça se alinhe com a cabeça dos dois flancos e que a cabeça dos batalhões da cauda se alinhe com a última fileira da cauda dos dois flancos, o que formará em cada canto do exército um ângulo reentrante, cada um apropriado para receber um outro batalhão. Aí colocarei, por conseguinte, quatro batalhões de lanças extraordinárias e os dois que me restam formarão ao centro um batalhão quadrado, na cabeça do qual estará o general com sua tropa de elite. (Ver figura da pág. 248).

Como esses batalhões, assim dispostos, marchando todos do mesmo lado, não podem combater igualmente do mesmo lado, é necessário organizar para o combate todos os pontos que permanecem descobertos. Assim, estando protegidos todos os batalhões da cabeça em todos os demais pontos, exceto na primeira fileira, será necessário, conforme nossa ordem de batalha, muni-los de lanças; os batalhões da cauda estando descobertos apenas na última fileira, devereis levar para este ponto as lanças segundo o método que vos expliquei; e como os cinco batalhões do flanco direito têm a temer apenas o que ocorre no flanco direito e os cinco da esquerda o que ocorre no flanco esquerdo, visto que estão cobertos em todos os outros pontos, é, portanto, sobre esse ponto ameaçado que conduzireis ainda todas as lanças desse batalhão. Quando expliquei como colocar em formação de batalha os batalhões, ensinei-vos como é necessário, nessa oportunidade, posicionar os decuriões de maneira que no momento do combate todas as partes dos batalhões se encontrem no seu posto habitual.

Colocarei uma parte da artilharia no flanco direito, outra no flanco esquerdo. A cavalaria ligeira ficará na dianteira para fazer o reconhecimento da região e os soldados pesadamente armados nas partes posteriores dos dois flancos, a quarenta braças dos batalhões. Em geral, cada vez que colocardes um exército em formação de batalha, jamais posicioneis vossa cavalaria em outros pontos senão na retaguarda ou nos flancos. Se estiverdes determinados a posicioná-la na dianteira, será necessário dispô-la a uma tal distância que ela possa, em caso de derrota, afastar-se sem esmagar a infantaria, ou estabelecer intervalos tais em vossos batalhões que disponha de um meio de neles ingressar sem instaurar aí a desordem. E não crede que esta lição é de importância secundária. Diversos generais foram derrotados por não terem previsto tal perigo, se convertendo eles próprios na causa de seu desastre. Enfim, as equipagens e os homens fora de serviço se posicionarão na praça que fica no centro do exército, devendo vós dispô-los de maneira a deixar passagens livres no flanco direito e no esquerdo, na cabeça e na cauda.

Todos esses batalhões, sem a artilharia e a cavalaria, ocupam externamente duzentas e oitenta e duas braças de terreno. Como esse quadrado é composto de duas brigadas, é mister determinar de qual lado ficará uma brigada e outra. Por certo lembrais que cada brigada é identificada e convocada por seu número, é formada por dez batalhões e por um chefe de brigada. A primeira brigada terá, portanto, à cabeça do exército cinco batalhões e cinco batalhões no flanco esquerdo; o chefe de brigada ficará posicionado no ângulo esquerdo da cabeça; a segunda brigada terá cinco batalhões no flanco direito e os cinco outros na cauda. Seu chefe ficará no ângulo direito da cauda e desempenhará a função de *tergiductor*. (Ver figura da pág. 247).

Vosso exército assim disposto deverá se mover e prosseguir sua marcha sem nada mudar desta ordem de batalha, com o que nada tereis a temer dos ataques desordenados dos camponeses. Neste caso, o general deverá incumbir da tarefa de repeli-los a cavalaria ligeira e algumas companhias de vélites. Jamais uma tropa tão irregular ousará se aproximar das pontas das espadas e das lanças. Um exército bem organizado deverá, com certeza, enchê-la de terror. Virão sobre vós emitindo berros hediondos, mas não vos enfrentarão, semelhantes a cães fraldiqueiros que se contentam em latir em torno de um forte mastim. Quando Aníbal se pôs a caminho para atacar os romanos na Itália, atravessou toda a Gália e não se inquietou de modo algum com os movimentos desordenados dos gauleses. Quando estiverdes em marcha, vossos caminhos deverão ser preparados por sapadores que serão protegidos por vossa cavalaria ligeira enviada para o reconhecimento do local. Desta forma um exército estará capacitado a percorrer dez milhas por dia e ainda lhe restará bastante tempo para o trabalho do acampamento e para o preparo de suas refeições, uma vez que a marcha ordinária é de vinte milhas.

Se o ataque inimigo proceder, ao contrário, de um exército regular, será impossível que não sejais disso advertido antecipadamente, considerando-se que todo exército apresenta uma marcha regular; e então tereis tempo de vos pordes em batalha aproximadamente segundo o sistema que expusemos. Estais, de fato, sendo atacado pela dianteira? Adiantai imediatamente vossa artilharia que está nos flancos e vossa cavalaria que está na cauda, de modo que elas assumam seus postos e suas distâncias habituais. Os mil vélites que estão na cabeça saem de seus postos, se dividem em dois corpos de quinhentos homens e vão se posicionar, como de ordinário, entre a cavalaria e os flancos do exército. O vazio que deixam é preenchido pelos dois corpos de lanças extraordinárias que coloquei no centro da *praça* do exército. Os mil vélites que estavam na cauda vão cobrir os flancos dos batalhões. Permitem assim uma passagem às equipagens e o resto do exército que se dirige para as partes posteriores. Cada um indo para seu posto, a praça fica vazia, e então os cinco batalhões que formavam a cauda se adiantam do lado da cabeça do exército, no espaço que separa os dois flancos. Três destes batalhões se aproximam até quarenta braças, conservando entre si intervalos iguais, e os dois outros permanecem atrás, igualmente distanciados destes por quarenta braças. Essa disposição (ver figura da pág. 249) pode se realizar num instante e é quase inteiramente semelhante à primeira ordem de batalha que já explicitamos. Se o exército apresentar então uma frente menos ampla, será melhor guarnecido nos flancos, o que não representa uma vantagem desprezível. Como os cinco batalhões, que estão na cauda, têm suas lanças nas últimas fileiras, como recomendamos, será necessário volver esses batalhões sobre eles mesmos como um corpo maciço, ou ordenar aos lanceiros que entrem nas fileiras dos escudeiros e avancem. Esta forma é mais sumária e menos sujeita a instaurar a desordem nas fileiras. Qualquer que seja o gênero do ataque que tereis de suportar, devereis agir como explicarei brevemente na seqüência, para todos os batalhões que se encontram na cauda.

Se o inimigo vos atacar pela retaguarda, que cada um faça meia volta e então a cauda se torna a cabeça e executareis todas as operações que acabo de descrever; se o ataque for pelo flanco direito, será necessário que todo o exército se volte desse lado, o qual se torna a cabeça, e que vós realizeis a cobertura conforme as regras por mim apresentadas, de forma que a cavalaria, os vélites e a artilharia estejam todos nos postos que lhe foram determinados por essa mudança de frente. É preciso observar que nesta manobra, alguns devem acelerar o passo, outros desacelerá-lo, segundo as suas distintas posições. Quando o exército fizer, assim, face ao flanco direito, serão os vélites da cabeça, os mais próximos do flanco esquerdo, que deverão se colocar entre os flancos e a cavalaria; serão substituídos pelos dois batalhões das lanças extraordinárias que estavam na praça. Mas antes, deverá se providenciar a saída das equipagens que passarão por esse intervalo e se deslocarão para o flanco esquerdo que se torna, então, a cauda do exército. Os outros vélites, que estavam na cauda segundo a primeira disposição, permanecem em seu posto, a fim de não deixar nenhuma abertura desse lado e então a cauda se torna o flanco direito. Todas as outras operações são idênticas às que já indicamos.

Todas as regras que acabo de indicar se aplicam igualmente ao caso em que o exército seria atacado pelo flanco esquerdo. Se o inimigo se precipitar sobre vós de dois lados, será necessário reforçar os lados que não são atacados, duplicar vossas fileiras nesses dois pontos e dividir a cavalaria, a artilharia e os vélites entre eles. Se, enfim, ele vos ataca de três ou quatro lados, um de vós certamente não conhece o próprio ofício. Tereis sido de escassíssima habilidade se vos expondes a ser atacado em três ou quatro pontos por tropas numerosas e organizadas; para que o inimigo pudesse executar esse movimento com segurança, seria necessário que cada uma de suas divisões fosse quase tão forte quanto vosso exército inteiro, e se fostes suficientemente louco para entrar no país de um inimigo que possui o triplo de vossas forças, será somente a vós que caberá a responsabilidade por vossos desastres. Se nada tendes a vos censurar, uma sorte fatídica tendo precipitado vossa perda, então morrereis com honra, como os Cipiões na Espanha e Asdrúbal na Itália. O inimigo, ao contrário, se põe a vos atacar de vários pontos sem que seja ele muito superior quanto às forças. Neste caso, este ataque terá como único resultado a revelação da loucura dele e a garantia de vossa vitória, pois ele será obrigado a debilitar de tal forma suas divisões que será para vós fácil sustentar uma delas, repelir uma outra e vencê-lo em pouco tempo.

Esse método de colocar em formação de batalha um exército contra um inimigo ausente, mas do qual se receia um ataque, é de enorme proveito. É importante habituar os soldados a marchar nessa disposição, conservarem a formação para batalha no meio de seu caminho, prontos para combater de qualquer lado, segundo as regras que prescrevemos, a retomar sua primeira disposição, a se colocarem novamente em formação pela cauda ou pelos flancos e retornar ainda à sua ordem de marcha. Esses exercícios são indispensáveis, se quereis ter um exército bem disciplinado e com sólida formação guerreira. É necessário que os generais e os oficiais os pratiquem zelosamente. A disciplina militar não é senão a arte de comandar e executar com precisão a totalidade dos exercícios. Só se pode considerar que um exército é verdadeiramente disciplinado quando este está assiduamente acostumado aos exercícios; e uma potência que fizesse bom uso dessa disciplina jamais seria derrotada. Essa forma quadrada da qual acabo de falar é um tanto mais difícil do que as outras manobras, mas é preciso torná-la familiar à custa de freqüentes exercícios, e quando um exército a eles estiver habituado, não encontrará mais nos outros aspectos qualquer dificuldade. (Ver figura da pág. 247).

ZANOBI. Creio, como vós, que tais manobras são muito importantes e nada tenho a acrescentar ou a suprimir à exposição que nos fizestes a esse respeito. Mas tenho duas questões para vos apresentar: primeiro, quando quereis transformar o flanco ou a cauda em cabeça, fazeis vosso exército voltar-se, transmitis vossas ordens de viva voz ou pelos instrumentos sonoros marciais? Segundo, os sapadores que enviais à frente para preparar o caminho do exército são tomados entre os soldados dos batalhões ou vós empregais outras pessoas destinadas exclusivamente a tais trabalhos servis?

FABRÍCIO. Vossa primeira questão é extremamente importante. Sucede com freqüência as ordens do general, mal entendidas ou mal interpretadas, causarem a derrota de um exército. É necessário, portanto, que durante o combate o comando seja transmitido com clareza e precisão. Se empregais os instrumentos sonoros, que os sons sejam tão distintos que não se possa confundi-los; se, em lugar disso, as ordens são dadas de viva voz, tende o cuidado de evitar os termos gerais, empregando termos que exprimem idéias particulares e tomar, ainda, cuidado que estes últimos não possam ser mal interpretados. Várias vezes a expressão *para trás!* tem levado um exército à derrota; é preciso dizer *batei em retirada!* Se desejais que o exército se volte para mudar a frente pelo flanco ou pela cauda, não dizei: *voltai!*, mas sim *à esquerda!*, *à direita!*, *pela cauda!*, *pela frente!* Que todas as demais ordens sejam simples e claras como: *cerrai fileiras!*, *tendes firmeza!*, *avante!*, *batei em retirada!* Todas as vezes que seja possível para vós emitir comandos de viva voz, fazei-o; quando não for possível, utilizai os instrumentos sonoros.

No que se refere aos sapadores aos quais aludis em seguida, quero que este trabalho seja realizado pelos soldados: era esta a prática dos antigos; utilizando-a, meu exército teria menos homens sem defesa e menos petrechos. Tomarei em cada batalhão os homens dos quais precisarei e lhes darei todas as ferramentas necessárias; suas armas serão transportadas pelas fileiras mais próximas, de modo que eles poderão retomá-las à aproximação do inimigo e reingressar em suas fileiras.

ZANOBI. Quem transportará, então, as ferramentas dos sapadores?

FABRÍCIO. Carros com a finalidade de fazê-lo.

ZANOBI. Receio que vós não conseguiríeis fazer esses vossos soldados cavar a terra.

FABRÍCIO. Logo darei conta desta vossa observação; de momento, desejo passar a um outro assunto e discorrer sobre os víveres do exército. Parece-me bastante razoável, após ter levado o exército a tanta fadiga, que possa restaurar suas forças comendo. Um Príncipe deve providenciar para que seu exército seja o mais expedito possível, desembaraçando-o assim de toda carga inútil e desfavorável à atividade requerida por suas operações. O maior embaraço causado nesse sentido é a necessidade de fornecer constantemente ao exército pão e vinho. Os antigos jamais se preocupavam com o vinho. Quando ele lhes faltava, pingavam algumas gotas de vinagre na sua água para dar-lhe algum sabor, de modo que o vinagre e não o vinho integrava a lista das provisões indispensáveis do exército. Não assavam pão em fornos, como se faz hoje nas cidades, mas se abasteciam de farinha, que cada soldado preparava a sua maneira, temperando-a com toicinho e banha de porco. Esse tempero dava sabor ao pão e mantinha o vigor do soldado. As provisões do exército, portanto, se limitavam à farinha, vinagre, toicinho, banha de porco e cevada para os cavalos; alguns rebanhos de gado graúdo e miúdo seguiam o exército. Uma vez que não havia a necessidade de transportá-los, não causavam quase nenhum transtorno. Um exército marchava assim muitos dias por regiões ermas e difíceis sem padecer por falta de víveres, pois se alimentava de provisões cuja origem principal eram os rebanhos que acompanhavam o exército.

Não ocorre o mesmo com os exércitos modernos. Como nunca dispensa vinho e o pão semelhante ao consumido nas nossas cidades, dos quais não é possível fazer grandes provisões antecipadas, sofrem amiúde de falta de víveres, ou tais provisões só podem ser garantidas mediante esforços e despesas sem fim. Desejaria acostumar meu exército à maneira de viver dos antigos e não lhe dar outro pão senão aquele que ele próprio cozinhasse. Quanto ao vinho, não proibiria que fosse bebido e que o exército dele fosse suprido, mas não me preocuparia de modo algum com seu regular reabastecimento; no que concerne ao resto das provisões, imitaria inteiramente os antigos. Se prestardes atenção nisso, vereis de quantas dificuldades me livro agindo assim, de quantos esforços e inconvenientes libero um exército e seu general e quais facilidades são proporcionadas por tais medidas.

ZANOBI. Depois de haver vencido o inimigo em campo de batalha e atravessado seu país, não é possível que não tenhamos juntado o produto do saque, submetido suas cidades ao pagamento de tributos e feito prisioneiros. Gostaria muito de saber como agiam a esse respeito os antigos.

FABRÍCIO. É fácil satisfazer-vos. Parece-me que já observei anteriormente em nosso diálogo que as guerras atuais empobrecem tanto o vencedor quanto o vencido, pois se este perde o seu Estado, aquele arruína suas finanças e seus recursos. Não é o que sucedia aos antigos. A guerra sempre enriquecia o vencedor. A causa dessa diferença é que atualmente não cuidamos do produto do saque, como faziam os antigos, nos limitando a abandoná-lo à avidez do soldado. Essa atitude gera dois grandes males: o primeiro é aquele do qual acabo de falar; o segundo é estimular no soldado mais amor ao produto do saque do que zelo pela disciplina. E não raro se tem presenciado a cupidez de um exército ocasionar a perda de uma vitória já assegurada.

Os romanos, enquanto seus exércitos foram o modelo de todos os outros, preveniram esse duplo perigo. Entre eles todo o produto do saque pertencia ao Estado, o qual o dispensava a quem quisesse. Tinham nos seus exércitos os *questores*, que cumpriam as funções de nossos tesoureiros e que estavam encarregados de receber todos os tributos e todo o saque. Graças a esta prática, os cônsules podiam pagar o soldo ordinário das tropas, amparar os enfermos e feridos e subvencionar a todas as outras necessidades do exército; podiam, sim, e o faziam com freqüência, ceder o produto do saque aos soldados, mas esta concessão não produzia qualquer desordem, pois após a derrota do exército inimigo juntava-se todo o saque que era dividido por cabeça proporcionalmente à posição de cada soldado. Diante desse método, o soldado se esforçava para vencer e não saquear; as legiões romanas repeliam o inimigo sem persegui-lo, a fim de não romper suas fileiras, deixando essa tarefa para a cavalaria, as tropas ligeiras e as auxiliares. Mas se fosse adotada a prática de abandonar o produto do saque a quem dele se apoderasse primeiro, teria sido impossível e mesmo injusto conservar as legiões nas suas fileiras, com o que o exército se exporia aos maiores perigos. Assim, o Estado enriquecia e cada triunfo dos cônsules aumentava o tesouro público, o qual era somente alimentado pelos tributos e pelo produto do saque ao inimigo. Os romanos tinham, a esse respeito, uma outra instituição muito sábia. Cada soldado era obrigado a depositar um terço de seu soldo nas mãos do porta-estandarte de sua coorte, não podendo este enviá-lo à parte alguma até o fim da guerra. Possuíam dois motivos para estabelecer tal instituição: em primeiro lugar queriam que o soldado fizesse uma poupança de parte de seu soldo, pois no exército quanto mais se dá dinheiro aos soldados, cuja maioria é jovem e imprevidente, mais eles o gastam sem qualquer necessidade; em segundo lugar, se asseguravam que o soldado, sabendo que todo seu patrimônio estaria junto ao estandarte, deste zelaria com maior afinco e o defenderia com mais ardor. Acabavam, conseqüentemente, por inspirar ao soldado a parcimônia e a bravura. Trata-se de um exemplo a ser imitado, se quisermos conduzir um exército ao seu verdadeiro espírito.

ZANOBI. Creio ser impossível um exército não ser perturbado durante sua marcha por alguns acidentes desagradáveis dos quais não é possível que se safe a não ser através da habilidade do general e o destemor dos soldados. Se no desenrolar deste diálogo, ocorrer ao vosso espírito alguns desses acidentes, vós nos deixaríeis satisfeitos se deles nos falásseis.

FABRÍCIO. Com efetivo prazer. Ser-me-ia impossível omitir tal objeto, se pretendo vos indicar noções completas sobre a arte da guerra. Quando um exército está em marcha, um general deve, acima de tudo o mais, se proteger das emboscadas nas quais é possível que caia de duas formas distintas: pode nelas se lançar por si mesmo durante sua marcha ou a elas ser atraído por meio das astúcias do inimigo, sem ter sabido prevê-las. A fim de prevenir o primeiro perigo, a medida a ser tomada é se fazer preceder por guardas avançadas que executam o reconhecimento. Quanto mais a região se presta a emboscadas, a exemplo dos países cobertos por bosques e montanhosos, mais essa precaução se revela importante, pois é sempre um bosque ou uma colina que se transforma no teatro desse tipo de ação. Uma emboscada imprevista geralmente significará a vossa perda, mas se for prevista não representará prejuízo algum. Aves ou a poeira serviram por vezes para indicar a presença do inimigo. Ao mover-se em direção de vós às vezes ele ergue nuvens de poeira que denunciam sua aproximação. Com freqüência pombos ou outras aves que voam em bandos, volteando no ar sem poder se fixar num lugar onde deve passar o inimigo, denunciaram a iminência de uma emboscada a um general que, cientificado assim das intenções do inimigo contra si enviou tropas à frente, derrotou o inimigo e se livrou do perigo que o ameaçava.

No tocante ao segundo perigo, ou seja, de ser atraído a uma emboscada à força das astúcias do inimigo, é preciso, para preveni-lo, evitar crer naquilo que é pouco razoável. Se, por exemplo, o inimigo vos deixa um fácil objeto de pilhagem, podeis crer que o laço está oculto e pronto sob essa isca. Se, superior no contingente, ele recua diante de uma tropa inferior; se, ao contrário, envia tropas muito fracas contra tropas consideráveis; se empreende subitamente uma fuga sem razão - em todos estes casos temei uma armadilha e não crede jamais que o inimigo não sabe o que faz. A fim de minimizar o temor de suas artimanhas, a fim de melhor prevenir todo perigo, quanto mais alardear fraqueza e menos previdência, mais devereis vós estar seguro de vossas defesas. E neste caso tendes duas coisas a fazer: admitir o justo temor do inimigo e tomar providências em consonância com isso. Entretanto, fazei com que vossos discursos e todas vossas ações aparentes contenham um grande desprezo por ele; vos protegereis assim de todo perigo e transmitireis confiança ao vosso exército.

Pensai bem que quando marchais no país inimigo correis mais perigos do que numa batalha campal. Um general deve então redobrar suas precauções. Será necessário que disponha de mapas de todo o país que atravessa que o capacitem a conhecer os lugares, o seu número, suas distâncias, as estradas, as montanhas, os rios, os pântanos e sua natureza. Para garantir este conhecimento, precisará ter junto de si, sob diversos títulos, homens pertencentes a diversas classes, muito instruídos sobre o local, que ele interrogará com cuidado, de quem confrontará os discursos, entre os quais acolherá as informações que exibam mais ou menos coerência entre si. Ele enviará à frente do exército, com a cavalaria ligeira, oficiais hábeis, não apenas para descobrir o inimigo como também para examinar o país e conferir se corresponde aos mapas e às informações obtidas. Far-se-á ainda preceder por batedores, protegidos por boa escolta, prometendo-lhes grandes recompensas por sua lealdade bem como punições terríveis por sua traição. É necessário, acima de tudo, que o exército ignore a que expedição é conduzido; nada é mais útil à guerra do que ocultar seus propósitos; e, para que um ataque repentino não instaure a confusão num exército, é imperioso o manter sempre pronto para o combate; aquilo que foi previsto é quase sempre destituído de perigo.

Diversos generais, com o intuito de fugir de toda espécie de confusão durante a marcha, dividiram as equipagens, fazendo-as se mover sob os estandartes. Assim agindo, no caso de necessidade inescapável de parar ou bater em retirada experimenta-se menos embaraços. Esse procedimento tem minha inteira aprovação. É preciso, também, cuidar para que uma parte do exército não se afaste da outra durante a marcha, ou uns marchem demasiado depressa e outros com excessiva lentidão, com o que o exército perderia sua solidez e a confusão se instauraria nas fileiras. Colocar-se-á, portanto, nos flancos oficiais com a tarefa de manter a uniformidade do ritmo de marcha, retardando os que a aceleram demais e incitando os retardatários a acelerarem o passo; mas o som dos instrumentos marciais constitui o melhor meio a ser empregado neste caso.

As sendas ou trilhas deverão ser alargadas para que sempre ao menos um batalhão possa marchar frontalmente.

Dever-se-á, enfim, submeter à exame os hábitos e o caráter do inimigo: se ele deseja vos atacar de manhã, ao meio-dia ou ao anoitecer, se é mais ou menos forte em termos de cavalaria ou em termos de infantaria e estabelecer disposições segundo estes dados. Mas é hora de indicarmos algumas situações.

Freqüentemente, quando vos achais em inferioridade de forças e desejais, por isso, esquivar-vos ao combate, tereis optado por bater em retirada diante de um inimigo que vos persegue e alcançastes a margem de um rio que não tivestes tempo de cruzar, de sorte que o inimigo está prestes a vos alcançar e vos obrigar ao combate. Ante um tal perigo, diversos generais ordenaram que fosse cavado um fosso ao redor do exército, que este fosse enchido de estopa e após ter ateado fogo à mesma, atravessaram o rio sem afrontar qualquer obstáculo da parte do inimigo, detido pelas chamas a lhe obstruírem a passagem.

ZANOBI. Hesito em crer que tais chamas constituissem um obstáculo muito difícil de ser transposto quando me vem a lembrança principalmente o episódio em que Hanon, general cartaginês, amontoou material combustível do lado em que desejava realizar sua retirada, provocando aí um incêndio. Mas os inimigos, não crendo que devessem temer esse lado, fizeram com que seu exército atravessasse as chamas, ordenando apenas aos seus soldados que cobrissem seus rostos com os escudos para se protegerem do fogo e da fumaça.

FABRÍCIO. Vossa observação é bastante razoável, mas considerai a diferença entre o que eu disse e o que fez Hanon. Esses generais aos quais me referi mandaram cavar um fosso e enchê-lo de estopa, de maneira que o inimigo foi detido pelas chamas *e por esse fosso*; Hanon, diferentemente, produziu fogo sem fosso, e, inclusive, pouco denso, pois mesmo sem fosso, de outro modo seria muito difícil que ele próprio e seu exército batesssem em retirada por ali. Não vos recordais que Nábis, rei dos lacedemônios, sitiado pelos romanos em Esparta, ateou fogo a uma parte da cidade para deter o avanço dos que já haviam ingressado na cidade e que graças a isso não só impediu a passagem do inimigo como também conseguiu rechaçá-lo.

Mas voltemos ao nosso assunto. Quinto Lutácio, perseguido pelos címbrios, tendo atingido um rio, simulou que desejava combater o inimigo para que este lhe desse tempo de cruzá-lo. Ordenou que acampassem, que fossos fossem cavados, que algumas tendas fossem erguidas e enviou sua cavalaria às cercanias em busca de forragem. Os címbrios se convenceram que acampara naquele local e se detiveram para também acampar, além do que, com a finalidade de assegurar o suprimento de seus víveres, fragmentaram o exército em diferentes corpos. Lutácio se aproveitou disso e atravessou o rio sem que os címbrios pudessem lhe opor qualquer barreira. Alguns generais, na falta de pontes para a travessia de um rio, desviaram o curso deste, e fazendo fluir uma parte atrás de si tornaram a outra parte do rio mais fácil de ser atravessada no vau. Quando os rios são muito rápidos, se quisermos que a infantaria passe com mais segurança, é preciso dispor uma parte da cavalaria mais densa acima da corrente a fim de sustentar a força da correnteza e o resto abaixo, a fim de dar apoio aos infantes, que poderiam ser levados pelas águas turbulentas do rio. Os rios que não podem ser atravessados a vau, o podem por pontes, barcos ou outros expedientes, convindo sempre munir o próprio exército dos meios necessários à realização dessas operações.

É usual acontecer na iminência de cruzar um rio ter o inimigo na outra margem à espera. Em tal situação delicadíssima, desconheço melhor exemplo a ser seguido do que o de César. Ele se achava com seu exército na Gália às margens de um rio[77] cuja passagem lhe era vedada por Vercingetórix, que tinha seu exército postado na margem oposta. César marchou ao longo do rio vários dias, tendo sempre Vercingetórix no lado oposto; finalmente,

---

77. Júlio César, *A Guerra das Gálias*, VII, 35.

acampou num local coberto de bosques e adequado à ocultação de suas tropas; retirou então três coortes de cada legião e ordenou que se detivessem nessa região e que logo que ele tivesse partido projetassem uma ponte, nela trabalhassem e a fortificassem. César continuou sua marcha e Vercingetórix, observando a mesma quantidade de legiões, não percebeu que ele deixara uma parte atrás e prosseguiu acompanhando César do outro lado do rio. Mas este último, quando concluiu que já havia dado às suas coortes tempo suficiente para construir e fortificar a ponte, retornou ao ponto anterior e encontrando tudo pronto conforme o que ordenara, cruzou o rio sem qualquer dificuldade.

ZANOBI. Há meios de descobrir vaus?

FABRÍCIO. Sem dúvida. Toda vez que percebeis entre a correnteza e a porção sem correnteza uma espécie de raia - um sulco de pouca profundidade - podeis concluir que nesse ponto o rio é menos profundo, oferecendo uma passagem mais fácil que em todas as outras partes, pois é ali que o rio acumula mais cascalho. Esta prova foi feita várias vezes e o resultado é sempre positivo.

ZANOBI. Se porventura o vau foi afundado a ponto dos cavalos ficarem incapacitados de firmar as patas, o que fazer?

FABRÍCIO. Constrói-se grades de madeira que lançadas à agua permitam que se passe sobre elas. Mas prossigamos nosso diálogo.

Às vezes, um general que alcançou um local entre duas montanhas, tendo somente dois caminhos para salvar seu exército, os vê ambos ocupados pelo inimigo. Neste caso deve fazer o que já foi praticado numa tal circunstância. Que ordene que seja cavado atrás de seu exército um largo fosso, de difícil passagem, dando a impressão que deseja deter o inimigo desse lado; em seguida poderá acompanhado de todas as suas tropas forçar a passagem à frente do exército, sem temer ser atacado pela retaguarda. O inimigo, logrado por essa impressão, conduzirá suas forças à frente, abandonando o lado impedido pelo fosso; o movimento seguinte do nosso general será lançar sobre o fosso uma ponte de madeira, improvisada com essa finalidade, avançando assim sem qualquer obstáculo e se salvando das garras do inimigo. Minúcio, comandando na qualidade de cônsul o exército romano na Ligúria, se deixou entalar entre montanhas, sem nenhum meio de safar-se. Para livrar-se desse apuro, enviou para as passagens guardadas pelo inimigo alguns cavaleiros numídios auxiliares, precariamente armados e montados em cavalos magros e de pequeno porte. O inimigo, percebendo sua presença, quis num primeiro momento detê-los, mas quando verificou que essas tropas marchavam sem ordem e contando com montaria de má qualidade, não deu importância ao fato e negligenciou a guarda. Os numídios, tirando proveito desse descuido, esporearam seus cavalos, caíram com furor sobre o inimigo e abriram caminho sem barreiras. Logo, se espalhando pelo país, forçaram os ligurianos através de suas devastações a deixarem passagem livre para todo o exército de Minúcio.

É freqüente um general, assaltado por uma profusão de tropas inimigas, concentrar suas forças, deixar-se envolver e depois de ter observado o lado mais fraco do inimigo, atacá-lo impetuosamente desse lado e salvar assim seu exército abrindo violentamente uma passagem. Marco Antonio, batendo em retirada diante dos partas, percebeu que eles o atacavam sempre ao despontar do dia, quando ele iniciava sua marcha, não deixando de espicaçá-lo por toda a sua rota. Resolveu, então, pôr-se em marcha a partir do meio-dia. Os partas concluíram que ele não havia se posto em marcha naquele dia e Marco Antonio pôde, sem quaisquer problemas continuar o seu caminho. Esse mesmo general, para se safar das flechas dos partas, ordenou aos seus soldados da primeira fileira que quando os partas se aproximassem se pusessem de joelhos; ordenou à segunda fileira que cobrisse com seus escudos as cabeças dos soldados da primeira; à terceira fileira que cobrisse as cabeças daqueles da segunda, e assim por diante, de modo que seu exército ficou, por assim dizer, coberto por um teto e ao abrigo das flechas inimigas. Eis aí o que tenho a vos dizer a respeito dos acontecimentos e incidentes que podem ocorrer a um exército durante sua marcha; se não tiverdes outras observações a me apresentar, passarei a um outro tópico.

LIVRO VI

ZANOBI. Uma vez que vamos mudar de tópico, creio ser conveniente que Batista atue agora como interlocutor e deixe eu esta função. Imitaremos, assim, os grandes capitães que, segundo a orientação do Sr. Fabrício, colocam na cabeça e na cauda de seu exército seus melhores soldados, com o objetivo de iniciar o combate intrepidamente e mantê-lo com a mesma intrepidez inicial. Cosimo instaurou o diálogo brilhantemente e Batista o encerrará com idêntico brilho. Luiz e eu o sustentamos entre eles dois da melhor forma permitida por nossa capacidade; cada um de nós tendo assumido prazerosamente o posto que lhe foi destinado, estou certo que Batista não se disponha a recusar o seu.

BATISTA. Até aqui me submeti à regra e não vejo porque deixar de fazê-lo. Assim, Sr. Fabrício, fazei o obséquio de continuar vossas considerações e nos perdoai por interromper-vos com esta prática e todos estes louvores mútuos.

FABRÍCIO. Já vos disse que só me causais prazer assim agindo. Vossas interrupções, longe de transtornar o rumo de meus pensamentos, tão-só a eles infunde nova força. Mas prossigamos. Agora se trata de alojar nosso exército, pois sabeis que todos os seres animados aspiram ao repouso, e um repouso em segurança, sem a qual, de fato, não há qualquer repouso efetivo. Talvez teríeis desejado que primeiramente eu fizesse com que nosso exército acampasse, que em seguida o fizesse marchar e, enfim, o pusesse a combater. Mas fomos obrigados a fazer exatamente o contrário, isto porque querendo vos mostrar, ao fazer com que nosso exército marchasse, como ele alterava sua ordem de marcha para ordem de batalha, foi necessário começar por vos explicar qual era essa ordem de batalha.

Um acampamento, para ser verdadeiramente seguro, precisa ser resistente e bem organizado. O que o torna bem organizado é a habilidade do general; o que produz a sua resistência é a natureza do local ou a arte. Os gregos procuravam posições naturalmente muito resistentes; só optavam, para instalar acampamento, por um local que tivesse uma caverna, um rio, muitas árvores ou qualquer outro refúgio semelhante. Os romanos, ao contrário, contavam mais com a arte do que com a natureza na sua escolha de um local para acampamento. Jamais elegiam uma posição que pudesse vir a constranger a liberdade para todas suas manobras. Assim, seus acampamentos conservavam sempre o mesmo formato, pois não queriam se adaptar ao terreno, mas sim adaptá-lo ao método que empregavam. Algo inteiramente diverso acontecia com os gregos, que se ajustando sempre à disposição do terreno, a qual variava amplamente em função da diversidade dos locais, eram forçados igualmente a variar sua maneira de acampar e a forma de seus acampamentos. Os romanos compensavam com os recursos de sua arte as falhas naturais de suas posições; e como são eles que até o presente tenho apontado como exemplo, me apegarei ainda, nesta oportunidade, a adotar seu sistema no que tange ao acampamento dos exércitos. Isto não significa que desejo copiar, imitar indiscriminadamente todas as suas instituições a respeito; pretendo adotar apenas as que me parecem as mais exeqüíveis nos nossos tempos.

Já vos falei que os exércitos consulares eram compostos de duas legiões formadas por cidadãos romanos, constituídas por cerca de onze mil soldados de infantaria e seiscentos cavaleiros, além de onze mil soldados de infantaria que lhes eram enviados pelos aliados; que jamais nesses exércitos os soldados estrangeiros superavam em número os soldados romanos, exceto no que dizia respeito à cavalaria, na qual não temia que os estrangeiros fossem em maior número que os cidadãos; e, enfim, que em todos os

Livro VI

combates, os romanos se colocavam no centro e os aliados nos flancos. Foi uma prática que utilizaram também nos seus acampamentos, como podeis constatar pela leitura dos seus historiadores. Não descreverei a vós, portanto, o método de acampamento dos romanos, mas ao vos explicar o método que adoto percebereis facilmente tudo que deles aproveitei.

Sabeis que, desejando me conformar às duas legiões romanas, tomei por paradigma de meu exército duas brigadas de infantaria, de seis mil homens cada uma, com trezentos cavaleiros por brigada. Lembrareis do número de batalhões componentes dessas brigadas, o número de suas armas, e de seus distintos nomes: não lhes somei outros corpos de tropa quando vos expliquei a ordem de marcha e de batalha desse exército vos observando apenas que na hipótese de duplicar suas forças, bastaria duplicar as fileiras. Mas, agora, que devo vos falar do acampamento, não me limitarei a essas duas brigadas. Tomarei o número de tropas conveniente a um exército ordinário. Assim, a exemplo dos romanos, comporei meu exército de duas brigadas e de igual número de tropas auxiliares. A forma de nosso acampamento será mais regular, num traçado para um exército completo; mas um tal número não era, em absoluto, necessário para as outras operações já por mim a vós indicadas.

Trata-se, então, de fazer acampar um exército completo de vinte e quatro mil infantes e dois mil cavaleiros, que formarão quatro brigadas, das quais uma será composta dos meus próprios soldados e as duas outras, de estrangeiros. Após ter escolhido um local, alçarei o estandarte geral e farei com que tracem, ao redor desse estandarte, um quadrado do qual cada lado distará do estandarte cinqüenta braças, na direção de cada uma das quatro regiões celestes, ou sejam, o nascente, o poente,[78] o sul e o norte, no interior deste espaço ficando localizada a tenda do general. Por motivos de prudência, e para seguir o exemplo dos romanos, separarei dos soldados todos aqueles que não portam armas ou que se acham fora de serviço. Colocarei na parte do nascente a totali-

---

78. Quer dizer: o leste, o oeste. São os quatro pontos cardeais. O referencial são as posições nas quais o sol nasce e se põe.

dade ou, ao menos, a maior parte dos soldados, e os restantes no poente; a cabeça do campo será no nascente, a cauda no poente; os flancos no norte e no sul.

Com o objetivo de distinguir os alojamentos do exército, farei com que seja traçada a partir do estandarte geral, uma linha reta rumo ao nascente a uma extensão de seiscentas e oitenta braças; na mesma direção farei com que sejam também traçadas duas outras linhas paralelas a essa primeira, dela distantes cada uma quinze braças. À extremidade dessa primeira linha será a porta do nascente e o espaço contido entre as duas outras linhas formará uma rua que conduzirá dessa porta à tenda do general, e terá trinta braças de largura e seiscentas e trinta de comprimento, uma vez que a tenda do general dela ocupa cinqüenta desse lado: essa rua se chamará a *rua General*.[79] Uma outra rua irá da porta do sul à porta do norte e passará pela extremidade da rua General, rente à tenda do general: terá mil e duzentas e cinqüenta braças visto que se estenderá a toda a largura do acampamento, tendo a largura de trinta braças; se chamará *rua da cruz*. Após ter traçado o alojamento do general e essas duas ruas, será necessário, então, alojar as duas brigadas de minhas próprias tropas. Colocarei uma delas à direita da *rua General* e a outra, à sua esquerda. Tendo atravessado a rua da cruz, instalarei trinta e dois alojamentos à esquerda da *rua General* e trinta e dois à sua direita, mas entre o décimo sexto e o décimo sétimo, deixarei um espaço de trinta braças que formará uma travessa entre todos os outros alojamentos das brigadas, conforme explicarei ao me referir à distribuição dos diversos alojamentos. Nestas duas fileiras de alojamentos, os primeiros, de cada lado da rua da cruz, serão destinados aos comandantes dos soldados de armas pesadas, e os quinze alojamentos que se seguem de cada lado, aos seus soldados; como cada brigada contém cento e cinqüenta deles, haveria assim dez soldados de armas pesadas para cada alojamento. Os alojamentos dos comandantes terão quarenta braças de largura e dez de comprimento (lembrai aqui que por *largura* entendo o espaço que se

---

79. *..via capitana...* a rigor o mesmo que *rua geral*. O *general* num exército é aquele que tem o comando *geral*.

estende do sul ao norte, e por *comprimento* aquele que se estende do poente ao nascente). Os alojamentos dos soldados armados terão quinze braças de comprimento e trinta de largura. Nos quinze alojamentos seguintes que se acham além da *travessa* - que terão as mesmas dimensões que aqueles dos soldados armados - colocarei a cavalaria ligeira que, igualmente composta de cento e cinqüenta homens, fornecerá dez cavaleiros para cada alojamento; o décimo sexto desses alojamentos será ocupado de cada lado pelo comandante dessa cavalaria, tendo as mesmas dimensões daquele do comandante dos soldados de armas pesadas. Assim, os alojamentos da cavalaria das duas brigadas estarão dispostos dos dois lados da rua General e servirão de regra para o traçado dos alojamentos da infantaria, como irei vos explicar.

Acabo de alojar os trezentos cavaleiros de cada brigada com seus comandantes em trinta e dois alojamentos situados na rua General, e começando na rua da cruz; e deixei, entre o décimo sexto e o décimo sétimo um espaço de trinta braças que forma a *travessa*. Trata-se agora de alojar os vinte batalhões que compõem as duas brigadas ordinárias. Tomando, então, dois batalhões de um vez, eu os instalarei atrás dos dois lados da cavalaria. Seus alojamentos, como aqueles dos cavaleiros, terão quinze braças de comprimento e trinta de largura e tocarão estes últimos por trás. Cada primeiro alojamento de cada lado que une a rua da cruz será ocupado pelo chefe de um batalhão e colocado assim na mesma linha daquele do comandante dos soldados de armas pesadas. Somente esse alojamento terá vinte braças de largura e dez de comprimento. Nos outros quinze alojamentos que se seguem de cada lado até a *travessa*, colocarei de cada lado um batalhão de infantaria que, constituído por quatrocentos e cinqüenta homens, terá trinta homens por alojamento. Depois de ter passado pela *travessa*, instalarei atrás da cavalaria ligeira quinze outros alojamentos das mesmas dimensões, que serão ocupados de cada lado por um outro batalhão de infantaria. Desses dois lados, os dois últimos alojamentos que dão para o nascente serão destinados aos chefes dos dois batalhões e colocados na mesma linha daqueles dos dois comandantes da cavalaria ligeira; terão igualmente dez braças de comprimento e vinte de largura. Essas duas primeiras fileiras de alojamentos serão assim repartidas entre a cavalaria e a infantaria; e, como desejo que essa cavalaria, como já vos disse, seja inteiramente auto-suficiente quanto às suas necessidades, sem qualquer criado para servi-la e pensar seus cavalos, ordenarei, a exemplo dos romanos, aos batalhões alojados atrás dela que a ajudem e estejam à sua disposição, isentando estes últimos de todos os outros afazeres do acampamento.

Atrás dessas duas fileiras de alojamentos, deixarei de cada lado um espaço de trinta braças, o qual formará duas ruas, das quais uma se chamará *primeira rua da direita* e a outra, *primeira rua da esquerda*. Instalarei, em seguida, de cada lado uma outra fileira dupla de trinta e dois alojamentos, contíguos e dando as costas uns para os outros, do mesmo tamanho dos primeiros, e separados pela *travessa*, entre o décimo sexto e o décimo sétimo. Aí alojarei de cada lado quatro batalhões de infantaria, com seus chefes à cabeça e à cauda, como já o disse. Em seguida, deixarei ainda de cada lado um espaço de trinta braças, o que formará duas ruas, das quais uma se chamará *segunda rua da direita* e a outra, *segunda rua da esquerda*; instalarei, da mesma maneira, uma outra fileira dupla de trinta e dois alojamentos, nos quais colocarei de cada lado quatro batalhões com seus chefes. Três fileiras de alojamentos de cada lado da *rua General* bastam assim à cavalaria e à infantaria das duas brigadas ordinárias.

As duas brigadas auxiliares, compostas da mesma quantidade de homens, serão alojadas de maneira idêntica às brigadas ordinárias, de uma parte e de outra destas. Começarei, então, por reinstalar uma dupla fileira de alojamentos, divididos entre a cavalaria e a infantaria dessas duas brigadas, e separados da última fileira das brigadas ordinárias por um espaço de trinta braças, que chamaremos, de um lado, de *terceira rua da direita* e do outro de *terceira rua da esquerda*. Instalarei, em seguida, de cada lado duas outras fileiras de alojamentos, separados e ocupados da mesma maneira que os outros, os quais formarão duas outras ruas que nomearemos, igualmente, conforme o número e o lado em que serão localizadas. Assim, todo esse exército será alojado em doze fileiras duplas de alojamentos instalados em treze ruas, incluindo a *rua General* e a *rua da cruz*. Enfim, entre os diversos alojamentos e o fosso, deixarei um espaço de cem braças, o que totaliza, desde o centro do alojamento do general até a porta do nascente seiscentas e oitenta braças.

Desse lado, resta-nos ainda dois espaços a serem preenchidos: um *do* alojamento do general *à* porta do sul; o outro, de lá até a porta do norte; medem, cada um, se medidos a partir do centro do alojamento, seiscentas e vinte e cinco braças. Mas, se eu subtrair disso *primeiramente* cinqüenta braças, ocupadas pelo alojamento do general *e, em segundo lugar* quarenta e cinco braças para a praça que deixo de cada lado do alojamento, *em terceiro lugar* trinta braças para a rua que dividirá em dois cada um desses espaços, e em *quarto lugar* as cem braças que permanecem livres em torno do fosso, me sobrará para os alojamentos a serem instalados aí um espaço de quatrocentas braças de largura e cem braças de comprimento, o que corresponde ao comprimento do espaço que ocupa o alojamento do general. Dividindo esses dois espaços em dois no seu comprimento, instalarei em cada um quarenta alojamentos de cinqüenta braças de comprimento e vinte braças de largura, o que formará oitenta alojamentos destinados aos chefes de brigada, aos tesoureiros, aos mestres de acampamento e, numa palavra, a todos os empregados do exército. Tomarei o cuidado para que sobrem sempre alguns vagos para os estrangeiros que poderão visitar o acampamento e os voluntários que viessem se apresentar para servir por obséquio ao general.

Atrás do alojamento do general, traçarei uma rua do sul ao norte, com trinta braças de largura, e que chamarei de *rua da cabeça*; ela passará ao longo dos oitenta alojamentos aos quais acabo de me referir, os quais, com o alojamento do general, se encontrarão assim colocados entre essa rua e a *rua da cruz*. Dessa *rua da cabeça* e face à face com o alojamento do general, traçarei uma outra rua até a porta do poente, de trinta braças de largura, que devido a sua posição e ao seu comprimento corresponderia à *rua General* e a que chamarei de *rua da Praça*. Após haver traçado essas duas ruas, instalarei a *praça* onde estará localizado o mercado. A *praça* ficará situada na cabeça da *rua da Praça*, face à face com o alojamento do general, unindo-se à *rua da cabeça* e formará um quadrado de noventa e seis braças. À direita e à esquerda dessa praça, haverá duas fileiras de oito alojamentos duplos que terão, cada um, doze braças de comprimento, por trinta de largura. A praça ficará assim situada entre dezesseis alojamentos que formarão trinta e dois abrangendo os dois lados. É aí que colocarei a cavalaria suplementar das brigadas auxiliares; e se esta não puder ser aí inteiramente alojada, eu lhe cederei alguns dos alojamentos que se encontram em ambos os lados do quartel geral, principalmente aqueles que se acham do lado do fosso.

Resta-me alojar agora os lanceiros e os vélites extraordinários ligados às brigadas, que possuem cada uma, como vós o sabeis, além de seus dez batalhões, mil lanceiros extraordinários e quinhentos vélites, o que totaliza, no caso de minhas próprias brigadas, dois mil lanceiros e mil vélites extraordinários e o mesmo número para as brigadas auxiliares. Tenho, portanto, ainda que alojar seis mil soldados de infantaria, que colocarei na sua totalidade no poente ao longo do fosso. Assim, no extremo da *rua da cabeça*, do lado norte, deixando o espaço de cem braças até o fosso, instalarei uma fileira de cinco alojamentos duplos, que medirão setenta e cinco braças de comprimento por sessenta de largura, de sorte que compartilhando da largura, cada alojamento terá quinze braças de comprimento por trinta de largura. E como existirão dez alojamentos, neles eu acomodarei trezentos homens, trinta homens em cada alojamento. Deixando em seguida um espaço de trinta e uma braças, instalarei da mesma maneira e obedecendo às mesmas dimensões uma outra fileira de cinco alojamentos duplos e, em seguida, uma outra até que formem cinco fileiras de alojamentos duplos, que constituirão cinqüenta alojamentos, dispostos em linha reta do lado norte, todos eqüidistantes cem braças do fosso, e ocupados por mil e quinhentos soldados de infantaria. Depois, voltando-me para a esquerda, para a porta do nascente, colocarei dali até esta porta cinco outros alojamentos duplos, de dimensões idênticas às anteriores, com a diferença de que neste caso não haverá de uma fileira para outra senão quinze braças de espaço. Aí eu alojarei ainda mil e quinhentos homens. Dessa forma, da porta do norte à porta do poente, tendo eu instalado ao longo do fosso cem alojamentos, distribuídos em dez fileiras de cinco alojamentos duplos cada uma, poderei aí alojar todos os lanceiros e os vélites extraordinários de minhas próprias brigadas. Da porta do poente à porta do sul instalarei de maneira idêntica, ao longo do fosso, conservando sempre as cem braças de distância, dez fileiras de dez alojamentos cada uma, destinados aos lanceiros e aos vélites extraordinários das brigadas auxiliares; os comandantes ocuparão do lado do fosso os alojamentos que lhe pareçam os mais confortáveis. Finalmente, colocarei a artilharia ao longo do fosso.

Todo o espaço que permanece vazio do lado do poente será ocupado pelos serviçais desarmados do exército e todos os petrechos do acampamento. Deveis saber que, com esta expressão *petrechos do acampamento* os antigos queriam dizer tudo e todos que eram necessários ao exército além dos soldados, como os carpinteiros, os ferreiros, os alveitares, os cortadores de pedras, os engenheiros, os artilheiros, ainda que estes pudessem ser encarados como verdadeiros soldados; também incluídos sob essa designação os boiadeiros e pastores com seus rebanhos bovinos e ovinos necessários à alimentação do exército e, enfim, os artesãos ligados a todos os ofícios, além das equipagens das munições e dos víveres. Não farei nenhuma distinção em especial do alojamento de todos esses *petrechos e pessoal*; só cuidarei para que não ocupem as diferentes ruas por mim traçadas e destinarei, em geral, a todos esses petrechos e pessoal do exército os quatro espaços diferentes que se acham formados por essas ruas, um sendo para os rebanhos, o outro para os artesãos, o terceiro para os víveres, o quarto para as munições. As ruas que devem permanecer livres são a rua da Praça, a rua da Cabeça e uma outra rua que se chamará *rua do Centro*, que irá do norte ao sul, cruzará a rua da Praça e seria, para o poente, o que é a *travessa* para o nascente. Traçarei, além dessas, atrás desses quatro espaços, uma rua que irá ao longo dos alojamentos dos vélites e dos lanceiros extraordinários. Todas essas ruas terão trinta braças de largura, e a artilharia, como já disse, será colocada na parte posterior dos fossos do acampamento. (Ver figura da pág. 250).

BATISTA. Confesso pouco entender de assuntos bélicos, do que não me envergonho já que a guerra não é o objeto de minha profissão. Vossas disposições, de qualquer modo, me parecem excelentemente ordenadas. Mas tenho duas dúvidas. Gostaria de saber, primeiramente, porque atribuis tanta largura às ruas e aos espaços que existem em torno dos alojamentos; por outro lado, não entendo exatamente de que maneira instalar alojamentos nos espaços que destinastes para essa finalidade.

FABRÍCIO. Traço ruas com trinta braças de largura para que um batalhão de infantaria possa por elas passar em ordem de batalha, e cada batalhão, como deveis vos lembrar, ocupa vinte e cinco a trinta braças de largura. Quanto ao espaço que separa os alojamentos dos fossos, atribuí a eles cem braças para que os batalhões e a artilharia possam por aí se deslocar facilmente; que seja possível por aí transitar com o produto do saque e, se necessário, por aí bater em retirada atrás de novos fossos e novos entrincheiramentos. Ademais, é útil que os alojamentos estejam afastados dos fossos, de modo que ficam menos expostos ao fogo e aos demais projéteis - digamos flechas e dardos - do inimigo.

No que toca à vossa segunda dúvida, meu desejo é haver apenas uma tenda em cada espaço traçado por mim; aqueles que deverão nele se alojar aí colocarão mais ou menos tendas, segundo o que julgarem lhes seja mais confortável, contanto que não ultrapassem a linha que lhes é prescrita.

Para o projeto desses alojamentos, será necessário ter junto de si homens de grande experiência e engenheiros competentes que logo que o general escolha o local definam a disposição do acampamento, fazendo a distribuição, discriminando as ruas, indicando os alojamentos mediante cordas e estacas e executando todas essas providências com tal presteza que a obra esteja pronta com extraordinária rapidez. A fim de evitar qualquer confusão, é preciso ter o cuidado de orientar o acampamento sempre na direção do mesmo ponto, de modo que cada um saiba em que rua e em qual espaço deve encontrar seu alojamento. É um hábito a ser preservado constantemente e em todos os lugares, de forma que o acampamento seja como uma cidade móvel que, para qualquer local a que seja transferida, leve consigo as mesmas ruas, as mesmas habitações e apresente sempre o mesmo aspecto. É uma vantagem que não têm aqueles que, procurando locais naturalmente muito favoráveis, são obrigados a submeter a forma de seu acampamento às diferenças do terreno. Os romanos, ao contrário, se contentavam em fortificar seus acampamentos por meio de fossos, valas e outros tipos de trincheiras; elevavam em torno desses acampamentos paliçadas e diante delas cavavam um fosso geralmente com a largura de seis braças e a profundidade de três, ampliando-o ou cavando mais fundo se pretendessem permanecer mais tempo no local ou se o inimigo lhes inspirasse maior temor. Quanto a mim, não elevarei paliçadas, a menos que resolvesse passar o inverno num acampamento. Eu me contentaria com fossos e valas não inferiores em tamanho aos dos romanos, me reservando a possibilidade de lhes dar mais extensão segundo as circunstâncias. Ordenarei, ademais, que seja cavado, por causa da artilharia, um fosso em meio círculo em cada canto do acampamento, com o que poderia combater pelo flanco o inimigo que viesse atacar o entrincheiramento. É absolutamente indispensável treinar o exército nesses diversos trabalhos dos acampamentos; habituar os oficiais a se capacitarem, inclusive, a projetar um acampamento com presteza e os soldados a reconhecerem instantaneamente seus respectivos alojamentos. Trata-se de um treinamento, como explicarei logo a seguir, que não apresenta quaisquer dificuldades. Falarei a vós agora sobre os guardas do acampamento, pois sem este item importante todos os nossos outros esforços serão em vão.

BATISTA. Antes de passar a esse tópico, rogo-vos que indiqueis quais precauções devem ser tomadas quando se quer acampar perto do inimigo. Parece-me que neste caso não seria possível, sem se expor ao perigo, empreender todos os preparativos que acabais de recomendar.

FABRÍCIO. Jamais um general acampará perto do inimigo salvo se alimentar a intenção de tomar a iniciativa de atacá-lo contando com a predisposição do inimigo para enfrentá-lo. Se assim resolvido, ele não correrá qualquer perigo extraordinário, pois nesse caso terá sempre pronto para o combate suas duas primeiras unidades de batalha, enquanto a terceira fica encarregada do acampamento. Num tal ensejo, os romanos davam essa incumbência aos triários, ao passo que os hastários e os príncipes permaneciam com suas armas prontas. Os triários, sendo os últimos a se engajarem no combate, dispunham sempre de tempo para à aproximação do inimigo para deixar seu trabalho, tomar suas armas e se colocarem em seus postos. Imitando os romanos, poderíeis confiar o acampamento aos batalhões que se acham, como os triários, na última linha de vosso exército.

Mas voltemos aos guardas do acampamento.

Não me ocorre que os antigos colocassem durante a noite, a uma certa distância do acampamento, guardas avançadas que chamamos hoje de vedetas. Julgavam, sem dúvida, que esse procedimento expunha o exército a prejuízos sérios, essas sentinelas podendo, com freqüência, se perderem, ser subornadas pelo inimigo ou pressionadas por este; de forma que confiar-se parcial ou totalmente nelas se revelava sumamente perigoso. Toda a força de sua guarda se achava, portanto, no seu entrincheiramento, onde a vigilância era realizada com cautela e ordem excepcionais, pois todo soldado que fosse negligente nessa atividade era punido com a morte. Não me deterei numa explicação minuciosa das diferentes regras aplicáveis no tocante a esse aspecto, o que significaria entediá-los inutilmente. Será para vós fácil vos instruirdes acerca disso, caso já não o tenhais feito até o presente. Mas eis aqui, em poucas palavras, o que desejo estabelecer no meu exército. Todas as noites, em condições normais e ordinárias, farei com que estejam de armas prontas um terço do exército e deste um terço a quarta parte estará sempre a postos e distribuída pelos principais limites e principais postos de defesa do acampamento, com guarda duplicada em todos os cantos. Alguns atuarão como sentinelas, enquanto outros farão constantes patrulhas de um extremo a outro do acampamento. A mesma ordem será observada de dia quando o exército estiver acampado perto do inimigo.

Não me deterei a vos falar da senha e da necessidade de alterá-la todos os dias, além de todas as outras medidas a serem tomadas para a segurança do acampamento, uma vez que tudo isso é conhecido por todos, mas há uma precaução importantíssima, que previne muitos riscos quando a ela recorremos com precisão e cuja ausência pode ensejar grandes males, que consiste em observar com extrema atenção aqueles que, durante a noite, saem do acampamento ou que ousam nele entrar; trata-se de um cuidado que não apresenta dificuldades considerada a ordem que concordamos em estabelecer; pois cada alojamento estando ocupado por um número determinado de homens, percebe-se facilmente se nele se encontram mais ou menos indivíduos. Aqueles que se ausentam sem permissão devem ser punidos como desertores; quanto aos estrangeiros, devem ser interrogados a respeito de sua condição, profissão e demais qualificações. Esta vigilância impede que o inimigo introduza ou faça espiões entre os vossos oficiais, se instruindo a respeito de vossos planos. Sem essa atenção contínua, Cláudio Nero não teria podido jamais, diante de Aníbal, afastar-se de seu acampamento da Lucânia e a ele voltar após ter estado na província fronteiriça, sem que Aníbal disso tivesse a menor suspeita.

Mas não basta que esses regulamentos sejam bem estabelecidos. É imperioso fazer com que sejam cumpridos com grande rigor, pois em nenhum outro aspecto necessita o exército de precisão mais perfeita do que nesse caso. As leis estabelecidas visando a preservação de um exército devem ser rigorosíssimas e aplicadas impiedosamente. Os romanos puniam com a morte qualquer um que descuidasse de sua guarda ou que abandonasse o posto a si destinado para o combate; qualquer um que carregasse furtivamente algum objeto do acampamento; qualquer um que se gabasse de uma proeza de que não fora autor; qualquer um que realizasse alguma ação sem ordem do general ou que, por medo, abandonasse suas armas ante o inimigo. E quando acontecia de uma coorte ou uma legião inteira se tornar culpada dessas faltas, como não era possível executar a coorte ou legião inteiras, esta era obrigada a fazer um sorteio e cada soldado em dez era executado. Mediante tal procedimento severíssimo, se todos não experimentavam a punição capital, ao menos cada um a temia.

Como são necessárias grandes recompensas em todo lugar em que as penas são muito severas, para que os homens tivessem um igual motivo tanto para temer quanto para ter esperança, os romanos estabeleciam um prêmio por cada façanha; para aquele, por exemplo, que durante o combate salvava a vida de seu concidadão, que se lançava em primeiro lugar numa cidade sitiada ou no interior do acampamento inimigo, que feria ou matava o inimigo ou o derrubava de seu cavalo; todos esses atos de coragem eram reconhecidos e recompensados pelos cônsules e publicamente louvados por cada um dos cidadãos. O soldado que obtivera dádivas militares por qualquer uma dessas proezas, além da glória e da deferência entre seus companheiros, as expunha, de retorno à pátria, com sumo orgulho aos seus parentes e amigos. Seria assim de se espantar o poder de um povo que punia ou premiava com tal precisão aqueles que, por suas boas ou más ações, haviam merecido a condenação ou o louvor?

Os romanos determinaram uma pena específica que acho que deve ser mencionada. Quando o culpado era condenado diante do tribuno ou do cônsul, estes o golpeavam levemente com uma varinha e permitiam que fugisse, como permitiam aos soldados que o matassem; cada um lhe arremessava pedras ou setas, ou o atacava com outras armas, de forma que era muito difícil que conseguisse ir muito longe, pouquíssimos escapando com vida e, mesmo estes, só podiam voltar à pátria cobertos de vergonha e infâmia, sendo a morte para eles um suplício menos severo. Esta pena romana é usada entre os suíços. Fazem com que sejam mortos publicamente por seus companheiros os soldados condenados à morte, o que revela sabedoria e é muito bem estabelecido. O melhor modo de impedir um homem de defender um culpado é encarregá-lo pessoalmente da punição desse culpado, pois o interesse que este lhe inspira e o desejo de seu castigo o agitam de modos inteiramente distintos se a punição for colocada em suas mãos ou confiada a uma outra pessoa. Se quereis, então, que o povo não se converta no cúmplice dos projetos culpáveis de um cidadão, fazei com que o povo seja o seu juiz. Mânlio Capitolino pode ser citado em apoio deste ponto de vista. Acusado pelo senado, foi defendido pelo povo até que o povo se tornou seu juiz; sendo o árbitro de seu destino, ele o condenou à morte. Este gênero de pena é, portanto, adequadíssimo para prevenir sedições e manter a aplicação da justiça. Como o temor da lei ou o dos homens não constituem freio suficientemente eficaz para os soldados, os antigos juntavam e eles a autoridade divina. Faziam seus soldados jurar num conjunto de cerimônias religiosas que permaneceriam fiéis à disciplina militar. Procuravam de todos os meios possíveis nelas fortalecer o sentimento religioso, para que todo soldado que violasse seu dever tivesse a temer não somente a vingança dos homens, como também a cólera dos deuses.

BATISTA. Os romanos permitiam a presença de mulheres no exército ou que os soldados se divertissem com todos esses folguedos hoje permitidos?

FABRÍCIO. Tanto uma coisa quanto outra eram, entre eles, rigorosamente proibidas e esta proibição não era muito difícil de ser mantida. Os soldados eram mantidos ocupados com tanto treinamento, tantos exercícios públicos ou particulares que mal lhes restava tempo para pensar ou em sexo[80] ou em jogos, e em todos as demais diversões das quais se ocupam os nossos soldados ociosos e indisciplinados.

BATISTA. Isto basta. Mas dizei-me qual era a forma deles levantar acampamento?

FABRÍCIO. A trombeta geral soava três vezes. Ao primeiro toque, desmontava-se as tendas e preparava-se as bagagens; ao segundo, carregava-se os animais de carga; ao terceiro o exército se punha em movimento na ordem que já expliquei, as equipagens atrás de cada corpo do exército e as legiões ao centro. Assim,

---

80. Literalmente *pensar ou em Vênus (...pensare o a Venere...)*. Vênus era a deusa da beleza feminina e do amor sexual entre os romanos, correspondente a Afrodite grega.

faríeis partir primeiramente uma brigada auxiliar, em seguida suas equipagens particulares, e a quarta parte das equipagens comuns que teriam sido alojadas na sua totalidade num dos quatro espaços que destinei no acampamento às equipagens. Conviria designar a cada brigada um desses quarteirões, de modo que no momento de levantar acampamento, cada um daqueles que o ocupasse soubesse que brigada devia seguir; e cada brigada, seguida de suas equipagens particulares e da quarta parte das equipagens comuns marchava na ordem que indiquei ao me referir ao exército romano.

BATISTA. Os romanos possuíam outras regras para o acampamento além dessas que acabais de nos indicar.

FABRÍCIO. Repito-vos que os romanos queriam permanentemente conservar a forma de seu acampamento - todas as demais considerações estão subordinadas a essa diretriz. Mas há dois pontos que não se deve jamais perder de vista: procuravam sempre um local que não fosse insalubre e se preocupavam em jamais correr o risco de ser assediados pelo inimigo ou terem rompidos seus canais para a água e os víveres. Visando evitar as doenças, afastavam-se de locais pantanosos e expostos a ventos de contágio. Reconheciam esse perigo menos observando à própria qualidade do terreno do que observando a tez dos habitantes; quando percebiam que estes exibiam aspecto pouco saudável, vitimados por asma ou acometidos por qualquer outra enfermidade, acampavam em outra parte. A fim de não se expor ao perigo de ser sitiados, é preciso examinar de que lado e em que lugar estão vossos amigos ou vossos inimigos e a partir disto julgar o que se tem a temer. Um general deve, portanto, conhecer perfeitamente todas as regiões de um país e ter em torno de si homens que também sejam instruídos nesse sentido.

Evita-se doenças e a fome submetendo o exército a um regime regular. Se quereis conservar a saúde de vossos soldados, deveis obrigá-los a dormir sempre dentro das tendas; deveis escolher para acampar lugares que lhes ofereçam sombra e madeira para que possam preparar suas refeições; não os obrigareis a marchar sob o calor intenso; tereis, assim, o cuidado durante o verão de levantar acampamento antes do nascer do sol. Durante o inverno, que se ponham a marchar sobre gelo e neve quanto tiverem recursos de encontrar fogo para se aquecerem; que estejam sempre bem vestidos e jamais bebam água salobra. Tende junto a vós sempre médicos para que cuidem dos enfermos, pois nada se pode esperar de um general que tem para combater doenças e o inimigo. Mas o melhor modo de conservar a saúde dos soldados consiste nos exercícios. Não é de se espantar que os antigos submetiam os soldados de seus exércitos a exercícios todos os dias. Vede a recompensa da prática dos exercícios: no acampamento eles vos proporcionam a saúde e no combate a vitória.

Para evitar a fome não basta não deixar o inimigo vos cortar o suprimento de víveres; é necessário, ademais, fazer copiosas provisões no vosso acampamento e impedir o desperdício. Tende sempre disponível para vosso exército víveres para um mês; que vossos aliados sejam obrigados a os fornecerem todos os dias; instalai armazéns em alguma de vossas praças fortes e dispensai as provisões com uma tal economia que cada soldado delas tenha diariamente apenas uma porção razoável. Que esta parte da administração militar seja especial objeto de vossa atenção, pois com o tempo sempre se pode vencer qualquer coisa na guerra, mas a fome por si só com o tempo triunfará sobre vós. Jamais um inimigo que vos possa vencer pela fome se empenhará em vos vencer pela espada. Se sua vitória não é assim tão honrosa, sem dúvida é mais certa e mais assegurada. Constitui um perigo inexorável para todo um exército o não ser guiado por um espírito de equilíbrio e moderação, consumindo seus víveres desmedidamente e conforme os próprios caprichos. O desequilíbrio impede o suprimento de todas vossas provisões e o desperdício as torna inúteis. Os antigos determinavam que cada soldado consumisse inteiramente e de uma vez todo quinhão que lhe era destinado, pois o exército só se alimentava quando o general tomava sua refeição. Sabemos muito bem o que ocorre nesse aspecto nos exércitos modernos; longe de oferecerem como os antigos exemplos de parcimônia e de sobriedade, são, ao contrário, escolas de glutonice e de embriaguez.

BATISTA. Quando vós principiastes a discorrer sobre o acampamento, dissestes que não desejaríeis, como até agora, operar com base em duas brigadas, mas com base em quatro, com o intuito de nos ensinar a como instalar o acampamento de um exército completo. Tenho a respeito duas questões a vos propor: como projetarei meu acampamento para tropas mais ou menos numerosas? Enfim, qual o número que deve atingir um exército para estar capacitado a combater qualquer espécie de inimigo?

FABRÍCIO. Respondo a vossa primeira questão que se o exército é composto de quatro ou seis mil soldados de infantaria, deve-se acrescentar ou subtrair proporcionalmente as fileiras de alojamentos e esta proporção crescente ou decrescente pode assim prosseguir indefinidamente. Entretanto, quando os romanos reuniam seus dois exércitos consulares, formavam dois acampamentos que se uniam em suas partes posteriores. No que concerne a vossa segunda questão, devo observar que o exército romano, constituído nos períodos normais por cerca de vinte e quatro mil homens, jamais atingiu, nas ocasiões em que a República corria mais perigo, mais de cinqüenta mil homens. Foi um exército de tais proporções que os romanos enviaram para enfrentar duzentos mil gauleses que atacaram a Itália após a primeira guerra púnica e não enfrentaram Aníbal com um contingente maior. É de se observar que os romanos e os gregos sempre guerrearam com exércitos pouco expressivos do ponto de vista numérico, primando sim nos seus exércitos nos aspectos da arte e da disciplina. Os povos do Oriente e do Ocidente, ao contrário, sempre guerrearam privilegiando o contingente; os primeiros fazendo uso de sua impetuosidade natural, os segundos impelidos pela profunda obediência aos seus monarcas. Ausentes estes dois motivos na Grécia e na Itália, foi necessário recorrer à disciplina, cujo efeito é a tal ponto insuperável que graças a ela um pequeno contingente triunfa sobre o furor e o encarniçamento de uma multidão imensa. Como queremos imitar os gregos e os romanos, nosso exército não contará com mais de cinqüenta mil homens, se não for o caso, inclusive, de reduzir este número, já que a multidão é geradora certa de confusão e tende a invalidar todos os trunfos da disciplina e do treinamento. Pirro tinha o costume de declarar que com quinze mil homens se disporia a conquistar o mundo. Mas passemos à outra questão.

Conduzimos nosso exército a uma batalha vitoriosa e discorremos sobre os diversos acidentes e situações que podem sobrevir durante o combate; o colocamos em seguida em marcha e previmos todos os perigos que poderia enfrentar no seu caminho; enfim o instalamos num acampamento onde iremos repousar um pouco após tantas fadigas e abordar os meios de dar fim à guerra, pois nos alojamentos muitas coisas são tratadas, especialmente no caso de restar ainda inimigos em campanha, se temos ainda de recear cidades suspeitas ou inimigas e estamos no caso de nos assegurar das primeiras e atacar as segundas. É preciso vos falar desses diversos tópicos e superar todas as dificuldades tão gloriosamente como combatemos até aqui. Trataremos, portanto, de casos particulares.

Se vários povos se lançam a operações desastrosas para eles próprios e proveitosas para vós, como expulsar uma parte de seus concidadãos, ou destruir as fortificações de suas cidades, será conveniente cegá-los a tal ponto que quanto aos vossos projetos que nenhum deles chegue a pensar que vos ocupais dele e que descuidando de sua proteção, possam ser todos sucessivamente esmagados; ou então será necessário impor a todos eles num mesmo dia vossas condições, pois crendo cada um que não é o único a ser atingido, pensará em submeter-se e não em resistir, com o que todos serão subjugados sem que disto resulte qualquer problema. Se suspeitais da lealdade de um povo, e desejais confirmá-lo o atacando de improviso, o mais seguro meio de ocultar vossos planos é comunicar a esse povo qualquer outro projeto para o qual reclamareis sua assistência, parecendo que vos ocupais de algo totalmente diferente do que aquilo que a ele concerne; não cogitando em absoluto que desejais atacá-lo, se descuidará de suas defesas e podereis sem dificuldade concretizar vossos planos.

Quando suspeitais que há em vosso exército um traidor que informa o inimigo acerca de vossos projetos, convém tirar proveito de sua deslealdade, transmitir-lhe algum empreendimento que estais longe de conceber, e dele ocultar aquele no qual efetivamente pensais, simular temores a respeito de algum projeto que não vos traz inquietação alguma e dissimular vossos temores reais; diante disso, o inimigo, crendo ter penetrado vosso pensamento, acabará por esboçar algum movimento já previsto e cairá assim na armadilha que preparastes para ele.

Se pretendeis, como fez Cláudio Nero, reduzir vosso exército para remeter reforços a algum aliado sem que o inimigo o perceba, tereis o cuidado de não compactar vosso acampamento, manter as mesmas fileiras e os mesmos estandartes, enfim não alterar em nada o número dos guardas e das fogueiras. Se pretendeis, ao contrário, esconder do inimigo que recebestes recentemente novas tropas, não devereis ampliar vosso acampamento. Constata-se que no tocante a esses vários ardis, a prática do segredo é altamente importante. Assim, Metelo, que guerreava na Espanha, respondeu a alguém que lhe perguntava o que faria no dia seguinte: "Se minha camisa o soubesse eu a queimaria imediatamente.". Um homem do exército de Crasso lhe perguntava quando iria ele levantar acampamento. Sua resposta foi: "Acreditais, então, ser o único que não escutará a trombeta?".

Para detectar os segredos do inimigo e conhecer suas disposições, alguns generais enviaram a eles embaixadores acompanhados de oficiais sagazes disfarçados como criados que, aproveitando a ocasião para sondar o exército inimigo, de observar seus pontos fortes ou fracos, forneceram informações que abriram caminho para a vitória; outros exilaram um dos seus confidentes que, passando para o inimigo, conseguiu descobrir e transmitir todos os seus planos. Os prisioneiros também são instrumentos para descobrir os projetos do inimigo. Mário, na guerra contra os címbrios, querendo se assegurar da fidelidade dos gauleses cisalpinos, aliados do povo romano, enviou a eles algumas cartas lacradas e outras abertas; nestas últimas lhes recomendava somente abrir as outras numa determinada data; mas reclamando sua devolução antes dessa data, constatou que haviam sido violadas, prova de que não podia contar com a lealdade dos gauleses cisalpinos.

Livro VI

Outros generais, ao invés de ir de encontro ao inimigo que vinha atacá-los, deslocaram seus exércitos para o país do inimigo com o propósito de forçá-lo a retornar a fim de defender sua terra. Trata-se de um procedimento muito freqüentemente conduzente ao êxito, porque os soldados com isso começam a experimentar vitórias: adquirem tanto confiança quanto produto do saque, ao passo que o inimigo, imaginando que a sorte lhe é desfavorável, começa a desanimar-se. Essa variação é utilíssima, mas só pode vir a ser realizada quando vosso país está melhor fortificado do que aquele que vais atacar, caso contrário vos será desastrosa. É freqüente suceder que um general, sitiado em seu acampamento, encontre sua salvação numa política de negociação na qual obtém uma trégua de alguns dias; com a diminuição da vigilância de seu adversário e tirando proveito da negligência deste, se capacita assim a escapar do cerco. Foi por esse meio que Sila se safou duas vezes com êxito e que Asdrúbal frustrou na Espanha os planos de Cláudio Nero, que o sitiara. Numa tal circunstância, podeis ainda efetuar algum movimento que mantenha o inimigo em suspenso, seja o atacando com uma parte de vossas forças, de modo que atraindo desse lado toda a sua atenção, tenhais tempo de salvar o resto do exército, seja gerando algum incidente imprevisto cuja novidade o detenha por algum tempo na incerteza e no constrangimento. Foi o partido tomado por Aníbal que, cercado por Fábio Máximo, ordenou durante a noite que faxinas fossem atadas aos chifres de muitos rebanhos de bois e que se ateasse fogo nelas; este espetáculo inesperado atraiu toda as atenções de Fábio para aquele ponto, fazendo-o descuidar da intercepção de outras passagens a Aníbal.

É de suprema importância que um general se empenhe em dividir as forças que terá que combater, quer semeando a suspeita no espírito do general inimigo com relação aos homens aos quais este deposita máxima confiança, quer criando algum motivo que o faça separar suas tropas, com o que debilitará seu exército. No primeiro caso, deverá manipular os interesses de alguns amigos de seu adversário, respeitando durante a guerra as propriedades deles, lhes devolvendo sem resgate seus filhos ou seus amigos prisioneiros. Aníbal, tendo mandado queimar todos os campos em torno de Roma, apenas poupou as propriedades de Fábio. Coriolano, tendo chegado às portas de Roma acompanhado de seu exército, não tocou nas propriedades dos nobres e ordenou ao exército que queimasse e saqueasse à vontade os bens da plebe. Metelo, na guerra contra Jugarta, combinou com todos os embaixadores que lhe eram enviados por ele a lhe entregarem seu senhor; e nas cartas que lhes escrevia mais tarde, só tratava desse plano. Graças a isso levou todos os conselheiros de Jugurta a se tornarem suspeitos a este, com o que ordenou sua sucessiva execução. Tendo Aníbal se refugiado junto a Antíoco, os embaixadores romanos conferenciando com este o influenciaram a tal ponto que ele, inquieto, não mais ouviu a Aníbal.[81]

O meio mais eficaz de dividir as forças inimigas é atacar seu país, o que obrigará o inimigo a deslocar-se para defendê-lo, abandonando assim o teatro da guerra.[82] Foi o partido tomado por Fábio, o qual tinha que resistir às forças associadas dos gauleses, dos etruscos, dos úmbrios e dos samnitas. Tito Dímio, diante de um inimigo detentor de forças superiores, aguardava uma legião que este desejava interceptar; Dímio, a fim de frustrar esse projeto, espalhou o rumor entre seu exército inteiro de que desencadearia o combate no dia seguinte, ao mesmo tempo que facilitou a fuga de alguns de seus prisioneiros; tendo alguns destes escapado e atingido o acampamento inimigo, informaram ao seu comando sobre a "intenção" de Dímio, o que levou o comandante a desistir do plano de interceptar a legião inimiga que se aproximava, já que não era nada aconselhável que reduzisse agora suas tropas. Conclusão: a legião esperada chegou sem qualquer obstáculo ao acampamento de Dímio. Tratava-se aqui não de debilitar as forças adversárias, mas sim de aumentar as próprias.

---

81. Autíoco III foi rei da Síria de 223 (ou 222) a 187 (ou 186) a.C.. Persuadido por Aníbal, declarou e travou uma guerra contra os romanos.
82. Algo semelhante ocorreu com Aníbal no final da segunda guerra púnica. Vitorioso na Itália, já relativamente próximo de Roma, teve que retornar à África para defender Cartago ameaçada por Cipião, o Africano, depois da derrota de Asdrúbal. Com isto a espinha dorsal da longa e árdua expedição guerreira dos cartagineses para invadir e subjugar Roma foi rompida, mudando todo o quadro da guerra, que não tardaria a ser vencida pelos romanos na batalha de Zama na África em 202 a.C.

Vários generais deixaram propositalmente o inimigo penetrar em seus países e se apoderar de algumas fortalezas, para que obrigado então a despender parte do seu contingente nas guarnições dessas cidades, enfraquecesse suas tropas - com isto foi mais fácil atacá-lo e vencê-lo. Outros generais, pensando em invadir uma província, souberam fingir que cobiçavam uma outra, e caindo bruscamente sobre aquela onde eram menos esperados, dela se apossaram antes que houvesse tempo para que fosse socorrida, pois o inimigo, não tendo certeza se tendes a intenção de retornar ao ponto que tinhas primeiramente ameaçado, se vê forçado a não abandoná-lo e ao mesmo tempo socorrer o outro. O resultado é que acaba não podendo defender bem nem um nem outro.

Um ponto bastante importante para um general é saber sufocar com habilidade um tumulto ou sedição que possa ocorrer entre suas tropas. É necessário nesse caso castigar os chefes dos culpados, mas com uma tal rapidez que sejam punidos antes que tenham tempo sequer de tomarem conhecimento disso. Se estiverem distantes de vós, ordenereis que se apresentem a vós não somente os culpados, mas o corpo inteiro, de maneira que não desconfiando que o objetivo da convocação é puni-los não tentarão fugir e virão, ao contrário, de encontro ao castigo. Se a falta foi cometida próximo a vós e os culpados estão presentes, será necessário que vos cerques dos inocentes e auxiliados por estes executes a punição dos culpados. Se um clima de discórdia se apossar de vossas tropas, declarai que irá enviá-las todas contra o inimigo. O perigo comum as manterá unidas.

Quanto ao mais, o verdadeiro elemento de união de um exército é a consideração de que goza o general, devida exclusivamente aos seus méritos, e que não terá devido ao seu nascimento ou a autoridade de que foi investido. O primeiro dever de um general é assegurar igualmente a distribuição do soldo e dos castigos de seu exército, pois sem o soldo será em vão que aplicará punições. Como, de fato, impedir um soldado de roubar quando não é pago e depende exclusivamente disso para sobreviver? Mas conseguindo que jamais falte o soldo ao exército, se este não for mantido mediante a severidade das penas, o soldado se tornará insolente e perderá todo o respeito pelo general; uma vez que este não disporá de nenhum outro meio de manter sua autoridade, nascerão os ódios e as revoltas que constituem a ruína de um exército.

Os antigos generais tinham que superar uma dificuldade que não existe mais para os generais modernos, ou seja, interpretar vantajosamente os presságios sinistros. Se caía um raio sobre o exército, se acontecia um eclipse da lua ou do sol, ou algum tremor de terra, se o general caía ao montar ou desmontar, todos esses acidentes era interpretados desfavoravelmente pelos soldados e se viam tomados de tal pavor que se nesse momento fossem conduzidos ao campo de batalha, por certo poder-se-ia esperar uma derrota. Os generais deviam, então, explicar que se tratava de fenômenos naturais, ou interpretá-los de uma forma que favorecia a ele e ao seu exército. César, tendo caído ao desembarcar na África, exclamou: "África, tomo posse de ti!" Outros se dispunham a explicar aos seus soldados as causas dos eclipses da lua ou dos tremores de terra. Tais situações não ocorrem mais nos nossos dias, seja porque nossos soldados são menos supersticiosos, seja porque nossa religião afasta de nosso espírito semelhantes temores; mas se, porventura, viesse a sobrevir algum acidente desse gênero, seria necessário agir como esses antigos generais.

Se o inimigo, impelido por um gesto de desespero causado pela fome ou outra necessidade premente, ou ainda por um cego acesso de furor, avançar contra vós para vos dar combate, permanecei em vosso acampamento e adiai o combate pelo maior tempo possível. Foi a atitude dos lacedemônios contra os messenianos e de César contra Afrânio e Petreio. O cônsul Fúlvio, guerreando contra o címbrios e tendo, durante muitos dias, produzido escaramuças de cavalaria, observou que o inimigo saía sempre de seu acampamento para persegui-la; depois de refletir, organizou uma emboscada atrás do acampamento dos címbrios, ordenou que mais uma vez sua cavalaria o atacasse; quando esta foi perseguida pelo inimigo, os soldados postados à emboscada invadiram o acampamento, abrindo caminho para Fúlvio ocupá-lo com o exército e saqueá-lo.

Livro VI

No caso de dois exércitos adversários se acharem muito próximos um do outro, chegou a ser prática freqüente um general ordenar o saque de seu próprio país dando a algumas de suas tropas estandartes semelhantes aos do inimigo; este, enganado pelas aparências, se aproximava para ajudar "suas" tropas e participar do saque. Com a completa desordem se instaurando entre suas fileiras, era facilmente vencido. Trata-se de um estratagema que geralmente era coroado de êxito e utilizado especialmente por Alexandre, rei de Épiro, na guerra contra os ilírios, e por Lepteno de Siracusa contra os cartagineses.

Outros generais, esboçando um falso medo, abandonaram o acampamento repleto de comidas e vinho, permitindo que o inimigo nele ingressasse e se fartasse; uma vez este empanturrado e amolecido, voltaram atacando com violência, realizando um grande morticínio e granjeando a vitória. Foi desta maneira que Tamiris atacou Ciro, e Tibério Graco atacou os espanhóis. Alguns envenenaram os próprios vinhos e outros alimentos para se certificarem da vitória.

Já vos disse que não apurei que os antigos mantivessem durante a noite fora de seu acampamento guardas avançadas; creio que seu motivo para assim agir era prevenir todos os perigos que disso poderiam resultar. De fato, mesmo durante o dia vedetas postadas em posições avançadas a fim de observar os movimentos do inimigo causaram a ruína de um exército, pois muitas vezes sendo capturadas pelo inimigo, este as obrigou a fazer o sinal convencionado para convocar as tropas de seu exército, que não demorando a se aproximar convencidas de encontrar um inimigo despreparado para luta, foram aprisionadas ou exterminadas.

É geralmente importante enganar o inimigo mudando vossos hábitos, pois neste caso ele tende a confundir-se se baseando naqueles que a rigor não são os vossos hábitos. Foi assim que um general que tinha o costume de anunciar a aproximação do inimigo à noite por meio de fogueiras e de dia por meio de fumaça, ordenou que ininterruptamente se produzisse fumaça e fogo e que, uma vez chegado o inimigo, extinguisse tanto uma quanto o outro; o inimigo, avançando sem perceber o sinal de sua presença, concluiu que não fora descoberto e, continuando a marchar muito confiante, deixou de tomar uma série de precauções costumeiras, com o que foi colhido e derrotado sem maiores dificuldades. Mêmnon de Rodes, querendo tomar do inimigo uma excelente posição, enviou-lhe um falso desertor que lhe assegurou que o exército de Mêmnon se rebelara e sucediam muitas deserções, enquanto o próprio Mêmnon propositalmente, para que o inimigo se convencesse de tal coisa, simulou alguns tumultos no seu próprio acampamento. O inimigo se apressou em atacar, convicto de uma fácil vitória, sendo fragorosamente derrotado.

Jamais se deve induzir o inimigo ao desespero, o que César empregou como regra numa batalha contra os germanos. Percebendo que a necessidade de vencer lhes transmitia novas forças, abriu para eles uma passagem e preferiu se dar o trabalho de persegui-los do que vencê-los com algum perigo no campo de batalha. Lúculo, tendo observado que alguns cavaleiros macedônios, que eram seus, passavam para o lado do inimigo, ordenou que fosse emitido o toque de ataque, dando ordens ao resto de seu exército para que os seguissem; entendendo o inimigo que Lúculo desejava travar o combate, caiu com tal furor sobre esses cavaleiros macedônios que estes foram obrigados a se defender e, em lugar de desertarem, combateram com vigor.

É também importantíssimo garantir, antes ou depois da vitória, a posse de uma cidade cuja lealdade é suspeita. Pode-se, neste caso, imitar alguns dos exemplos que relaciono a seguir. Pompeu, desconfiando da lealdade dos catinenses, pediu-lhes que recebessem no interior de sua cidade alguns enfermos de seu exército, enviando como tais alguns de seus soldados mais valorosos, os quais tomaram a cidade. Públio Valério, alimentando as mesmas suspeitas a respeito dos habitantes de Epidauro, os convocou para uma cerimônia religiosa a ser realizada fora dos muros da cidade e, uma vez todo o povo fora, só deixou que voltassem à cidade aqueles contra os quais nada tinha a temer. Alexandre Magno, na iminência de partir para a Ásia, desejoso de se apoderar da Trácia, conduziu consigo todos os Príncipes do país, os quais empregou no seu exército, os substituindo na Trácia por homens medíocres. Conservou, assim, fiéis ao seu serviço os poderosos, tratando-os e pagando-os condignamente e, por outro lado, o povo submetido, afastando deste todos aqueles que poderiam incitá-los à insurreição.

De resto, o meio mais eficiente de conquistar os povos é dar-lhes exemplos de justiça e de moderação. Foi assim que Cipião, quando na Espanha, entregou ao seu pai e ao seu marido uma jovem extremamente bela, obtendo com isto, mais do que à força das armas, a afeição dos espanhóis. César, tendo pago a madeira das árvores que mandara derrubar na Gália para construir uma paliçada em torno de seu exército, angariou uma excelente reputação de homem justo que lhe facilitou a conquista da própria Gália. Parece-me que nada mais tenho a acrescer às diversas considerações que acabo de fazer e que esgotei tudo a ser dito sobre as distintas situações nas quais pode se encontrar um exército. Resta-me vos falar da maneira de atacar e de defender as cidades fortificadas. Se não cometo a falta de vos aborrecer, me estenderei de bom grado sobre esta última parte da arte da guerra.

BATISTA. Vossa bondade é tanta que satisfazeis a todos os nossos desejos sem nos deixar o receio de sermos indiscretos, pois ofereceis a nós generosamente aquilo que não nos atreveríamos a vos pedir. Limito-me a declarar que não poderíeis nos deixar mais felizes e nos prestar maior serviço do que dando prosseguimento a este diálogo. Mas antes de encetar nova questão, peço-vos que me esclareceis uma dúvida. Seria preferível dar continuidade à guerra durante o inverno, como fazemos atualmente, ou guerrear apenas no verão, permanecendo, como os antigos, aquartelados durante o inverno.

FABRÍCIO. Sem vossa inteligente observação, eu teria esquecido um aspecto imporante que merece ser examinado. Repito que os antigos realizavam tudo mais sabiamente e melhor do que nós, e se erramos às vezes no tocante a outros assuntos da vida, quanto aos assuntos bélicos erramos sempre. Nada há de mais perigoso e imprudente do que guerrear no inverno - e ainda muito mais perigoso para quem ataca do que para o atacado. E eis a razão: todo o cuidado que temos com a disciplina militar visa a organizar um exército para dar combate ao inimigo. É o principal objetivo do general, pois do resultado de uma batalha depende o êxito da guerra. Aquele, portanto, que melhor sabe organizar seu exército e mantê-lo sob a maior disciplina terá mais vantagens no dia da batalha e maior expectativa de vencê-la; por outro lado, não há obstáculo maior ao sucesso das manobras militares do que terrenos de superfície irregular, ou períodos chuvosos ou de enregelamento, porque terrenos de superfície irregular impedem que desloqueis vossas fileiras segundo as regras táticas, além de estardes impossibilitados nos períodos hibernais de reunir vossas tropas e vos apresentar em bloco diante do inimigo, e obrigados, ao contrário, a acampar desordenamente, a grandes distâncias, e vos condicionar aos povoados, aos castelos e às fazendas onde sois recebidos, o que torna inútil todo o esforço que despendestes para treinar vosso exército. Não vos espanteis com o fato de atualmente guerrearmos no inverno - como não há disciplina alguma nos nossos exércitos, desconhece-se o perigo de não manter reunidas todas as unidades do exército e ninguém se preocupa em negligenciar exercícios e uma disciplina dos quais não fazemos a mínima noção. Dever-se-ia refletir, contudo, a que riscos nos expomos guerreando no inverno e nos lembrarmos que em 1503 foi exclusivamente o inverno e não os espanhóis que destruiram os franceses no Garigliano. E neste tipo de guerra, como já vos disse, é o exercito que ataca que arca com o máximo de desvantagens e que sofre o maior número de prejuízos causados pelas intempéries quando leva a guerra aos país inimigo. Se desejar manter as tropas unidas, o general do exército atacante terá que suportar todos os rigores do frio e do excesso de chuva; ou, se recear estes inconvenientes, terá que separar as distintas unidades de seu exército. Mas como o exército inimigo que o aguarda, pode perfeitamente escolher o local para enfrentá-lo, está capacitado a reunir tropas descansadas com extraordinária rapidez e cair fulminantemente sobre uma das unidades isoladas, a qual não terá a menor condição de resistir a um tal ataque. Tal foi a causa da derrota dos franceses e tal será a sorte de todos aqueles que atacarão durante o inverno um inimigo ao qual não faltará habilidade.[83] Que aquele,

---

83. Foi o que aconteceu novamente aos franceses menos de três séculos depois, quanto Napoleão Bonaparte insistiu em tomar a Rússia durante o inverno. De fato conseguiu, mas o inverno russo o derrotou.

portanto, que deseja se valer das forças, da disciplina, das manobras e da coragem de um exército não faça a guerra no inverno. Foi porque não queriam que todas essas vantagens em cuja aquisição se empenhavam se revelassem inúteis que os romanos evitavam a guerra durante o inverno, bem como a guerra nas montanhas e toda outra espécie de guerra que não lhes permitisse manifestar seus talentos marciais e todo seu valor. Nada tenho a mais a acrescentar a esta questão e discorrerei agora sobre o ataque ou a defesa das cidades fortificadas, dos postos militares e vos indicarei meu sistema de fortificação.

LIVRO VII

FABRÍCIO. Vós sabeis que as cidades e as fortalezas devem sua força à natureza ou à arte. Devem-na à natureza quando são circundadas por um rio ou por um pântano, como Mântua ou Ferrara, ou quando são construídas sobre um rochedo ou montanha muito escarpada, como Mônaco e Santo Leo,[84] pois as cidades construídas sobre montanhas de fácil acesso são as mais inseguras de todas em função das minas e da artilharia. Assim, prefere-se atualmente com maior freqüência construir cidades fortificadas nas regiões planas e confiar nos recursos da arte.

O primeiro cuidado de um engenheiro é construir os muros numa *linha descontínua*, ou seja, multiplicando-lhes os ângulos salientes e os ângulos reentrantes, forma de afastar deles o inimigo que pode ser atacado pelo flanco, ou frontalmente. Se os muros forem excessivamente elevados, estarão mais expostos aos projéteis da artilharia; se forem excessivamente baixos, serão mais facilmente escalados. Se cavais fossos diante dos vossos muros para dificultar a escalada, o inimigo procurará enchê-los, o que requer pouco tempo quando se dispõe de um grande exército, e logo se apoderará de vossa muralhas. Creio, por conseguinte, que para prevenir esse duplo inconveniente, será necessário, à falta de melhor orientação, construir muros de uma altura média e cavar fossos atrás desses muros e não externamente a eles. Este, a meu ver,

---

84. Cidadezinha situada no ducado de Urbino.

é o melhor sistema de fortificação, porque vos protege ao mesmo tempo da artilharia e da escalada, além de tirar do inimigo a chance de encher os fossos. Erguereis, então, vossos muros a uma altura conveniente, construindo-os com não menos do que três braças de espessura, a fim de dificultar que sejam derrubados; instalareis torres distanciadas duzentas braças umas das outras. O fosso deverá ter, no mínimo, trinta braças de largura e doze de profundidade; toda a terra retirada deverá ser jogada ao lado da cidade, sustentando-a por um muro que se elevará do fundo desse fosso acima dessa terra até a altura de um homem, o que aumentará outra tanto a profundidade do fosso. Será neste fundo que mandareis construir casamatas, distanciadas entre si duzentas braças, devendo ser guarnecidas de artilharia para conter qualquer um que nelas tente descer.

Colocareis vossa artilharia pesada atrás do muro do fosso, pois sendo o primeiro muro dianteiro assaz elevado, só permitirá a manipulação de peças de pequeno calibre. Se o inimigo pretender efetuar a escalada, a altura desse primeiro muro representará para ele um obstáculo difícil de ser transposto; mas se ele principiar por usar sua artilharia, como o efeito das baterias é sempre derrubar o muro do lado do ataque, os escombros, não encontrando buracos para recebê-los, se limitarão a fazer crescer indiretamente a profundidade do fosso realizado atrás; e será, então, bastante difícil para a inimigo avançar, sendo ele detido por esses escombros, pelo fosso e pela artilharia que, com segurança, o atingirá atrás do muro do fosso. Ele só terá como alternativa enchê-lo, mas com que dificuldades! Em primeiro lugar, exigimos que fosse largo e profundo; por outro lado, sendo a muralha sinuosa e côncava, ou seja, constituída, como já indiquei, por ângulos salientes e reentrantes, não permitirá uma fácil abordagem; enfim, só será possível lidar com esses escombros com imensos esforços. Sou da opinião, portanto, que fortificações assim projetadas e construídas tornam um cidade quase inexpugnável.

BATISTA. Se, além do fosso que se acha atrás da muralha, se cavasse mais um na parte exterior, a cidade não ficaria ainda mais fortificada?

FABRÍCIO. Sem dúvida. Mas meu raciocínio gira em torno da hipótese de um único fosso e, neste caso, afirmo que é preferível cavá-lo dentro do que fora.

BATISTA. Preferis fossos cheios d'água ou secos?

FABRÍCIO. As opiniões divergem a *esse* respeito. Os fossos cheios d'água vos protegem das minas subterrâneas, enquanto os secos são mais difíceis de ser enchidos. Da minha parte, eu os deixaria secos, pois são mais seguros. Tem sucedido com freqüência os fossos congelarem no inverno e facilitar a tomada de uma cidade, que foi o que aconteceu com Mirandole quando sitiada pelo papa Júlio II. De resto, para me proteger das minas, mandaria cavar os fossos com uma tal profundidade que o inimigo que desejasse ir mais adiante seria certamente detido pela água.

Os muros e os fossos de minhas fortalezas seriam construídos segundo o mesmo sistema, apresentando os mesmos obstáculos aos atacantes. E aqui devo fazer uma advertência. Em primeiro lugar, aqueles encarregados da defesa de uma cidade jamais devem elevar bastiões destacados dos muros e do lado de fora; em segundo, aqueles que constróem uma fortaleza não devem edificar no seu recinto fechado fortificações que servem para a retirada das tropas que foram repelidas das primeiras trincheiras. Eis o motivo da minha primeira advertência: é preciso evitar sempre começar por um insucesso, pois este transmitirá desconfiança a todas as outras vossas disposições e trará o temor a todos aqueles que ficaram do vosso lado. Não podereis escapar a esse mal instalando bastiões fora das muralhas. Como estarão constantemente expostos à violência da artilharia, e hoje tais fortificações não conseguem se defender por muito tempo, acabareis por perdê-los, com isto produzindo a causa de vossa ruína. Quando os genoveses se revoltaram contra o rei francês, Luiz XII, construiram alguns bastiões sobre as colinas que os cercavam; a tomada desses bastiões, invadidos em alguns dias, acarretou a perda da própria cidade.[85]

---

85. A insurreição de Gênova contra os franceses ocorreu em 1505 e a cidade caiu novamente sob o domínio deles em 1507.

Quanto a minha segunda proposição, afirmo que não há perigo maior a uma fortaleza do que dispor de fortificações posteriores para onde as tropas podem se retirar em caso de um revés, pois quando o soldado sabe que existe um ponto seguro para a retirada na eventualidade do abandono do primeiro posto, ele o abandona efetivamente, provocando assim a perda da fortaleza inteira. Disto temos um exemplo recentíssimo na tomada da fortaleza de Forli, defendida pela condessa Catarina[86] contra César Borgia, filho do papa Alexandre VI, que viera atacá-la com o exército do rei de França. Esse lugar era repleto de fortificações, nas quais era possível encontrar sucessivos pontos para retirada. Havia, primeiramente, a cidadela separada da fortaleza por um fosso pelo qual se passava por meio de uma ponte levadiça, sendo essa fortaleza dividida em três quarteirões separados entre si por fossos cheios d'água e pontes levadiças. Borgia, tendo vencido um desses quarteirões com sua artilharia, fez uma brecha na muralha, que o comandante de Forli, Giovanni da Casale, sequer pensara em defender. Acreditou poder abandonar essa brecha a fim de se retirar para os outros quarteirões. Mas Borgia, uma vez senhor dessa parte da fortaleza, logo se tornou o senhor da fortaleza inteira simplesmente porque se apoderou das pontes que separavam os vários quarteirões. E assim essa fortaleza, considerada até então inexpugnável, foi tomada, sua perda se devendo a dois principais erros daquele que a projetou e construiu. Em primeiro lugar, exagerara ao multiplicar as fortificações; em segundo lugar, não dera autonomia e domínio a cada quarteirão de suas próprias pontes. Estas falhas da construção e a pouca habilidade do comandante tornaram inútil a magnífica determinação da condessa, que tivera a coragem de resistir a um exército ao qual nem o rei de Nápoles[87] e, tampouco, o duque de Milão[88] haviam resistido. Mas ainda que seus esforços não houvessem surtido o efeito que ela teria o direito de ter produzido, nem por isso deixou de obter toda a glória merecida por sua

---

86. Caterina Sforza Riario.
87. Frederico de Aragão.
88. Ludovico, o Mouro.

bravura, o que foi atestado ultimamente pelo grande número de poesias compostas em seu louvor.

Se tivesse, portanto, que construir uma fortaleza, eu a cercaria de muros sólidos e de fossos profundos segundo as regras que indiquei e no interior não edificaria outras construções salvo pequenas habitações pouco elevadas e de tal forma dispostas que, do meio da fortaleza, se pudesse descobrir todos os lados das fortificações. Assim, o comandante veria facilmente a qual ponto deve levar reforços e todos sentiriam que a salvação da fortaleza depende da defesa dos fossos e do entrincheiramento. Se me determinasse a construir fortificações no interior, disporia as pontes levadiças de maneira que cada quarteirão tivesse o controle das suas, e teria o cuidado, nesse sentido, de fazer tombar a ponte sobre pilastras elevadas no meio do fosso.

BATISTA. Dissestes que as pequenas fortalezas estão completamente impossibilitadas hoje de se defenderem. De qualquer modo, parece-me ter ouvido que, ao contrário, quanto mais são as fortificações concentradas, mais resistência oferecem.

FABRÍCIO. Vós não me compreendestes bem, pois é impossível atualmente chamar de fortaleza todo lugar no qual as tropas que o defendem não podem se retirar por trás de novos fossos e de novas defesas ou muralhas. Tal é, com efeito, a violência da artilharia que é hoje cometer um erro desastroso confiar a própria salvação à resistência de um único muro ou de um único fosso; e como os bastiões (a menos que não ultrapassem a medida ordinária, e então seriam eles próprios fortalezas e verdadeiros castelos) jamais podem oferecer essa segunda defesa que acabo de mencionar, são em poucos dias tomados pelo inimigo. É, portanto, prudente renunciar a esses bastiões e se limitar a fortificar a entrada das fortalezas, cobrir os portões por meio de revelins, de maneira a absolutamente impossibilitar qualquer entrada ou saída em linha reta, e construir, enfim, entre o revelim e o portão um fosso e uma ponte levadiça. Fortifica-se ainda os portões das cidades mediante comportas gradeadas que, quando a guarnição realiza uma saída e é repelida pelo inimigo, impedem que este penetre misturado à guarnição na cidade. Essas comportas, que os antigos chamavam de *cataratas*,[89] ao se abaixarem fecham a passagem dos assediadores, salvando assim os assediados, uma vez que o portão e a ponte levadiça nestas circunstâncias não são de utilidade nenhuma, pois estarão tanto um quanto a outra ocupados pela multidão.

BATISTA. Vi essas comportas na Alemanha, fabricadas com vigas em forma de grade; as nossas, diferentemente, são feitas de grossas pranchas unidas. Gostaria de saber qual a origem dessa diferença e qual delas é a mais eficiente.

FABRÍCIO. Repito-vos que atualmente em toda parte as instituições militares, se comparadas às dos antigos, são falhas e que na Itália estão inteiramente perdidas. De fato, se temos alguma coisa de suportável, a devemos completamente aos ultramontanos. Vós o sabeis, e vossos amigos podem se lembrar, qual era o estado deplorável de nossas praças fortes antes de Carlos VIII invadir a Itália em 1494. As ameias das fortificações não tinham mais do que meia braça de espessura; as canhoneiras e as seteiras das muralhas eram muito estreitas na embocadura e muito largas no interior; havia, enfim, um sem número de outras falhas do ponto de vista da construção que seria tedioso indicar detalhadamente aqui. Nada mais fácil do que fazer saltar pelos ares ameias tão delicadas e abrir canhoneiras construídas dessa forma. Hoje aprendemos com os franceses a construir uma ameia larga e sólida. Nossas canhoneiras, antes largas internamente, se estreitam na metade da muralha e se alargam em seguida de novo na embocadura; e a artilharia não pode mais tão facilmente desmontar as peças. Os franceses fazem, assim, muitos outros usos, que não tendo sido de modo algum objeto de consideração de nossos italianos, jamais mereceram sua atenção. É o caso dessas comportas, construídas sob forma de grade, que é muito superior à nossa. A propósito, quando um portão é fechado por um comporta de uma só peça, como no nosso caso, fazendo-a tombar, não podemos mais atacar o inimigo, o qual, por sua vez, pode derrubá-la segu-

---

89. Isto é, *cataractes*, designação utilizada pelos romanos; eram grades, geralmente de madeira ou metal, que executavam um movimento vertical obstruindo pesadamente a passagem do inimigo nos portões das cidades ou mesmo nas praças fortes ou fortalezas.

ramente por meio de machados ou do fogo. Todavia, quando a comporta é em forma de grade é possível, após baixada, defendê-la através dos vãos criados pelas vigas, por meio da lança, da besta e de outras armas.

BATISTA. Observei na Itália um outro uso ultramontano: é o de arquear os cubos dos raios das rodas das carretas dos canhões. Apreciaria saber qual a origem desse uso. Parece-me que esses raios seriam mais resistentes se fossem retos como os de nossas rodas comuns.

FABRÍCIO. Não crede jamais que as coisas extraordinárias são feitas sem um propósito e seria um erro acreditar que com isso os franceses apenas quiseram embelezar suas rodas, visto que ninguém vai se ater à beleza quando se trata de solidez. O fato é que, com efeito, essas rodas são mais sólidas e mais seguras pela razão que passo a indicar. Quando a carreta está carregada, ou o peso está distribuído igualmente dos dois lados ou pende de um ou outro lado; se o peso se acha distribuído por igual, cada roda, suportando o mesmo peso, não estará excessivamente carregada; se, ao contrário, o peso é maior de um lado fazendo a carreta pender, todo o peso da carreta se concentrará sobre uma roda, e se os raios desta forem retos, poderão facilmente quebrar, já que se inclinam com a roda e suportam mais peso dela de aprumo. Assim, é quando o carro transporta um peso por igual, que estão menos carregados, que esses raios se mostram mais resistentes; e se mostram menos resistentes quando, estando a carreta pendendo para um lado, estão mais carregados. Ocorre precisamente o contrário com os raios arqueados das carretas francesas. Quando suas carretas pendem apoiando-se sobre uma única roda, esses raios, ordinariamente arqueados, se tornam então retos e suportam todo o peso de aprumo; e quando a carreta se move por igual e eles permanecem arqueados, se limitam a suportar a metade do peso. Mas retornemos ao nosso assunto das cidades e fortalezas.

A fim de poder, durante um assédio, melhor assegurar as saídas e retiradas de suas tropas, os franceses, além dos meios aos quais já me referi, inventaram uma outra espécie de fortificação da qual não vi até hoje nenhum exempo na Itália. Na extremidade da ponte levadiça, eles erguem duas pilastras sobre cada uma delas equilibrando uma trave, da qual uma metade se acha sobre a ponte e a outra, no exterior. Essas duas traves, externamente, são unidas por pequenas vigas dispostas sob forma de grade e, às duas extremidades da parte que se acha no interior da ponte, eles prendem uma corrrente. Quando desejam fechar a ponte para fora, soltam as correntes, fazendo descer assim toda a parte engradada das traves que atua fechando a ponte; quando a querem abrir, puxam as correntes e as traves se alçam; mas a abertura pode ser proporcional à altura de um infante e não de um cavaleiro, ou então somente da altura de um cavaleiro, podendo logo fechar novamente, porque essas traves se erguem e se abaixam como as partes inferiores das ameias. Um tal portão se torna mais seguro do que o guarnecido pela comporta, uma vez que é difícil ao inimigo detê-la porque não cai em linha reta como a comporta que se pode facilmente escorar.

Tais são as regras a serem seguidas por aqueles que desejam construir cidades fortificadas ou praças fortes. Devem, além disso, proibir que ao menos uma milha em torno da muralha se construa ou se pratique a agricultura, de modo que toda essa área seja uma superfície completamente plana sem árvores, arbustos, plantações ou casas que possam impedir a visão de um possível inimigo que venha sitiar a cidade. Observai que uma cidade fortificada jamais é tão vulnerável do que quando possui seus fossos fora das fortificações e mais altos do que o resto do terreno, pois essa elevação entre os fossos e o restante da área servirá então de acesso aos assediadores; em nada os detém porque é possível com facilidade estabelecer aí passagens para a artilharia. Mas entremos na cidade.

Ocioso vos recomendar, além das diversas medidas das quais acabo de falar, o providenciar de copiosos estoques de víveres e de munições, uma vez que se tratam de precauções cuja importância é por todos percebida, posto que sem elas todas as demais se tornarão inúteis. A esse respeito, há dois itens principais que não podem ser perdidos de vista: deveis primeiramente vos assegurar de abundantes provisões e, em segundo lugar, impedir que o inimigo faça uso dos produtos de vosso país. Conclusão: é imperioso destruir todos os animais, toda a forragem e todos os cereais que sejais incapazes de estocar no interior da cidade.

O comandante de uma cidade sitiada deve cuidar para que tudo se faça sem tumulto e sem confusão, mas que todos, em todas as circunstâncias, saibam como agir. Para isto cumpre que as mulheres, as pessoas idosas, as crianças e todas as pessoas fora de serviço permaneçam dentro de suas casas, deixando a praça livre para todos os jovens que podem empunhar armas. Estes dividirão entre si a defesa da cidade; uns se encarregarão da guarda dos muros e dos portões, outros dos principais postos internos a fim de deter as desordens que possam sobrevir. Outros, enfim, não estarão incumbidos de nenhum posto em particular, mas deverão estar continuamente prontos para levar reforço a todos que estejam sendo ameaçados. Com estas disposições, será difícil que irrompam dentro da cidade movimentos que nela semeiem a desordem.

Quanto ao ataque e a defesa das praças, não se deve esquecer que nada transmite mais esperança de se apoderar delas do que saber que os habitantes em momento algum avistaram o inimigo, pois acontece muitas vezes, neste caso, tão-só o temor os fazer abrir os portões sem sequer terem sido atacados. Quando se sitia uma tal cidade, convém fazer as mais terríveis demonstrações no sentido de incutir o maior medo possível aos sitiados. Por outro lado, o comandante dessa cidade deve instalar nos diferentes postos atacados pelo inimigo, homens valentes, que somente as armas, e não meramente um ruído, possam intimidar. Se ocorrer do primeiro ataque revelar-se um insucesso, os sitiados terão sua coragem redobrada, o inimigo sendo então obrigado a recorrer ao seu valor e não à sua reputação para vencer.

Os engenhos bélicos empregados pelos antigos na defesa das cidades eram as balistas, os onagros, os escorpiões, as arcubalistas, as fundas, etc.[90] Os engenhos ofensivos também não eram

---

90. Todas máquinas de guerra semelhantes do ponto de vista mecânico e funcional e todas armas de arremesso de projéteis. A balista, de configuração que lembrava a besta portátil, era uma arremessadora de pedras ou dardos; o onagro, uma espécie de balista, era um arremessador de pedras; o escorpião, uma grande besta arremessadora de flechas; a arcubalista, um misto de arco e besta para arremesso de flechas ou dardos; a funda era para o arremesso exclusivo de pedras.

poucos: os aríetes, as torres, os parapeitos ou manteletes, as barracas rodantes, as foices, os testudos, etc.[91] Hoje nos limitamos a empregar a artilharia, que é tanto defensiva quanto ofensiva, e sobre a qual não entrarei em detalhes.

Volto ao meu tópico e discorrerei para vós sobre os métodos particulares de ataque. O duplo objetivo dos assediados é impedir que sejam subjugados pela fome ou vencidos pelo ataque inimigo. No que toca à fome, já adverti sobre a providência de estocar grande quantidade de víveres antes do início do assédio. Mas quando, devido a um longo assédio, faltam víveres, será necessário recorrer a um expediente extraordinário para obtê-los de vossos amigos externos, interessados em vossa salvação. Este recurso é mais fácil quando a cidade é atravessada por um rio. Foi assim que fizeram os romanos que, por ocasião do assédio realizado por Aníbal à fortaleza de Casalino, impedidos de socorrê-lo de outra forma, lançaram ao Vulturno, o qual a atravessava, uma enorme quantidade de nozes que seguiram o curso desse rio, sem que Aníbal pudesse detê-las, e serviram de alimento durante algum tempo aos sitiados. Muitas vezes, os sitiados, para provar ao inimigo que não lhe faltavam grãos e lhe tirar a esperança de dominá-los pela fome, jogavam pão pelas muralhas ou alimentavam de grãos um boi que deixavam que fosse pego pelo inimigo a fim de que este, o matando e vendo um animal bem alimentado e repleto de grãos, viesse a concluir por uma abun-

---

91. O aríete era constituído por uma viga sólida e pesada com uma extremidade de ferro sob forma de cabeça de carneiro (*aries, -etis*). Transportado por vários soldados, servia tanto para derrubar os muros quanto derrubar ou franquear os portões das cidades sitiadas; a torre era uma espécie de andaime móvel que se colocava contra os muros e demais defesas que se desejava franquear; o parapeito ou mantelete (em latim *pluteum*) era um conjunto formado pela união de grades de madeira que serviam de cobertura aos soldados que marchavam ou investiam contra a cidade assediada; a barraca rodante (em latim *vinea* porque o centurião que comandava o ataque ostentava um cepo de videira) era também um abrigo móvel para proteção dos soldados que atacavam os muros da cidade sitiada; o testudo ou tartaruga era também um abrigo móvel de madeira muito resistente usado pelos soldados sitiantes (observar que o mesmo termo, do latim *testudo* - que significa tartaruga ou carapaça de tartaruga - é usado também para designar uma cobertura de proteção de um corpo de soldados romanos em ataque formada pela união cerrada e estreita de seus escudos sobre suas cabeças, assemelhando-se à carapaça de uma tartaruga e reproduzindo sua solidez).

dância de víveres que, na verdade, os sitiados não possuíam de modo algum.

Por outro lado, generais ilustres empregaram diversos expedientes para esgotar os víveres do inimigo. Fábio interviu na sementeira dos habitantes da Campânia a fim de privá-los de grãos, os grãos que teriam semeado. Dionísio, estando acampado diante de Reggio, acertou uma trégua, fingiu estabelecer acordos ali e determinou que lhe fossem fornecidos víveres durante as conferências. Uma vez esgotados os estoques de Reggio, ele voltou a sitiá-la e reduziu-a à fome. Alexandre Magno, desejando sitiar Leucádia, começou por atacar todas as fortalezas das vizinhanças e permitiu que todas essa guarnições se refugiassem em Leucádia, que não demorou a chegar ao fim de seu estoque de víveres devido ao aumento de seus habitantes.

Quanto aos ataques, eu já disse que é preciso, sobretudo, se livrar do primeiro assalto; foi em função disso que so romanos se apoderaram de muitas cidades fortificadas atacando-as simultaneamente de todos os lados; davam a este gênero de ataque o nome de *aggredi urbem corona*. Foi deste modo que Cipião tomou Cartagena na Espanha. Quando se consegue resistir a esse primeiro impacto, não haverá muito a temer dos assaltos futuros. Se, porventura, o inimigo, tendo forçado as muralhas, penetra no interior da cidade, ainda assim os habitantes não estarão perdidos se não abandonarem a si mesmos, pois muitas vezes se presenciou um exército que ingressara dentro de uma cidade, ser logo repelido com grandes baixas suas. Mas o único recurso que resta, neste caso, aos sitiados, é se manterem nos postos elevados e combater o inimigo do alto das torres e das casas. Contra isso, os sitiantes podem agir de dois modos: um é abrir os portões da cidade de tal modo que os habitantes possam fugir sem qualquer temor; o outro é proclamar que só serão perseguidos aqueles que continuarem empunhando armas e que serão poupados todos os que se apresentarem e se submeterem. Este expediente tem ajudado na conquista de um número muito expressivo de cidades.

Um outro meio de tomar sem dificuldade uma cidade fortificada é atacá-la de surpresa. Para atingir esse objetivo, deveis vos manter relativamente afastados da cidade, de modo que seus habitantes creiam que não podeis de modo algum observá-los, ou que não poderíeis articular nenhum movimento sem que fossem informados antecipadamente devido à distância; e se então os atacardes de maneira furtiva e mediante especiais precauções, podereis quase sempre contar com o sucesso da ação. Não é de meu agrado raciocinar sobre os eventos do meu tempo; falar de mim mesmo ou dos meus daria margem a inconvenientes; falar de outros seria se expor a erros. Não posso, entretanto, deixar de mencionar o exemplo de César Borgia, chamado de duque Valentino, que, se achando com seu exército em Nocera, simulou que iria punir Camerino. Voltando-se subitamente contra o Estado de Urbino, deste se apoderou num único dia sem qualquer dificuldade, o que nenhum outro general pudera jamais fazer sem muito tempo e muitas despesas.

Os sitiados devem, principalmente, se precaver contra as armadilhas e astúcias do inimigo: se percebem que os sitiantes fazem constantemente uma mesma coisa, que comecem a desconfiar, se conscientizando que estão preparando uma armadilha que pode para eles se revelar desastrosa. Domício Calvino, realizando o assédio de uma cidade fortificada, adquirira o hábito de circundar todos os dias as muralhas com uma parte de seu exército, levando os assediados a crer que se tratava simplesmente de um exercício militar, com o que negligenciaram um pouco na vigilância; logo Domício atacou a cidade e a tomou. Alguns generais, informados de que os sitiados deviam receber reforços, vestiram seus soldados com o uniforme do inimigo e estes, recepcionados na cidade em vista de tal disfarce, dela se apoderaram sem dificuldade. Címon de Atenas, tendo incendiado durante a noite um templo situado fora dos muros de uma cidade sitiada por ele, obrigou os habitantes a abandonarem a cidade para debelar as chamas, com o que entrou tranqüilamente na cidade. Outros generais, enfim, tendo matado os forrageiros dos sitiados, fizeram com que alguns de seus soldados se vestissem com os trajes dos mortos, que puderam, graças a esse ardil, abrir para eles os portões da cidade.

Livro VII

Os antigos generais empregaram diversos métodos para afastar as guarnições das cidades que queriam sitiar. Cipião, na África, desejando se apoderar de algumas fortalezas guardadas pelos cartagineses, simulou várias vezes o ataque a elas, se afastando logo em seguida, dando a impressão de hesitação e receio de não conseguir realizar seu intento. Aníbal, enganado por essas manobras ardilosas, retirou todas as guarnições dessas fortalezas, a fim de engrossar seu exército, opondo ao inimigo maiores forças e vencê-lo mais facilmente; mas Cipião, ciente desse erro, enviou imediatamente Maxinissa para que se apossasse dessas fortalezas abandonadas e passasse a controlá-las. Pirro, atacando a capital da Ilíria, defendida por uma numerosa guarnição, fingiu desistir de tomá-la e se dirigiu a outras cidades da Ilíria; a capital, para enviar reforços a estas, debilitou sua guarnição, dando, assim, a Pirro os meios de tomá-la.

Para se apoderar de uma cidade, muitas vezes recorre-se ao envenenamento das águas e ao desvio do curso de um rio, mas trata-se de um meio que raramente surte efeito. Por vezes foi comunicado aos sitiados que se rendam através da notícia de uma vitória ou da chegada iminente de novos reforços contra eles. Os antigos generais também recorriam com freqüência a atrair os traidores, procurando corromper alguns habitantes. Cada um, neste caso, empregava métodos diversos. Muitas vezes um falso desertor adquiria junto aos sitiados um tal crédito e uma tal ascendência que lhe bastava destes se servir para o proveito do general que o enviara. Podia, assim, dar informações precisas sobre a disposição das diferentes guardas e, afinal, propiciar o meio de tomar mais facilmente a cidade; ou então, sob distintos pretextos, criar problemas nos portões da cidade, através de um carro ou de traves, facilitando com isto o ingresso do inimigo. Aníbal determinou que um habitante lhe franqueasse uma fortaleza romana fazendo-o ir à caça à noite, sob o pretexto de que durante o dia não o fazia por medo dos romanos; ocultando alguns soldados na carroça de caça, que pouco despertou a atenção do inimigo, os vigias da fortaleza foram pegos de surpresa e mortos, o falso caçador e os soldados abrindo os portões para os cartagineses.

Convém se empenhar em atrair os sitiados para longe de suas trincheiras fingindo deles fugir quando executam suas saídas ofensivas. Neste caso, muitos generais, inclusive Aníbal, deixaram seus próprios acampamentos ser invadidos, para logo depois cortar a retirada dos assediados e se apoderarem de suas cidades. Também constitui excelente ardil fingir que se está levantando o cerco. Foi assim que o ateniense Fórmio, depois de ter devastado a região da Calcídia, recebeu seus embaixadores, fez a estes as suas mais belas promessas, incutiu nos habitantes o maior sentimento de segurança e, se aproveitando dessa cega confiança, acabou por se tornar o senhor da cidade deles.

Os sitiados devem estar atentos quanto aos habitantes suspeitos, mas geralmente tira-se melhor proveito dessas pessoas beneficiando-as do que castigando-as. Marcelo sabia que Lúcio Brâncio, da cidade de Nola, se inclinava para Aníbal; entretanto, tratou-o com tanta bondade e generosidade que, alterando o rumo de seus sentimentos íntimos, o transformou no melhor amigo dos romanos.

É mais quando o inimigo se afasta do que quando está próximo que se deve vigiá-lo e a vigilância deve ser feita mais naqueles pontos que se costuma pensar ser menos sujeitos ao ataque, pois muitíssimas cidades caíram do lado em que menos se esperava o inimigo. Estas surpresas se devem a duas causas: ou os sitiados concluiram ser inacessível o ponto que foi atacado, ou o inimigo, tendo feito de um lado um falso ataque, se dirigiu silenciosamente ao outro. Os assediados devem, portanto, esgotar todos os cuidados no sentido de prevenir esses dois perigos, mantendo ininterruptamente e, sobretudo, à noite, forte vigilância nas muralhas, aí instalando não somente homens, como também cães ferozes e alertas que possam de longe farejar o inimigo e advertir sobre sua presença por seus latidos. Não foram apenas os cães, como também os gansos os responsáveis, algumas vezes, pela salvação de uma cidade, como aconteceu em Roma, quando os gauleses sitiaram o Capitólio. Durante o cerco de Atenas pelos lacedemônios, Alcibíades, a fim de se assegurar da vigilância dos postos de guarda, ordenou, sob pena de punições severas, que toda vez que ele erguesse uma luz durante a noite, os guardas também o fizessem.

Ifícrates de Atenas matou uma sentinela adormecida dizendo "que a deixava do jeito que a encontrara."

Os sitiados empregam diversos meios para fazer chegar mensagens às mãos de seus amigos; a fim de não confiar seus segredos a mensageiros, escrevem-nas em códigos e providenciam para que passem por diferentes vias. Os códigos são convencionados entre os correspondentes. Eis como podem ser passadas. A carta pode ser ocultada na bainha de uma espada ou na massa crua de pão, que é assado depois para ser entregue ao mensageiro; podem ser escondidas também nas partes mais íntimas do corpo humano ou na coleira de um cão que acompanhará o mensageiro. Pode-se também escrever numa carta um punhado de coisas insignificantes, escrevendo a mensagem nas entrelinhas com tintas à base de água que, uma vez molhado ou aquecido o papel, revelam a mensagem. É uma invenção que nos nossos tempos tem surtido os melhores efeitos. Quando se queria fazer chegar uma mensagem secreta às mãos de amigos, isolados numa cidade fortificada, não empregando para isso nenhum intermediário, afixava-se às portas das igrejas cartas de excomunhão, escritas da forma ordinária e com a mensagem nas entrelinhas como acabo de descrever; os seus destinatários as reconhecendo por algum sinal convencionado, as destacavam e as liam facilmente. Este meio é o mais seguro e destituído de perigo, pois o portador da carta pode ser o primeiro a ser enganado.

Há inúmeros outros expedientes do mesmo gênero que cada um pode entrever por si mesmo. De fato, é muito mais fácil escrever aos sitiados do que estes escreverem aos que se encontram fora da cidade sitiada. Na verdade, estes últimos não dispõem de outro meio de enviar suas cartas senão através de falsos fugitivos, e mesmo assim, esse meio é duvidoso e repleto de perigos, sobretudo com um inimigo vigilante e cheio de suspeita. Os que escrevem de fora, ao contrário, podem, sob diferentes pretextos, introduzir seu mensageiro no acampamento dos assediadores e neste terá mais de uma oportunidade de penetrar na cidade.

Agora irei vos falar do sistema atual de ataque das cidades fortificadas. Sois atacados numa cidade que não possui fossos dentro dos muros? Tal como recomendei, é necessário a fim de impedir que o inimigo penetre pelas brechas - posto que se revela impossível opor-se a esse efeito da artilharia - é *necessário*, digo, desde o começo do ataque cavar atrás do muro castigado pela artilharia um fosso de ao menos trinta braças de largura, jogando toda a terra do fosso do lado da cidade, formando uma fortificação que aumentará a profundidade do fosso. Será necessário empreender esse trabalho com muita presteza, de forma que à primeira brecha, tenhais cavado cinco ou seis braças do fosso. É importante enquanto se cava esse fosso fechá-lo de cada lado mediante uma casamata; quando o primeiro muro resiste o suficiente para que tenhais tempo de construir esse fosso e essas casamatas, este ponto da brecha se tornará então o mais resistente da cidade, pois essa defesa que acabais de construir possui a forma dada aos fossos internos; se, ao contrário, o muro é frágil e não vos concede tempo para terminar vossa obra, será então necessário mostrar todo o vosso valor opondo ao inimigo a totalidade de vossas tropas e de vossas forças. Essa maneira de construir uma nova defesa foi utilizada pelos habitantes de Pisa quando fostes sitiar sua cidade. Não encontraram grandes dificuldades nisso porque suas muralhas, extremamente sólidas, lhes deram tempo, além do que trabalharam com uma terra barrenta, tenaz, muito adequada para cavar fossos. Mas se não contassem com essas duas vantagens, estariam perdidos. É, portanto, uma útil precaução providenciar essa obra antecipadamente e cavar fossos no interior da cidade, todos em torno da defesa em entrincheiramento, segundo o método que indiquei, pois então se poderá aguardar o inimigo com certa tranqüilidade e com completa segurança.

   Os antigos com freqüência tomavam cidades por meio de minas. Cavavam em segredo caminhos subterrâneos na direção da cidade e que lhe franqueavam a entrada. Foi assim que os romanos se apoderaram de Véios; ou então minavam as muralhas fazendo-as ruir. Este último método é mais usado atualmente. Eis a causa da fragilidade das cidades situadas nas regiões altas; de fato, são muitos mais fáceis de ser minadas. Quando a mina é enchida uma vez de pólvora de canhão e aí se ateia fogo, não só o muro é reduzido a escombros, como a própria montanha se entreabre e todas as fortificações se dissolvem. O meio de prevenir esse perigo é construir vossa cidade numa região plana e cavar o fosso que circunda as fortificações da cidade com uma tal profundidade que o inimigo ficará impossibilitado de cavar mais fundo, pois se o fizer encontrará água, único obstáculo a se opor a essas minas. Se defendeis uma cidade construída numa região elevada, o melhor meio de vos safar das minas inimigas é inutilizá-las cavando na cidade um enorme número de poços muito profundos. Pode-se também recorrer às contraminas quando se conhece com precisão o lugar minado pelo inimigo. Trata-se de um método excelente, mas é difícil descobrir as minas quando somos atacados por um inimigo ao qual não falta habilidade.

Os sitiados devem vigiar especialmente para não se deixarem surpreender durante o período de repouso, como depois de um assalto, no fim das guardas, quer dizer, de manhã ao nascer do dia e no entardecer na hora do crepúsculo, e principalmente nas horas das refeições. É em tais horários que a maioria das cidades foram tomadas e que os sitiados muitas vezes destruíram o exército dos sitiantes. É indispensável, portanto, estar sempre guardado de todos os lados e ter a maior parte das próprias tropas constantemente armadas. Quanto ao mais, devo observar aqui que o que torna verdadeiramente difícil a defesa de uma cidade ou de um acampamento é a necessidade em que se encontram os sitiados de ter suas tropas sempre divididas; o inimigo, podendo de fato reunir as suas para atacar um único posto, os sitiados devem estar constantemente vigilantes de todos os lados, visto que o inimigo está capacitado a atacar com todas suas forças, ao passo que os sitiados estão sempre capacitados a se defender com apenas uma parte das suas.

Os sitiados, além disso, podem ser vencidos até pela falta de recursos, enquanto o único risco ao qual os sitiantes estão expostos é ser repelidos. Assim, temos assistido com freqüência generais que assediados numa cidade ou num acampamento, se decidem a dela ou dele sair com todo o seu exército, ainda que de forças inferiores, combater e derrotar o inimigo. Foi o partido tomado por Marcelo em Nola e por César nas Gálias. Este último, tendo sido atacado no seu acampamento por uma tropa colossal de gauleses, percebeu que permanecendo no entrincheiramento seria forçado a manter suas tropas divididas, ficando impossibilitado de atacar o inimigo com ímpeto e se defender com eficiência. Destruiu, então, uma parte do acampamento e, se precipitando com todas suas forças, repeliu o inimigo com tal impetuosidade e bravura que o sobrepujou e venceu.

A firmeza e a paciência dos sitiados com freqüência fazem nascer o desespero e o medo no coração dos sitiantes. Quando Pompeu se achava diante de César na Tessália, o exército deste último padecia duramente de fome. A Pompeu foi enviado um dos pães dos quais o exercito de César de alimentava. Quando Pompeu notou que o pão era feito de forragem, proibiu terminantemente que fosse mostrado aos seus soldados, receando que isso os deixasse apavorados, compreendendo que inimigos tinham que combater. Nada honrou mais os romanos durante a guerra contra Aníbal que a sua perseverança inabalável. Por mais crítica que fosse sua posição, fossem quais fossem os infortúnios que os tenham atingido, jamais solicitaram a paz, jamais esboçaram o menor indício de medo. Mesmo quando Aníbal se encontrava nas cercanias de Roma, os campos onde ele instalara seu acampamento eram vendidos mais caro do que haviam sido comprados nos períodos ordinários: e tal era sua invencível obstinação que efetuando o cerco de Cápua no mesmo tempo que Aníbal fazia o cerco de Roma, não quiseram levantar o cerco de Cápua para defender os seus próprios lares.

Não ignoro que ao vos falar da arte da guerra pude mencionar detalhes que vós mesmos poderíeis sondar e compreender; não quis, entretanto, omiti-los porque são úteis para melhor conhecer todas as vantagens das instituições que vos propus. Não serão, talvez, também inúteis àqueles que não dispõem dos mesmos recursos de vós para se instruir nessa matéria. Só me resta agora, segundo o que me parece, vos indicar algumas máximas gerais das quais é proveitoso se compenetrar. São elas:

01. Tudo que é útil ao vosso inimigo vos prejudica e tudo que o prejudica vos é útil.

02. Aquele que se conservar na guerra mais vigilante na observação dos intentos do inimigo e mais se empenhar nos exercícios de treinamento do seu exército incorrerá numa quantidade inferior de perigos e terá mais expectativa de vencer.

03. Jamais engajai vossos soldados na luta antes de incutir-lhes confiança, tê-los organizado bem e vos ter assegurado que não alimentam medo algum; não os empurreis ao combate sem que estejam esperançosos e confiantes em vencer.

04. Mais vale vencer o inimigo pela fome do que pela espada; o sucesso pelas armas depende com mais freqüência da fortuna do que da coragem.

05. As melhores resoluções são as que se oculta do inimigo até o momento de pô-las em execução.

06. Um dos maiores trunfos na guerra é a capacidade de perceber a oportunidade e saber agarrá-la.

07. A natureza produz poucos bravos; são produzidos mais freqüentemente pela educação e os exercícios.

08. Na guerra mais vale a disciplina do que a impetuosidade.

09. Quando o inimigo perde alguns de seus partidários que se passam ao vosso lado, é para vós uma grande conquista se eles permanecem fiéis a vós. Um desertor debilita muito mais um exército do que um soldado morto, embora o nome de desertor o torne tão suspeito aos seus novos companheiros quanto àqueles que ele abandonou.

10. Quando se coloca um exército em formação de batalha, é melhor reservar e concentrar reforços atrás da primeira linha do que espalhar os soldados a fim de alargar a frente.

11. É difícil vencer aquele que conhece bem suas próprias forças e as do inimigo.

12. Na guerra a coragem vale mais do que o elevado contingente; mas o que vale mais ainda são as posições vantajosas.

13. As coisas novas e imprevistas apavoram um exército; porém, com o tempo e o hábito, ele deixa de temê-las; é preciso, portanto, quando se tem à frente um novo inimigo, a ele acostumar as próprias tropas através de ligeiras escaramuças antes de desencadear uma ação geral.

14. Perseguir desordenadamente um inimigo derrotado é querer transformar uma vitória já conquistada na própria derrota.

15. O general que não providencia grande quantidade de víveres será derrotado sem um único golpe de espada.

16. É necessário escolher o campo de batalha segundo se confie mais na própria cavalaria ou na própria infantaria.

17. Quando quiserdes descobrir durante o dia se algum espião penetrou no acampamento, ordenai que todos se recolham aos seus alojamentos. Mudai subitamente vossas disposições quando notar que o inimigo percebeu vossas intenções.

18. Interrogai muitas pessoas a respeito do que deverás fazer, mas confiai apenas a poucas o que tiveres feito.

19. Que durante a paz o temor e a punição sejam a motivação do soldado; durante a guerra que sejam a esperança e as recompensas.

20. Jamais um bom general arrisca uma batalha se a necessidade a isto não o forçar ou a ocasião não o convocar.

21. Que o inimigo jamais conheça vossas disposições no dia do combate; mas sejam quais forem, que a primeira linha possa sempre ingressar na segunda e na terceira.

22. Durante o combate, se não quiserdes instaurar a desordem no vosso exército, jamais outorgueis a um batalhão uma outra função que não seja a que lhe foi inicialmente destinada.

23. Para os acidentes imprevistos a solução é difícil; para os previstos, é fácil.

24. Soldados, espadas, dinheiro e pão: eis o nervo da guerra; destes quatro objetos os dois primeiros são os mais necessários, uma vez que com soldados e espadas se encontra pão e dinheiro, ao passo que com dinheiro e pão não se obtém nem espadas nem soldados.

25. O rico desarmado é a recompensa do soldado pobre.

26. Acostumai vossos soldados a desprezar alimentos refinados e ricos trajes.

Eis, no geral, o que acredito ser importante vos expor a respeito da arte da guerra. Poderia ter me estendido em considerações mais amplas e minuciosas, vos falando da organização dos diferentes corpos de tropas entre os antigos, acerca de seu vestuário e de seus exercícios; entretanto, esses detalhes não me pareceram necessários, pois podeis vos instruir a respeito disso por conta própria, além do que minha intenção não foi oferecer um tratado sobre a arte bélica dos antigos, mas simplesmente indicar os meios de criar um exército melhor, mais seguro e mais eficiente do que os nossos exércitos atuais. Quis, portanto, abordar as instituições antigas somente na medida em que serviriam para que eu explicasse aquelas que proponho.

Vós desejaríeis, talvez, que eu me estendesse um pouco mais sobre a cavalaria e que discorresse sobre a guerra naval, já que o poder militar compreende em geral tanto a frota naval quanto o exército terrestre, tanto a cavalaria quanto a infantaria. Não toquei sequer na arte bélica naval porque dela não tenho conhecimento algum; deixo este encargo aos genoveses e aos venezianos que, devido ao seu contínuo empenho em ampliar sua potência naval, têm sabido realizar grandes coisas. Quanto à cavalaria, limito-me ao que já vos disse, uma vez que essa parte de nossas tropas é menos corrompida do que o restante. Ademais, com uma boa infantaria, a qual é o nervo de um exército, tem-se quase sempre necessariamente uma boa cavalaria. Apenas recomendarei àqueles que fossem formar um exército no seu país dois métodos adequados à multiplicação dos cavalos em seus Estados: espalhar pelo país cavalos de boa raça e estimular os cidadãos ao comércio de potros, como já se faz aquele de novilhos e mulos e a fim de promover sua aquisição, será necessário proibir que alguém tenha um mulo sem ter um cavalo; que aquele que quisesse ter uma única montaria, fosse obrigado a ter um cavalo e, enfim, que fosse proibido vestir trajes de seda quem não tivesse um cavalo. Soube que um semelhante regulamento foi estabelecido por um Príncipe de nosso século e que em pouco tempo formou, graças a isso, uma excelente cavalaria em seus Estados. Quanto aos outros regulamentos que afetam a cavalaria, eu vos remeto ao que já disse a respeito e ao que se pratica atualmente entre nós.

Desejaríeis também, talvez, que me manifestasse sobre as qualidades necessárias a um grande general. Poderei vos satifazer em poucas palavras. Gostaria que meu general fosse instruído a fundo de tudo que constituiu hoje o objeto de nosso diálogo, e isso ainda não me bastaria se ele não estivesse em condição de descobrir por si mesmo todas as regras das quais tem necessidade. Sem espírito criativo, ninguém jamais se torna excelente em coisa alguma; e se esse espírito conduz à deferência em todas as outras artes, é na guerra que propicia a máxima glória. As menores invenções nesse gênero foram celebrizadas pela história. Assim, louvou-se a Alexandre Magno quando, querendo levantar acampamento sem que o inimigo o percebesse, sinalizou utilizando um capacete colocado na ponta de uma lança em lugar de fazer soar a trombeta. Numa outra ocasião, no momento de iniciar o combate, ordenou que seus soldados apoiassem o joelho esquerdo na terra diante do inimigo com o objetivo de sustentar com mais segurança seu primeiro impacto. Tendo isso lhe aberto caminho para a vitória, cobriu-o de tanta glória que em todas as estátuas que foram erigidas em sua homenagem, ele era representado nessa posição.

Mas é hora de terminar e retornar ao ponto de partida; evitarei assim a pena que é imposta entre vós àqueles que deixam esta terra sem a ela retornar. Vós me dizíeis, Cosimo, do que certamente deveis vos lembrar, que não concebíeis como eu, tão grande admirador dos antigos e veemente censor daqueles que não os

Livro VII

tomam por modelos nas coisas importantes da vida, não procurei imitá-los em tudo que concerne à arte da guerra que sempre foi minha principal ocupação. Respondi a vós que todo homem que alimenta algum projeto deve se preparar de antemão para ele a fim de estar em condição de executá-lo se surgir a oportunidade para isso. Acabo de vos falar sobre a arte da guerra - cabe a vós agora decidir se sou capaz ou não de conduzir um exército segundo as instituições dos antigos; podeis julgar, parece-me, quanto tempo empreguei com esse único objeto de minhas reflexões e quanto desejo há em mim de concretizá-lo. É para vós fácil verificar se tive para isso os meios e a oportunidade. Mas a fim de dissipar de vossa parte toda dúvida, e para justificar-me plenamente, indicarei a vós quais são essas oportunidades; cumprirei assim tudo que prometi vos mostrando os meios e os obstáculos de uma tal imitação.

De todas as instituições humanas, as mais fáceis de ser reduzidas às regras dos antigos são as instituições militares. Entretanto, tal tarefa só é fácil para um Príncipe cujos Estados possam alistar entre seus súditos quinze a vinte mil jovens, pois nada será mais difícil para aqueles que não dispõem dessa possibilidade. E para melhor me fazer entender, devo em primeiro lugar lembrar que os generais se tornam célebres de dois modos diferentes. Uns realizaram proezas com tropas já regulares e bem disciplinadas. É o caso da maioria dos generais romanos e todos os generais que se restringiram ao cuidado de nelas manter a ordem, a disciplina e comandá-las com sabedoria. Outros não tiveram apenas de enfrentar e vencer o inimigo, mas antes de arriscar o combate, tiveram que formar seu exército, treiná-lo e discipliná-lo; e estes merecem, é inconteste, mais glória do que aqueles que realizaram grandes feitos com exércitos já inteiramente formados. Entre os generais que superaram tais obstáculos, pode-se citar Pelópidas e Epaminondas, Tulo Hostílio, Filipe da Macedônia (pai de Alexandre), Ciro (o rei dos persas) e, finalmente, Simprônio Graco. Todos, antes de combater, tiveram que formar seus exércitos; porém, só obtiveram êxito nesse grande empreendimento porque possuíam, além de qualidades superiores, um número de homens suficientes para concretizar seus desígnios. Fossem quais fossem seus talentos e suas habilidades, jamais teriam podido obter o menor sucesso num país estrangeiro, povoado por homens sumamente corrompidos e inimigos de todo sentimento de honra e de subordinação.

Não basta, por conseguinte, hoje na Itália saber comandar um exército completamente formado, sendo necessário estar em condição de criá-lo antes de assumir o seu comando. Mas este sucesso somente é possível aos Príncipes que reinam sobre um vasto Estado e possuem grande número de súditos e não a mim que jamais comandei o exército[92] e que nunca pude ter sob minhas ordens senão soldados submetidos a uma potência estrangeira e independentes de minha vontade. E lego a vós o pensar se é entre tais homens que podemos introduzir uma disciplina como aquela que vos propus. Como poderia eu fazer os soldados de hoje em dia portar armas diferentes de suas armas ordinárias e, além de suas armas, víveres para dois ou três dias e as ferramentas dos sapadores? Como poderia eu fazê-los manejar o alvião e permanecer todos os dias duas ou três horas manuseando as armas, praticando todos os exercícios e simulações de combate para que no momento do combate verdadeiro deles pudesse me valer? Quando largariam seus debochos, seus jogos, suas blasfêmias e sua insolência? Quando se imbuíriam de uma tal disciplina, de um tal sentimento de respeito e de obediência a ponto de encontrar no meio do acampamento uma árvore carregada de frutos e deixá-la intacta, como se sabe que muitas vezes aconteceu nos acampamentos dos antigos exércitos? Como conseguiria eu me fazer respeitar, amar ou temer se após a guerra não teriam mais comigo qualquer contato? Como fazê-los se envergonhar de alguma coisa se nascem e são educados sem qualquer idéia de honra? Por que me acatariam se não me conhecem? Em nome de que Deus ou de que santo os faria jurar?... dos que veneram ou daqueles contra os quais blasfemam? Na verdade, se veneram algum, eu o ignoro, mas por certo blasfemam contra todos. Como quereis que eu me

---

92. Como já mencionado em nota anterior *(2)*, Fabrício Colonna atingiu o posto de comando de *condestável*, correspondente na hierarquia marcial por ele mesmo estabelecida em *Da Arte da Guerra* ao posto (e graduação) de *chefe de batalhão*.

Livro VII

fiasse em promessas que fizessem em nome de seres que desprezam? E uma vez que menosprezam o próprio Deus, há alguma possibilidade de respeitarem a humanidade? Que instituições salutares, assim, poderíeis esperar num tal estado de coisas? Em caso de vós me declarardes que os suíços e os espanhóis constituem, não obstante, boas tropas, admitirei que são muitos melhores, sem qualquer comparação, do que os italianos. Mas se acompanhastes bem a discussão que acabamos de realizar e submeterdes a exame o sistema militar desses dois povos, constatareis que eles têm ainda muito a fazer para atingir a perfeição dos antigos. Os suíços chegaram a constituir naturalmente boas tropas pela razão que vos apontei no começo de nosso diálogo. Quanto aos espanhóis, eles as formaram por força da necessidade, ou seja, guerreando num país estrangeiro, compelidos a obter vitórias ou morrer. Convencidos de não haver nenhuma retirada para eles, tiveram que exibir todo o seu valor. A superioridade desses dois povos, entretanto, ainda dista muito da perfeição, visto que sua única grande qualidade marcial se limita à capacidade e costume de aguardar o inimigo com a ponta da lança e da espada preparadas. E não há ninguém capaz de ensinar-lhes o que lhes falta, e ainda menos entre aqueles que não ignoram sua língua. Mas voltemos a esses italianos que por não terem sido governados por Príncipes sábios, não souberam adotar qualquer boa instituição militar e que não havendo sido, como os espanhóis, pressionados pela necessidade, não puderam conferir formação militar a si mesmos, com o que permanecem sendo a vergonha das nações.

Mas que se diga que não devemos disso acusar os povos da Itália, mas somente seus Príncipes que, a propósito, por isso foram severamente castigados, e sofreram a justa punição por sua ignorância mediante a perda ignominiosa de seus Estados sem darem a mais ínfima mostra de virtude. Quereis vos assegurar da verdade de tudo que digo? Repassai em vossa memória todas as guerras ocorridas na Itália desde a invasão de Carlos VIII até os nossos dias. A guerra, geralmente, torna os povos mais corajosos e mais prestigiados, mas entre nós quanto mais guerra houve e mais sanguinárias se tornaram, mais produziu o desprezo de nossas tropas e de nossos generais. E qual a causa deste desastre? Simplesmente o fato de nossas instituições militares terem sido e ainda serem detestáveis, ninguém tendo sabido adotar aquelas recentemente estabelecidas entre outros povos. Jamais se logrará algum brilho às armas italianas a não ser pelos meios por mim propostos e pela vontade dos que detêm os grandes Estados italianos, já que para estabelecer uma tal disciplina, será necessário dispor de homens simples, rudes e submetidos às vossas leis e não debochados, vadios e estrangeiros. Jamais um escultor tentará produzir uma bela estátua num pedaço de mármore de consistência duvidosa, mas sim o fará num bloco bruto.

Nossos Príncipes italianos, antes de experimentarem os efeitos das guerras ultramontanas, imaginavam que bastava a um Príncipe saber escrever uma bela missiva, orquestrar uma resposta artificiosa, exibir nos próprios discursos sutileza e penetração e preparar habilmente uma fraude; cobertos de ouro e pedrarias queriam transcender todos os mortais através do fausto de suas mesas e de seus leitos; circundados pela lascívia, mergulhados numa ociosidade vergonhosa, governando seus súditos com arrogância e avareza, só concediam postos do exército na negociata dos favores, desdenhavam todo homem que ousasse lhes dar um conselho salutar e pretendiam que seus menores discursos fossem encarados como oráculos. Não percebiam, os infelizes, que tudo que faziam era se converterem na presa do primeiro atacante. O resultado foi em 1494 os súbitos terrores, as fugas precipitadas e as derrotas prodigiosas.

É assim que os três mais poderosos Estados italianos[93] foram várias vezes saqueados e devastados. Mas o que há de mais deplorável é o fato de nossos atuais Príncipes viverem na mesma desordem e persistirem nos mesmos erros. Não lhes ocorre que entre os antigos, todo Príncipe que era cioso da manutenção de sua autoridade, aplicava cuidadosamente todas as regras que acabo de indicar e se empenhava constantemente em endurecer seu corpo para as fadigas e fortalecer sua alma para os perigos. César,

---

93. Colonna se refere ao reino de Nápoles e provavelmente ao ducado de Milão e à República de Florença.

Livro VII

Alexandre e todos os grandes homens e Príncipes daqueles tempos combatiam sempre nas primeiras linhas, marchavam a pé, carregados de suas armas, e só perdiam seus Estados perdendo também a vida, desejosos igualmente de tanto viver quanto morrer com honra. Poder-se-ia, talvez, reprovar em alguns deles uma excessiva ambição pelo domínio, mas jamais poderíamos reprová-los por indolência ou qualquer outra coisa que amolece e degrada a humanidade. Se nossos Príncipes se dispusessem a se instruir e se conscientizarem de tais exemplos, assumiriam, com certeza, um outro modo de vida e mudariam assim, sem dúvida, o destino de seus Estados.

Vós vos queixastes de vossa milícia no início deste diálogo; se ela houvesse sido organizada segundo as regras que prescrevi e não tivésseis com ela obtido satisfação, teríeis razão de vos queixar, mas considerando-se que foi adotado no caso um sistema inteiramente diferente daquele proposto por mim, é a vossa milícia, sim, que tem o direito de queixar-se de vós por terdes feito um mero esboço falho, e não uma obra perfeita e acabada. Os venezianos e o duque de Ferrara começaram essa reforma e não lhe deram continuidade, do que devem ser apenas eles responsabilizados e não seus exércitos. De resto, afirmo que aquele entre os soberanos italianos que, em primeiro lugar, adotar o sistema que proponho, estabelecerá o seu domíno na Itália. Terá um poder comparável ao que teve Filipe na Macedônia. Este Príncipe aprendera de Epaminondas de Tebas como formar e disciplinar um exército e enquanto o resto da Grécia amolecia no ócio, ocupada unicamente em assistir a encenação de comédias, ele se tornou tão poderoso, graças às suas instituições militares, que se capacitou a submeter a Grécia inteira e legar ao seu filho os meios de conquistar o mundo. Qualquer um que desdenhar semelhantes instituições revelará, portanto, indiferença por seu próprio principado se for um monarca, ou por sua pátria se for um cidadão.

Quanto a mim, queixo-me dos caprichos da natureza que, ou deviam ter-me negado o conhecimento dessas importantes máximas ou me facultado os meios de pô-las em prática...pois como posso agora que cheguei à velhice contar com uma oportunidade de executar um empreendimento desse vulto? Quis, assim, comunicar a vós todas as minhas reflexões e conclusões, a vós que sois jovens e altamente qualificados e posicionados, e que se as considerais de alguma utilidade, podereis um dia, em tempos mais venturosos, fazer uso do favorecimento de vossos Príncipes para aconselhá-los quanto a essa indispensável reforma e colaborardes em sua concretização. Que as dificuldades não vos inspirem temor ou desalento. Nossa pátria parece destinada a reviver a antigüidade, como o tem provado nossos poetas, pintores e escultores. Para mim é impossível acalentar tais esperanças, estando já no crepúsculo da vida. Mas se a fortuna me tivesse concedido um Estado suficientemente poderoso para concretizar esse grande projeto, creio que em bem pouco tempo teria mostrado ao mundo todo o valor das instituições antigas, e certamente ou o teria acumulado de glória ou teria, ao menos, sucumbido honrosamente.

FIGURAS E ESQUEMAS

Nicolau Maquiavel - Cidadão e Secretário de Florença

Ao leitor

Julgo necessário, para que os leitores possam, sem dificuldades, compreender a disposição dos batalhões das brigadas, bem como a disposição dos exércitos e aquela dos alojamentos no acampamento (em consonância com a narrativa) a inclusão das figuras de quaisquer delas. Para isso é mister informar sob quais signos ou caracteres os soldados de infantaria, os cavaleiros e todos os demais integrantes são identificados, ou seja:

    o - soldados de infantaria armados com escudo
    n - soldados de infantaria armados com lança
    x - decuriões armados com lança
    y - decuriões armados com escudo
    v - vélites ordinários
    u - vélites extraordinários
    C - centuriões
    T - chefes dos batalhões (*condestáveis*)
    D - chefe da brigada
    A - general
    S - instrumento sonoro
    Z - estandarte
    r - soldados com armas pesadas
    e - cavaleiros ligeiros
    O - artilharia

A primeira figura indica a forma de um batalhão ordinário e o modo como é duplicado pelo flanco, conforme a sua disposição descrita no Livro II [finalizada na p. 107]. Nesta mesma figura é mostrado como aquela mesma disposição das oitenta fileiras mediante a exclusiva alteração das cinco fileiras de lanceiros, situadas diante das centúrias, estando atrás, faz, duplicando-as, com que todas as lanças voltem à posição posterior, o que é realizado quando a marcha é pela cabeça e se teme o inimigo às costas.

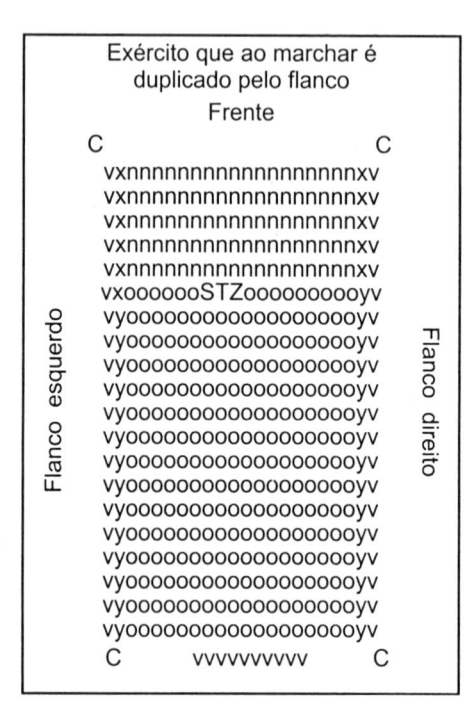

Forma de um batallhão ao marchar		
Frente		
C	C*	
xnnnn	nnnnn	
xnnnn	nnnnn	
xnnnn	nnnnn	
xnnnn	nnnnn	
xnnnn	nnnnn	
yoooo	ooooo	
yoooo	ooooo	
yoooo	ooooo	
yoooo	ooooo	
yoooo	ooooo	
yoooo	ooooo	
yoooo	ooooo	
yoooo	ooooo	
yoooo	ooooo	
yoooo	ooooo	
yoooo	ooooo	
yoooo	ooooo	
yoooo	ooooo	
yoooo	ooooo	
yoooo	ooooo	
C	C	
nnnnn	nnnnx	vvvvv
nnnnn	nnnnx	vvvvv
nnnnn	nnnnx	vvvvv
nnnnn	nnnnx	vvvvv
nnnnn	nnnnx	vvvvv
ooSTZ	ooooy	vvvvv
ooooo	ooooy	vvvvv
ooooo	ooooy	vvvvv
ooooo	ooooy	vvvvv
ooooo	ooooy	vvvvv
ooooo	ooooy	
ooooo	ooooy	
ooooo	ooooy	
ooooo	ooooy	
ooooo	ooooy	
ooooo	ooooy	
ooooo	ooooy	
ooooo	ooooy	
ooooo	ooooy	
ooooo	ooooy	

Exército que ao marchar é duplicado pelo flanco		
Frente		
C		C
	vxnnnnnnnnnnnnnnnnnnnnxv	
	vxnnnnnnnnnnnnnnnnnnnnxv	
	vxnnnnnnnnnnnnnnnnnnnnxv	
	vxnnnnnnnnnnnnnnnnnnnnxv	
	vxnnnnnnnnnnnnnnnnnnnnxv	
Flanco esquerdo	vxoooooooSTZooooooooooyv	Flanco direito
	vyoooooooooooooooooooyv	
	vyoooooooooooooooooooyv	
	vyoooooooooooooooooooyv	
	vyoooooooooooooooooooyv	
	vyoooooooooooooooooooyv	
	vyoooooooooooooooooooyv	
	vyoooooooooooooooooooyv	
	vyoooooooooooooooooooyv	
	vyoooooooooooooooooooyv	
	vyoooooooooooooooooooyv	
	vyoooooooooooooooooooyv	
	vyoooooooooooooooooooyv	
C	vvvvvvvvvv	C

Figuras e Esquemas

A segunda figura mostra como um batalhão que marcha pela cabeça e tem que combater pelo flanco, se dispõe (conforme a narrativa do Livro II, pp. 111-112).

```
        Forma
      de marchar
 Frente
   C         C*
 xxxxx      yyyyy
 xxxxx      ooooo
 xxxxx      ooooo
 xxxxx      ooooo
 xxxxx      ooooo
 nnnnn      ooooo
 nnnnn      ooooo
 nnnnn      ooooo
 nnnnn      ooooo
 nnnnn      ooooo
 nnnnn      ooooo
 nnnnn      ooooo
 nnnnn      ooooo
 nnnnn      ooooo
 nnnnn      ooooo
 nnnnn      ooooo
 nnnnn      ooooo
 nnnnn      ooooo
 nnnnn      ooooo
 xxxxx      yyyyy

   C          C
 yyyyy      yyyyy
 ooooo      ooooo
 ooooo      ooooo
 ooooo      ooooo
 ooooo      ooooo
 ooooo      ooooo
 ooooo      ooooo
 ooooo      ooooo
 Soooo      ooooo
 Toooo      ooooo
 ooooo      ooooo
 Zoooo      ooooo
 ooooo      ooooo
 ooooo      ooooo
 ooooo      ooooo
 ooooo      ooooo
 ooooo      ooooo
 ooooo      ooooo
 yyyyy      yyyyy
```

```
                         Frente
           C                                    C
         xxxxxyyyyyyyyyyyyyyyyyyyy
         nnnnnooooooooooooooooooo
         nnnnnooooooooooooooooooo
         nnnnnooooooooooooooooooo
         nnnnnooooooooooooooooooo
         nnnnnooooooooooooooooooo
Flanco   nnnnnooooooooooooooooooo  Flanco
esquerdo nnnnnooooooooooooooooooo  direito
         nnnnnooooooooooooooooooo
         nnnnnSoooooooooooooooooo
         nnnnnTooooooooooooooooooo
         nnnnnooooooooooooooooooo
         nnnnnZoooooooooooooooooo
         nnnnnooooooooooooooooooo
         nnnnnooooooooooooooooooo
         nnnnnooooooooooooooooooo
         nnnnnooooooooooooooooooo
         nnnnnooooooooooooooooooo
         xxxxxyyyyyyyyyyyyyyyyyyyy
           C                                    C
```

A terceira figura mostra como se dispõe um batalhão com dois cornos e depois com a praça no meio (cf. a narrativa do Livro II [pp. 107 a 114]).

Forma de marchar		
Frente		
C	C*	C**
nnooo	ooooo	ooonn
nnooo	ooooo	ooonn
nnooo	ooooo	ooonn
nnooo	ooooo	ooonn
nnooo	ooooo	ooonn
xnooo	ooooo	ooonx
xnooo	ooooo	ooonx
xnooo	ooooo	ooonx
xnooo	ooooo	ooonx
xnooo	ooooo	ooonx
nnyoo	ooooo	ooynn
nnyoo	ooooo	ooynn
nnyoo	ooooo	ooynn
nnyoo	ooooo	ooynn
nnyoo	ooooo	ooynn
nnyoo	STZ	ooynn
nnyoo	ooooo	ooynn
nnyoo	ooooo	ooynn
nnyoo	ooooo	ooynn
nnyoo	ooooo	ooynn
nnyoo	ooooo	ooynn
nnyoo	ooooo	ooynn
nnyoo	ooooo	ooynn
nnyoo	ooooo	ooynn
*	ooooo	C
	ooooo	
	ooooo	
	ooooo	
	ooooo	
	ooooo	
	ooooo	
	**	

	Frente	
C		C
vnnooo		ooonnv
vnnooo		ooonnv
vnnooo	artilharia	ooonnv
vnnooo	pessoal	ooonnv
vnnooo	desar-	ooonnv
vxnooo	mado	ooonxv
vxnooo		ooonxv
vxnooo	STZ	ooonxv
vxnooo		ooonxv
vxnooo		ooonxv
vnnyoooooooooooooooynnv		
vnnyoooooooooooooooynnv		
vnnyoooooooooooooooynnv		
vnnyoooooooooooooooynnv		
vnnyoooooooooooooooynnv		
vnnyoooooooooooooooynnv		
vnnyoooooooooooooooynnv		
vnnyoooooooooooooooynnv		
vnnyoooooooooooooooynnv		
vnnyoooooooooooooooynnv		
vnnyoooooooooooooooynnv		
vnnyoooooooooooooooynnv		
vnnyoooooooooooooooynnv		
vnnyoooooooooooooooynnv		
C		C

	Frente	
C		C
vnnyoooooooooooooooynnv		
vnnyoooooooooooooooynnv		
vnnyoooooooooooooooynnv		
vnnyoooooooooooooooynnv		
vnnyoooooooooooooooynnv		
vnnyoooooooooooooooynnv		
vnnyoooooooooooooooynnv		
vnnyoooooooooooooooynnv		
vnnooo		ooonnv
vnnooo		ooonnv
vnnooo	STZ	ooonnv
vnnooo		ooonnv
vnnooo		ooonnv
vnxooo	artilharia	ooxnv
vnxooo	pessoal	ooxnv
vnxooo	desar-	ooxnv
vnxooo	mado	ooxnv
vnxooo		ooxnv
vnnyoooooooooooooooynnv		
vnnyoooooooooooooooynnv		
vnnyoooooooooooooooynnv		
vnnyoooooooooooooooynnv		
vnnyoooooooooooooooynnv		
vnnyoooooooooooooooynnv		
vnnyoooooooooooooooynnv		
C		C

Flanco esquerdo — Flanco direito

Figuras e Esquemas

A quarta figura mostra a forma de um exército em ordem para travar batalha com o inimigo (segundo a narrativa do Livro III, pp. 128 a 130 e Livro V, pp. 170 a 174).

A quinta figura exibe a configuração de um exército quadrado (conforme a narrativa do Livro V, pp. 167 a 170).

[Figura: diagrama de formação militar quadrada, com indicações "Frente", "Flanco esquerdo", "Flanco direito", e marcações "ZDS", "ZAS" no interior da formação.]

Figuras e Esquemas

A sexta figura mostra a forma de um exército reduzido por um exército quadrado à forma do ordinário para travar a batalha (segundo a narrativa do Livro V [pp. 171-172]).

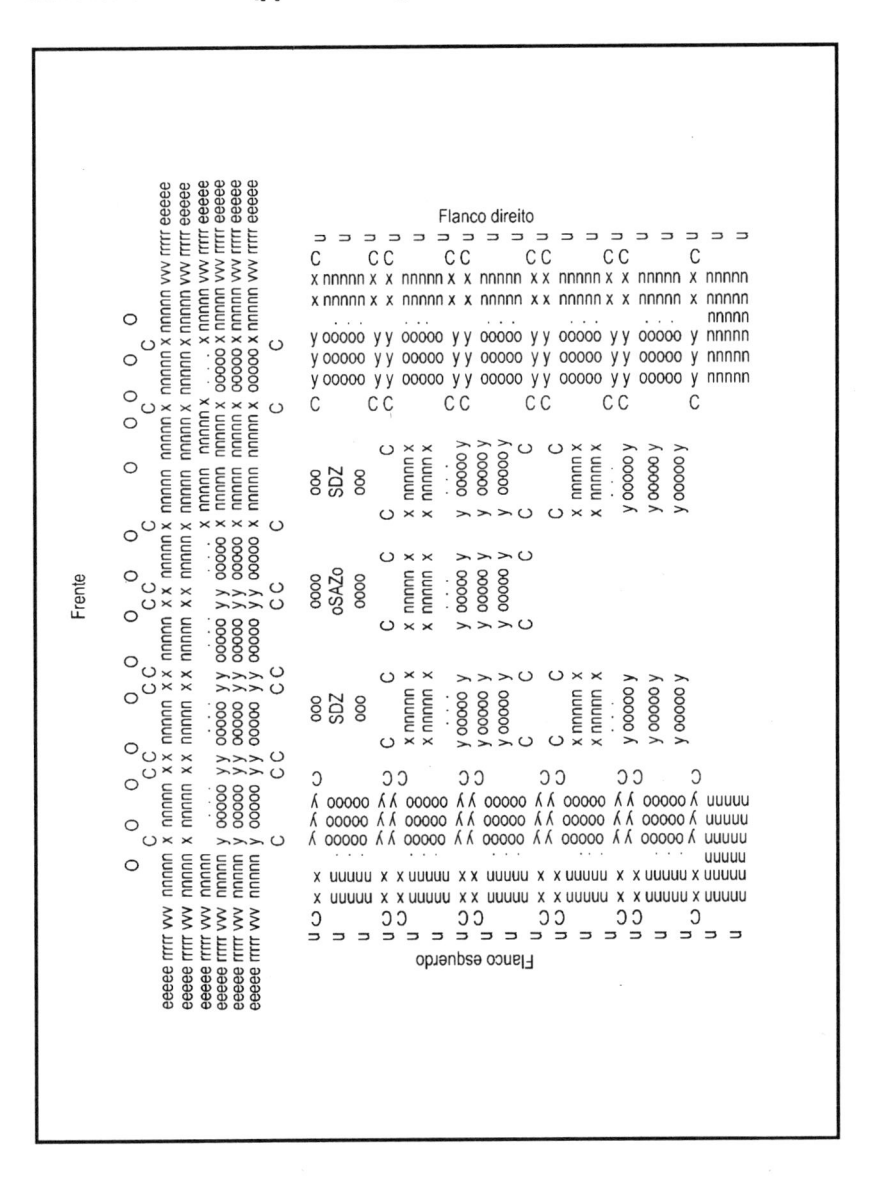

A última figura (sétima) exibe os alojamentos no acampamento

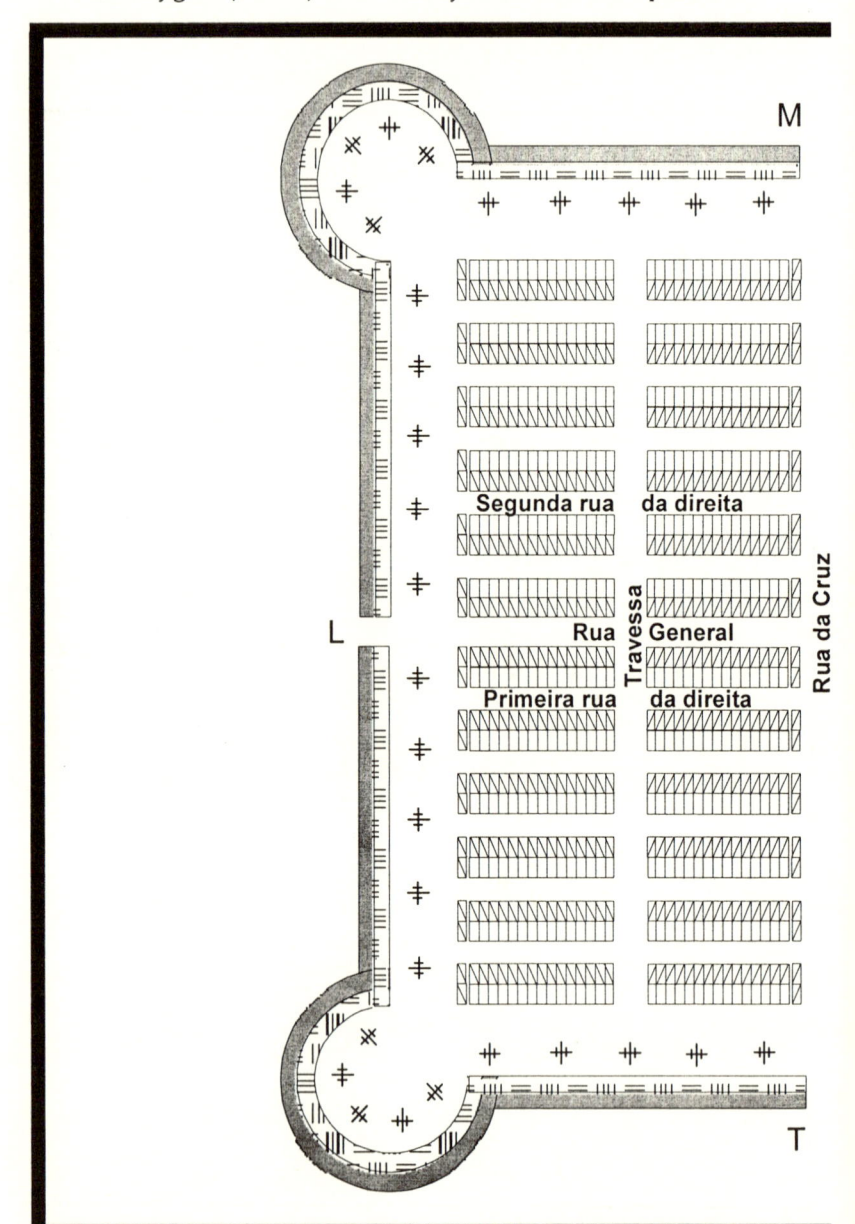

(conforme a narrativa no Livro VI [pp. 187 a 194]).

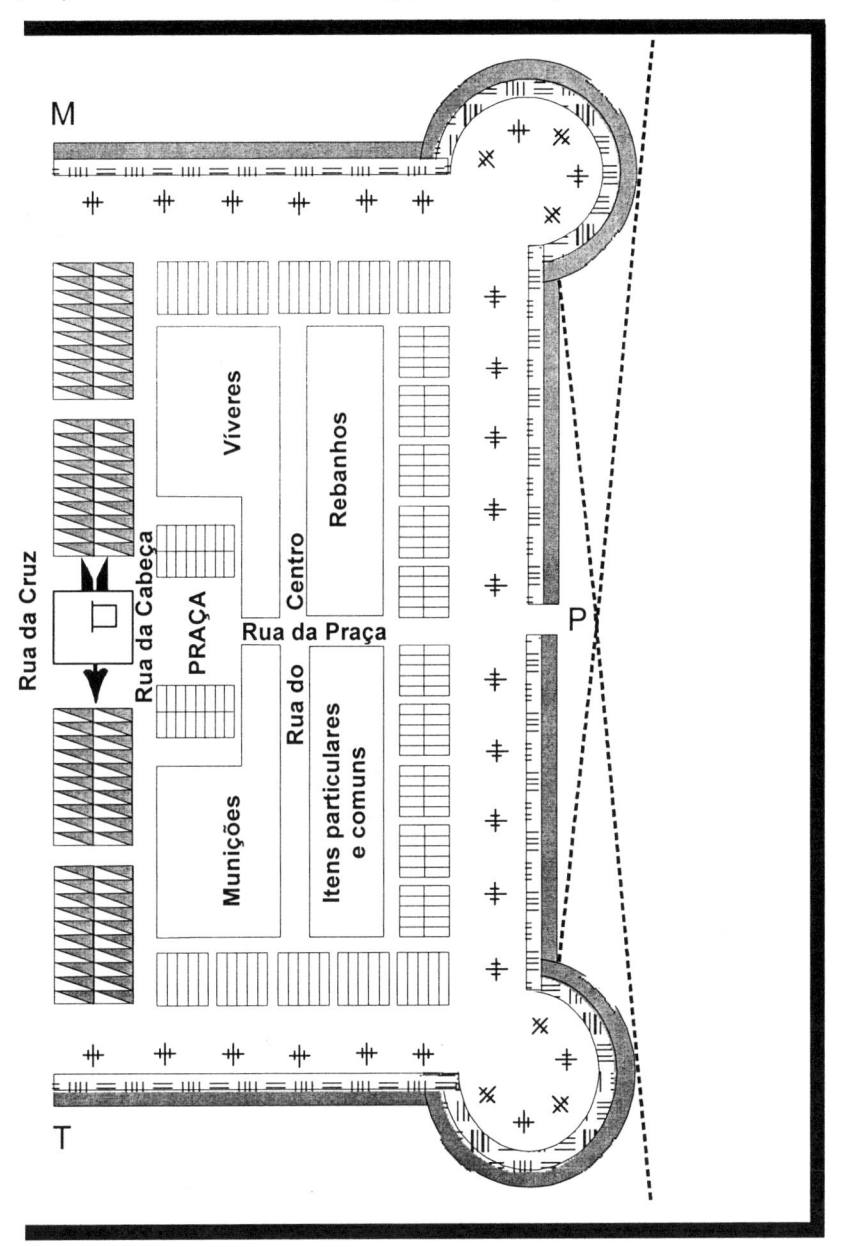

BIBLIOGRAFIA

A bibliografia de Maquiavel é vastíssima. Limitamo-nos aqui a indicar duas das edições das obras completas do florentino (em *italiano*), algumas obras isoladas já traduzidas para o nosso vernáculo e certos ensaios (a maioria já tornados clássicos e consagrados e uns poucos mais recentes, todos evidentemente excelentes, mas nenhum em língua portuguesa).

ANSELMI, G. M., *Ricerche sul Machiavelli storico*, Pisa, 1979.

BORSELLINO, N., *Niccolò Machiavelli*, in *Letteratura italiana* (Laterza), vol. 4, t. I, Bari, 1973.

BURD, A. L., *Le fonti letterarie di Machiavelli nell' "Arte della guerra"*, "Atti della Reale Accademia dei Lincei", 1896.

CHABOD, F., *Scritti su Machiavelli*, Turim, 1964.

CHIAPPELLI, F., *Nuovi studi sul linguaggio del Machiavelli*, Florença, 1969.

DIONISOTTI, C., *Machiavellerie*, Turim, 1980.

DOTTI, U., *Niccolò Machiavelli. La fenomenologia del potere*, Milão, 1979.

ERCOLE, F., *La politica di Machiavelli*, Roma, 1926.

GILBERT, A. H., *Machiavelli's Prince and Its Forerunners. The Prince as a Typical Book of Regimine Principum*, Durham, 1938.

GILBERT, F., *Machiavelli e il suo tempo*, Bolonha, 1964, 1977.

LARIVAILLE, P., *La pensée politique de Machiavel*, Nancy, 1982.

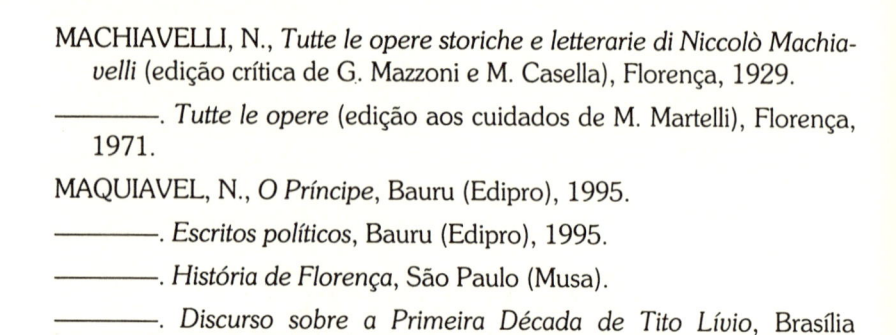

MACHIAVELLI, N., *Tutte le opere storiche e letterarie di Niccolò Machiavelli* (edição crítica de G. Mazzoni e M. Casella), Florença, 1929.

——————. *Tutte le opere* (edição aos cuidados de M. Martelli), Florença, 1971.

MAQUIAVEL, N., *O Príncipe*, Bauru (Edipro), 1995.

——————. *Escritos políticos*, Bauru (Edipro), 1995.

——————. *História de Florença*, São Paulo (Musa).

——————. *Discurso sobre a Primeira Década de Tito Lívio*, Brasília (UnB).

MALLET, M., *Mercenaries and Their Masters*, Londres, 1974.

PADOAN, G., *Il tramonto di Machiavelli*, in "Lettere italiane", XXXIII, 1981.

PIERI, P., *Guerra e politica negli scrittori italiani*, Milão/Nápoles, 1955.

POCOCK, J. G., *The Machiavellian Moment*, Princeton, 1975.

RIDOLFI, R., *Vita di Niccolò Machiavelli*, Roma, 1954 (Florença, 1978).

SASSO, G., *Machiavelli e Cesare Borgia*, Roma, 1966.

——————. *Niccolò Machiavelli. Storia del suo pensiero politico*, Nápoles, 1958 (Bolonha, 1980).

——————. *Studi su Machiavelli*, Nápoles, 1967.

STRAUSS, L., *Thoughts on Machiavelli*, Glencoe, 1958.

TOMMASINI, O., *La vita e gli scritti di Niccolò Machiavelli nella loro relazione col machiavellismo*, Turim/Roma, 1883 (1911).

Impressão e acabamento:
GRÁFICA PAYM
Tel. (011) 4392-3344